Roswita Königswieser/BGN
Uwe Cichy
Gerhard Jochum (Hrsg.)

SIM*salabim*

**Veränderung
ist keine Zauberei**

Systemisches **I**ntegrations**M**anagement

Klett-Cotta

Klett-Cotta
© J. G. Cotta'sche Buchhandlung Nachfolger GmbH, gegr. 1659,
Stuttgart 2001
Alle Rechte vorbehalten
Fotomechanische Wiedergabe nur mit Genehmigung des Verlags
Printed in Germany
Einbandgestaltung: Dietrich Ebert, Reutlingen
Gesetzt aus der 10 Punkt Sabon von Typomedia GmbH, Ostfildern
Auf holz- und säurefreiem Werkdruckpapier gedruckt und
gebunden von Kösel, Kempten
ISBN 3-608-94302-1

Die Deutsche Bibliothek – CIP-Einheitsaufnahme
Ein Titeldatensatz für diese Publikation ist bei Der Deutschen Bibliothek erhältlich

Inhalt

1 Einleitung 1
 (Die Nizza-Connection) 9
2 Einleitung 2
 SIM und der Bezug zu Märchen
 (Roswita Königswieser) 15
3 „Es war einmal ..."
 Zur Geschichte der Entwicklung des SIM-Modells
 (Roswita Königswieser) 19

Teil I: Theoretische Hintergründe

4 „Rapunzel"
 Grundlegende Gedanken zum systemischen Ansatz
 (Roswita Königswieser) 25
5 „Brüderchen und Schwesterchen"
 Relativität und Relation von Hart und Weich
 (Uwe Cichy, Ulrich Königswieser) 31

Teil II: Das Modell

6 „Dornröschen"
 SIM – Systemisches IntegrationsManagement –
 ein ganzheitliches Modell der Unternehmensentwicklung
 (Roswita Königswieser, Uwe Cichy, Alexander Doujak) 47
7 „Das Wasser des Lebens"
 Reflexion als Medium der Selbststeuerung
 (Roswita Königswieser) 65
8 „Von einem, der auszog, das Fürchten zu lernen"
 Was bringt SIM? – Antworten eines Managers
 (Zusammengefaßt von Uwe Cichy) 79

Teil III: Die Praxis

9 „Aschenputtel"
Vom Stadtwerk zum integrierten Infrastruktur-Dienstleister
(Roswita Königswieser, Gerhard Jochum) 87

10 „Der Froschkönig"
Von der Holding zur Dienstleistungsgesellschaft –
eine Metamorphose
(Roswita Königswieser, Gerhard Jochum, Uwe Cichy) 109

11 „Sterntaler"
Zur mitarbeiterorientierten Kultur
gesellt sich gewinnbringende Struktur
(Eva-Maria Preier) 121

12 „Hänsel und Gretel"
Vom hermetischen Reengineeringprojekt
zum durchlässigen Entwicklungsprozeß
(Alexander Doujak) 129

13 „Tischlein deck' dich, Goldesel und Knüppel aus dem Sack"
Vom Verpflegungsbetrieb zum Servicecenter
(Klaus Briegel, Manfred Keller) 141

14 „Rumpelstilzchen"
Von detailverliebten Technikern zu ganzheitlichen Problemlösern
(Rolf Kehlhofer, Roswita Königswieser) 153

15 „Rotkäppchen"
Das Verhängnis unreflektierter Einverleibungen
(Alexander Exner, Eva-Maria Preier) 167

Teil IV: Instrumente im Einsatz

16 „Spieglein, Spieglein an der Wand" (Schneewittchen)
Kulturanalyse und -diagnose als SIM-Instrumente
(Elisabeth Ferrari, Roswita Königswieser) 177

17 „Die zwei Brüder"
Gelebte Partnerschaft im Fusions- und Beratungsprozeß
(Ulrich Königswieser, Ebru Sonuç) 199

18 „Die Bremer Stadtmusikanten"
Unternehmenssteuerung im SIM-Modell
(Sabine Löbbe, Alexandra Wendorff, Alexander Doujak, Uwe Cichy) 207

Teil V: Was ist die Lehre aus der Geschichte?

19 „Sesam öffne dich!"
Die Erfolgsfaktoren des SIM-Modells
(Die Nizza-Connection) 231

20 „SIMsalabim"
Interventionen, die nachhaltige Wirkungen in Gang setzen
(Uwe Cichy, Alexander Doujak) 235

21 Zur Wirkung analoger Interventionen
(Roswita Königswieser, Alexander Doujak) 237

22 „Die weiße Schlange"
Zehn Gewissensfragen vorm Start
(Die Nizza-Connection) 249

Teil VI: Schnittstelle Unternehmen – Gesellschaft

23 „Der Wolf und die sieben Geißlein"
Der gesellschaftliche Kontext des SIM-Modells
(Marion Keil) 255

24 „Himmel und Hölle"
Statt ohne Perspektiven in die Arbeitslosigkeit –
mit neuen Fähigkeiten in den Wettbewerb:
Ein Mitarbeiter(re)integrationsmodell
(Eva-Maria Preier) 269

Anhang

Herausgeber 283
Autoren 285
Register 291

1 Einleitung 1

Die Nizza-Connection

Was hat uns dazu bewogen – um nicht zu sagen: gedrängt –, dieses Buch zu schreiben? Eine enge Arbeitsbeziehung zwischen Auftraggebern und Beratern ist an sich nichts Ungewöhnliches. Nun sind wir (die Herausgeber) aber im Verlauf eines über Jahre angelegten, überaus spannenden, gemeinsam getragenen Veränderungsprojekts zu einer echten Entwicklungsgemeinschaft geworden.

Unser Selbstverständnis hinsichtlich unserer Rollen als Auftraggeber und Berater, die Art unserer Zusammenarbeit hat sich mehr und mehr verändert. Es ging uns nicht mehr nur um qualifizierte, effiziente Arbeit in einem Unternehmen, das Existenzkämpfe zu bewältigen hatte, nicht mehr nur um nachhaltigen wirtschaftlichen Erfolg, sondern auch darum, unsere sich ständig weiterentwickelnde Gestaltungspraxis auch konzeptionell und theoretisch zu reflektieren und weiterzuentwickeln.

So wie am Beginn jedes von uns begleiteten oder auch durchlaufenen Veränderungsprozesses eine Vision steht, deren Umsetzung wir dann beobachten, reflektieren und somit kontinuierlich gestalten können, so war auch das SIM-Modell vorerst nicht viel mehr als eine Vorstellung in unseren Köpfen. Und so wie sich Unternehmen mit nahezu schlafwandlerischer Sicherheit entwickeln, wenn man sie nur läßt – das heißt, wenn sie sich ihrer gestalterischen Potentiale erst einmal bewußt sind (und das zu erreichen ist unser Ziel) –, so hat auch das SIM-Modell immer konkretere Gestalt angenommen.

Da sich unsere Theorien nach Überprüfung in der Praxis immer mehr als zutreffend erwiesen, wurde auch unser Wunsch immer stärker, zumindest das „Gerüst" dieses Modells aufzuzeichnen. Unserem Ansatz – dem systemischen – entsprechend, ist ja auch das Modell selbst einer permanenten Entwicklung unterworfen. In Abwandlung eines bösen Psychoanalyse-Witzes könnte man sagen: SIM ist die Praxis, für deren Theorie es sich hält.

Unsere Entwicklungsgemeinschaft bezog sich also erstens auf das Unternehmen swb[AG] selbst, zweitens auf das sich evolutionär herauskristallisierende SIM-Modell und drittens auf das ganz persönliche Lernen eines jeden von uns.

Wie man sich denken kann, bedeutete das auch ein Infragestellen von tradierten Werten, von Beraterneutralität im klassischen Sinn; es verursachte innere Wertekonflikte und heftige Auseinandersetzungen in unseren Beraterstaffs, erzeugte aber auch Erklärungsbedarf im Unternehmen. „Welche Beziehung haben die?" fragten sich viele. Jedenfalls diese, daß wir gemeinsam dieses Buch schreiben.

Was die swb^{AG} betrifft, so stuften wir die Situation als starken Druck erzeugend und extreme Unsicherheiten mobilisierend ein. Aber das trifft derzeit auf viele Unternehmen zu.

Der Anpassungsdruck, dem Unternehmen ausgesetzt sind, steigt generell, und immer mehr Wettbewerber besetzen im Konkurrenzkampf dieselben Marktsegmente. Neue Kommunikationsformen und Globalisierungsstrategien entfalten eine Dynamik, der herkömmliche Handlungs-, Steuerungs- und Organisationsprinzipien nicht mehr gerecht werden.

Die klassischen Strukturen der traditionellen Geschäfte verändern sich. Fast alle Rollen sind einem massiven Wandel unterworfen (*Prosumer*-Konzept, die Führungskraft als Coach und anderes mehr). Unternehmen aber lernen – nach unserer Beobachtung – nur langsam, sich den veränderten, komplexen, dynamischen Umwelten anzupassen. Die meisten von ihnen sind reflexionsfeindlich und suchen Sicherheit im Linearen, bisher Bewährten. Veränderung erzeugt, wie wir alle wissen, Unsicherheit.

Wir versuchen nun, den veränderten Rahmenbedingungen durch einen intensiven kollektiven Lernprozeß – auf einem Weg, der im System selbst gefunden wird, sich also organisch ergibt und somit dem Reifezustand des Unternehmens entspricht – Rechnung zu tragen. Dabei entwickelte sich (und entwickelt sich noch) nicht nur unser Beraterverständnis rasch weiter – so entstand trotz Turbulenz auch ein Unternehmensentwicklungskonzept: SIM, das Systemische IntegrationsManagement-Modell.

Gerade angesichts der fortschreitenden Virtualität der Kommunikationstechnologien und der New-economy-Charakteristik allgemein scheint uns statt eines punktuellen, kurzfristigen Managements ein prozeßhaftes, reflexionsbezogenes Vorgehen sinnvoll. Es geht um die Gestaltung der Meta-Ebene, also darum, Rahmen und Voraussetzungen für Entwicklung zu schaffen, die Gesamtsicht nicht aus den Augen zu verlieren. Statt für kurzfristigen Aktionismus sind wir für einen kontinuierlich reflektierten, selbststeuernden, die Widersprüche integrierenden Weg. In diesem Sinn definieren wir SIM als einen visionsgetriebenen, dynamischen, von gemeinsamer Reflexion getragenen Prozeß, der die Entwicklung von Strategie, Struktur und Kultur zum Ziel hat und die Integration von Systemwidersprüchen als gemeinsame Gestaltungsaufgabe von Führung und Beratung sieht.

Wir sind davon überzeugt, daß die Entwicklung jedes Unternehmens Nachhaltigkeit verlangt beziehungsweise anstreben sollte. Es gilt, ein scheinbares Paradoxon, über kontinuierlichen Wandel Stabilität herzustellen. Unser Modell basiert darauf, daß „Hartes" und „Weiches" nicht nur theoretisch, sondern auch praktisch integriert wird, daß also prozeßhaft, kompensatorisch und kontextbezogen tiefgreifende Entwicklung stattfindet.

Wir meinen, daß die im Modell beschriebene, den Erfolg zentral beeinflussende Haltung nicht nur für Personen und Organisationen in der Wirtschaft zunehmend unverzichtbar ist, sondern für die Bewältigung der Komplexität und der Selbststeuerung in gesellschaftlichen Kontexten überhaupt.

Durch verschiedenste Vorträge und Workshops ermutigt und durch evaluierte Erfolgsprojekte in Deutschland, Österreich und der Schweiz bestärkt, beschlossen wir schließlich, das Modell einem möglichst großen Kreis vorzustellen und zugänglich zu machen – wobei wir uns speziell an alle an Ganzheitlichkeit interessierten Gestalter von Veränderungs-, von Aufbau- und Entwicklungsprozessen wenden.

Die Lektüre soll für die in Veränderungsprozessen unweigerlich auftretenden Probleme sensibilisieren – kein Entwicklungsprozeß verläuft glatt. Wir wollen Ideen generieren helfen, die ökonomischen Erfolg wahrscheinlich(er) machen. Es soll hier auch für an sich komplexe, anspruchsvolle Aufgaben wie den Umgang mit Widersprüchen praktische Lösungsansätze geben. Vor allem aber möchten wir zum Nachdenken über die Wichtigkeit von Nachhaltigkeit anregen.

Die Fallbeispiele aus der Unternehmenspraxis sollen nicht nur Einblick in den jeweiligen Entwicklungsprozeß ermöglichen, sondern auch entlastende Funktion haben. Das sollte unsere Leser vorerst einmal aufseufzen lassen: „Zumindest sind wir nicht allein ..." Denn fast alle scheinbar urpersönlichen und vermeintlich solitären Probleme, die von Veränderungsmanagern oder auch -gestaltern hier geschildert werden, spiegeln die Widersprüche, den Druck und die Überforderungstendenzen des gesellschaftlichen Umfelds wider.

Das Buch soll Mut machen, über den „Tellerrand" der eigenen Organisation hinauszuschauen und auch selbst Verantwortung zu übernehmen. Unser besonderes Anliegen ist es, die Produktivkraft und das diesbezügliche Potential der „weichen" Faktoren aufzuzeigen. Wir wollen die mentalen Tiefendimensionen, die sich im Zuge von Entwicklungsprozessen unweigerlich auftun, erfaßbar und spürbar machen. Das ist ein für die meisten Manager und Berater ungewohntes Terrain. Genau hier aber liegen die meisten Stolpersteine auf dem Weg der Veränderung.

Die Märchentitel und die dazugehörenden Zitate sollen den assoziativen Einstieg in diese Dimension erleichtern, denn uns scheint es unverzichtbar, hinabzutauchen und die dort verborgenen Schätze zu heben (vgl. Einleitung 2).

Mag sein, daß dies manchem in einem scheinbar so nüchternen Zusammenhang wie der Unternehmensentwicklung vorerst als romantisierende

Phantasterei erscheint. Aber hat nicht jeder schon einmal den Eindruck gehabt, daß latentes Wissen und Lösungsansätze unter dem Staub der Routine und der alltäglichen Probleme nur vergraben und verschüttet sind? Hat nicht jeder schon erlebt, daß die sprichwörtlichen „schlummernden" Eigenschaften und Fähigkeiten nur entsprechender Maßnahmen bedürfen, um aus ihrem „Dornröschenschlaf" zu erwachen?

Berücksichtigt man – unter anderem – diese Erfahrungen und arbeitet auch an den eigenen blinden Flecken, so ist Veränderungsarbeit keine Hexerei – wenngleich sie oft verblüffende Wirkungen zeitigt. Nicht selten hören wir Kommentare von Betroffenen, wie etwa: „Wir haben gar nichts Besonderes gemacht, nur miteinander geredet. Aber plötzlich waren Vorschläge da und Lösungen parat, alle waren voll Energie, und wie durch Zauberhand war alles anders!"

Ohne sich mit Gefühlen und Polaritäten (auch den eigenen) und dem kollektiv Unbewußten zu beschäftigen, ist eine nachhaltige kollektive Entwicklung von Organisationen unserer Meinung nach nicht möglich. Daher widmen wir den analogen Interventionen, die ja auf diese Dimension abzielen, einen eigenen Beitrag.

Im Aufbau des Buchs umreißen wir zuerst die theoretische Basis des SIM-Modells, beschreiben dann dieses Modell selbst und gehen schließlich zu Instrumenten und Praxisfällen über. Die letzten Kurzbeiträge sollen in ihrer Gesamtheit ein Resümee darstellen.

Wir tragen der Entstehungsgeschichte des SIM-Modells insofern Rechnung, als wir in den Fallbeispielen bewußt konkrete Begebenheiten und Situationen in der swb[AG] beschreiben, die den Entwicklungs- und Erprobungsprozeß, dem auch das Modell unterworfen war, widerspiegeln sollen.

Als weiteres Anschauungsmaterial nehmen wir auch Praxisbeispiele anderer renommierter Unternehmen auf, um die Vielfalt des Anwendungsspektrums zu verdeutlichen. Alle Beschreibungen enden zu einem mehr oder weniger willkürlichen Zeitpunkt, der naturgemäß keinen Abschluß darstellt. Es handelt sich vielmehr um Ausschnitte und Geschichten in einem in der Realität lebendigen Prozeß. Die Autoren sind, wenn gewünscht, sicher bereit, darüber Auskunft zu geben, „wie es dann weitergegangen ist".

Auch die beschriebenen Instrumente stehen als Beispiele stellvertretend für noch viele andere. Es geht hier nämlich nicht eigentlich um diese selbst oder gar um ihre etwaige Neuheit, die Quintessenz liegt vielmehr in der Art und Weise, wie sie in Entwicklungsprozessen einzusetzen sind, und im dadurch zu erzielenden Mehrwert. Es geht auch nicht nur um Verknüpfungslogiken oder -techniken, sondern immer wieder vor allem darum, welche Haltung oder Einstellung der Verwendung bestimmter Instrumente zugrunde liegt.

Und die Reichweite des Modells?

Wir machen die Erfahrung, daß die Anwendung des SIM-Modells in akuten Krisensituationen, etwa in Sanierungsfällen, scheinbar nicht paßt. Die Betonung liegt auf „scheinbar", und das bedeutet nicht etwa eine Einschränkung der Praktikabilität des Modells. Vielmehr ist in Extremkontexten die Energie der Akteure zumeist auf aktuelle Prioritäten und nicht auf nachhaltige Entwicklungsarbeit zentriert. Das ist – aufgrund der begrenzten Fähigkeiten und Ressourcen, die wir Menschen nun einmal haben – sozusagen ganz natürlich. Oder, um es pointiert zu sagen: Das Modell paßt immer. Die Anwendung fällt aber in Extremsituationen schwerer als im normal problematischen Unternehmensalltag.

Wir danken als Herausgeber vor allem den vielen „mitkämpfenden", engagierten Mitarbeitern der swb[AG], ohne deren Gestaltungskraft und Feedback das Modell vielleicht nicht in dieser Form zustande gekommen wäre.

Unser Dank gilt auch unserer bewährten Lektorin Nora Stuhlpfarrer, die uns immer wieder hilft, schwierige Inhalte auf den Punkt zu bringen. Sie formuliert Gedanken so, daß die Autoren dann sagen: „Ja, genau das hab' ich eh gemeint!"

Wir danken auch Frau Amon für ihr unermüdliches Engagement, das es ermöglicht hat, das Manuskript rechtzeitig fertigzustellen. Dieses Publikationsprojekt hat somit seinen Abschluß erfahren – unsere Entwicklungsgemeinschaft besteht jedoch weiter. Das läßt konsequenterweise nur einen Schluß zu: „Und wenn sie nicht gestorben sind, dann leben sie noch heute..."

Die Nizza-Connection:
Roswita Königswieser, Wien
Uwe Cichy, Nizza
Gerhard Jochum, Bremen
Alexander Doujak, Wien
Marion Keil, Köln
Ulrich Königswieser, Wien
Eva-Maria Preier, Wien

September 2000

2 Einleitung 2
SIM und der Bezug zu Märchen

Was haben Märchen mit Unternehmensentwicklung zu tun? Oder: Märchen als Musterbeispiele der Integration von Widersprüchlichem

Roswita Königswieser

„Was haben Märchen mit dem harten Wirtschaftsleben, mit Kennzahlen und Rationalisierungsprogrammen zu tun?" wird sich manch einer fragen. „Märchen suggerieren doch Verspieltheit, die nur für Kinder passend ist. Auch der Bezug zur Zauberei ist unverständlich, ist doch die Logik der Wirtschaft und der Unternehmen oft geradezu bedrückend. Unternehmensentwicklung, die magischen Charakter hat, ist abzulehnen; vielmehr geht es hier ums Überleben im Wettbewerb, also um die Umsetzung von Strategien. Von Zauberei und Märchenhaftigkeit ist das alles Lichtjahre entfernt." Solche und ähnliche Einwände wären nicht abwegig. Worin sehen wir also den Bezug?

Wenn wir unsere SIM-Projekte und die anderer Berater auf Nachhaltigkeit hin überprüfen, dann sind bei tiefgreifenden Veränderungen auf allen Ebenen mentale Entwicklungsprozesse immer eine zentrale Voraussetzung. Einstellungen verändern sich aber bekanntlich nur sehr schwer. Nun ist die Spannweite des SIM-Ansatzes sehr groß und umfaßt die unterschiedlichsten Ebenen: Das reicht von tiefsten archaischen Gefühlen bis an die Grenzen von Komplexitätsbewältigung. So sollen zum Beispiel Mitarbeiter mit neuen Formen der Steuerung und Führung in Netzwerkstrukturen operieren und gleichzeitig mit ihren inneren Spannungen, Ängsten und Sehnsüchten, wie sie in Veränderungsprozessen verstärkt auftreten, umgehen können. Mit rein rationaler Unterstützung kommt man da nicht weit. Nur Interventionen, die eine Tiefenwirkung erzielen, haben einen nachhaltigen Effekt. Auch scheinbar rein rationale Entscheidungen – etwa solche struktureller Natur – bewirken bei den Betroffenen stärkste Gefühle und mobilisieren im kollektiv Unbewußten archaische Reaktionen: Sie lösen gleichsam kindlich-„primitive" Mechanismen aus. In Drucksituationen kristallisieren sich rasch Symbolfiguren heraus. Das SIM-Modell trägt dieser Tatsache Rechnung: Mit Hilfe analoger Interventionen versuchen wir, in diese tiefsten Schichten vorzudringen. Wir machen Organisations-Aufstellungen, lassen Bilder zeichnen, Sketches aufführen oder eben Geschichten erzählen, oder wir lassen die im Veränderungsprozeß erlebten Situationen in Märchen übersetzen.

Hinter dem Wahrgenommenen tut sich das Verborgene auf, das erst Sinn, Bedeutung und Zusammenhang stiftet. Gerade in einer Zeit der inflationären und oberflächlichen Reizüberflutung geht es um genaues Hinsehen. Das bloß Vordergründige ist uninteressant. Darunter liegt das zutiefst Menschliche, die Paradoxien, die Gefühle.

Spannend sind die dahinterliegenden Konstruktionsprinzipien, die Grammatik, die Empfindungen als Bewegung des Herzens, der Phantasie (vgl. Berger, 1990).

Märchen sind, wie Bruno Bettelheim (1977) so trefflich formuliert, der Inbegriff der Integration der Widersprüche im Leben. Nicht nur Kinder, sondern auch Erwachsene sind immer wieder fasziniert von Märchen, weil diese die Dramatik ihrer Gefühle ausdrücken, die inneren Spannungen in einer Symbolsprache beschreiben und somit eine Bearbeitung leichter machen. In allen Märchen geht es um die Beschreibung von Entwicklungs- oder auch Reifeprozessen, um Ablösung aus Abhängigkeit, um Selbstbewußtseinsprozesse. Es werden widersprüchliche, komplexe Situationen dargestellt, der Kampf gegen die unumgänglichen Widrigkeiten des Lebens. Infolge der symbolhaften Verdichtung, die das Unbewußte mit einfängt, also auch Ängste und verbotene Wünsche nicht verdrängt, wirkt schon das Anhören kathartisch.

Archaische Polaritäten wie Gefahr (zum Beispiel Hexe) und Chance (zum Beispiel Prinz) werden erfaßbar und überschaubar. Das wiederum reduziert das Gefühl der Überforderung.

Das Wort *Held* etwa enthält (vgl. Wirth, 1987) von jeher eine doppelte Bedeutung: Einerseits verweist es auf die Stärke, die edle Gesinnung, andererseits aber erinnert die Sprachwurzel „hal", „hëlan" an „sich schützen", „sich rüsten", an die schwache, verletzliche Seite des Helden. Der Held ist ja nicht per se unbesiegbar, sondern im Gegenteil: Da er höchst gefährdet ist, braucht er seine Rüstung. Die Tugenden des Helden entspringen seinen Schwächen und sollen diese kompensieren.

Der Prototyp des Helden ist der kräftige, junge Mann, der in die Welt hinauszieht und sich mit Feinden, Hexen und Bestien herumschlagen muß. Er ist Symbol für die Polarität von Heimat und Fremde, für Entwicklung zur Reife. Er transportiert die volle Stromstärke des Lebens. Er verwirklicht die Ideale, er verdichtet unsere Sehnsucht nach Stärke und Vollkommenheit.

Wir grenzen uns von den rein psychoanalytischen Interpretationen ab, die Märchen vor allem in ihrer libidinösen Dimension deuten (vgl. Fromm, 1981).

Das Märchen ist eine Kunstform, in der über individuelle Schicksale hinaus auch kollektive Themen transportiert werden. Im Gegensatz zum weitverbreiteten Vorurteil, daß es im Märchen um Gut und Böse gehe, meinen wir mit Bettelheim, daß das zwar auf Mythen und Fabeln zutrifft, nicht aber auf Märchen. Diese sind nicht moralisierend-belehrend, sie spenden vielmehr Trost und Mut und verkünden eine zuversichtliche Botschaft: So, wie das die Helden tun, kann man sich trotz der Widrigkeiten des Lebens Glück und Erfolg organisieren. Ob böse Hexen, ein verwunschenes Zwergendasein oder hundert Jahre Schlaf – und was sonst noch alles für Unglück, Leid, Schicksalsschläge und Ungerechtigkeiten steht –, all das kann man, meist mit Hilfe anderer (Freunde, Feen, Tiere), überwinden. Märchenfiguren sind nicht eindimensional gut oder böse, sondern sie spiegeln die Polaritäten des Lebens wider, und sie signalisieren: Nur wer in die Welt hinausgeht, sich also dem Leben stellt, findet so manche (Er)Lösung und nicht zuletzt sich selbst. Sicherheit findet man im eigenen Ich, Probleme muß und kann man selbst bewältigen.

Märchen bieten aufgrund der erwähnten Spezifika viele Identifikationsmöglichkeiten und ermöglichen tiefe Berührtheit und somit Katharsis. Die auf diese Art erlebte Integration von Widersprüchen vermehrt die Options- und Handlungsmöglichkeiten von Individuen und Organisationen. Sie mobilisiert Betroffenheit, Kreativität und Energie auf spielerisch-unaufdringliche Weise.

In Märchen haben wir es immer auch mit Zauberei und Verzauberung zu tun. Meist tritt ein Zauber in Aktion, wenn das Unfaßliche, das Nichtrationale, das Unerklärbare des Lebens zur Darstellung gebracht werden soll. Schicksal, Glück, Pech, Zufall, all diese Begriffe bringen zum Ausdruck, daß vieles, meist das Wichtigste, nicht rational begründbar ist. Manches scheint uns die längste Zeit „wie verhext" – doch eines steht fest: Kann man ein Phänomen einmal logisch erklären, so ist der Zauberbann gebrochen.

Wir haben Märchentitel als Kapitelüberschriften gewählt, um Assoziationsräume zu öffnen, in denen eine Verbindung zwischen Erlebnissen im Zuge von Entwicklungsprozessen und Erlebnisinhalten von Märchen hergestellt werden kann. Wir wollen damit keine lineare Parallele von Beratungsprozeß und Märchen herstellen, sondern die spezielle Tiefendimension, das Archetypische der Situationen, die im jeweiligen Beispiel zum Tragen kommen, hervorheben. Die durch den Märchentitel heraufbeschworenen Assoziationen sollen eine Art Hintergrundfolie zur Beschreibung der Beziehungsdynamik in Entwicklungsprozessen bilden. Die Titel sollen außerdem deutlich machen, daß wir bei der Begleitung von Veränderungsprozessen der Aussage- und Wirkkraft der Symbolik einen hohen Stellenwert einräumen.

Entwicklungsarbeit ist immer Arbeit mit grundsätzlichen Polaritäten, wie sie in den Märchen in einzigartiger Weise deutlich werden. Nur können in den

Erzählungen von Andersen, Hauff und den Gebrüdern Grimm – und das ist der wesentliche Unterschied zur Realität überhaupt und zur harten Wirklichkeit des Wirtschaftslebens im besonderen – die unliebsamen Widersprüche und Konflikte ausnahmslos aufgelöst oder integriert werden. Sind wir als Berater auch weit davon entfernt, märchenhafte Zustände herbeizaubern zu können, so ist es doch unser Wunsch und das Ziel unserer Arbeit, Gegensätzliches unter einen (Zauber-)Hut zu bringen. Und in diesem Sinn möchten wir SIM(salabim) als Zauberformel verstanden wissen.

Literatur

John Berger: *Das Sichtbare und das Verborgene*, München: Carl Hanser Verlag 1990.
Bruno Bettelheim: *Kinder brauchen Märchen*, Stuttgart: DVA 1977.
Erich Fromm: *Märchen, Mythen, Träume: Eine Einführung in das Verständnis einer vergessenen Sprache*, (rororo) Reinbek bei Hamburg: Rowohlt 1981.
Hans Wirth: „Die Sehnsucht nach Vollkommenheit – Zur Psychoanalyse der Heldenverehrung", in: *Psychosozial* (31), *Helden*, 10. Jg., Juni 1987.

3 „Es war einmal..."

Zur Geschichte der Entwicklung des SIM-Modells

Roswita Königswieser

1. Von der Idee zum Lernprojekt

Als Berater ist man immer wieder auch unsicher – das muß man zugeben, will man gegenüber sich selbst und anderen ehrlich sein. Das Ausmaß an Unsicherheit jedoch, das sich trotz unserer langjährigen Erfahrung vor zwei Jahren bei der Staffarbeit zeigte, überstieg das gewohnte Maß.

Die Geschwindigkeit der Veränderungen ist atemberaubend, die Dynamik der Märkte überstürzt sich, das Angstpotential der Mitarbeiter steigt, die Widersprüche werden immer größer: Wir fragten uns, wie wir zum Beispiel dem Tempo des Markts („Es muß vorgestern erledigt sein!"), gleichzeitig aber auch dem Bedürfnis der Mitarbeiter („Laßt uns Zeit umzulernen, Veränderungen zu bewältigen!") gerecht werden könnten. Immer radikaler stellt der *shareholder value* die *hard facts* in den Vordergrund, zugleich jedoch werden die *soft factors*, das Wie der Rationalisierungsmaßnahmen, die soziale Kompetenz, mit den komplexen Anforderungen umzugehen, die Kultur- und Kommunikationsprozesse – etwa in Integrationsprozessen von Kooperationen – immer dringlicher. Die meisten Merger (Fusionen) scheitern daran.

Wir sehen die Realität der Wirtschaftslogik, die ökonomische, „schlanke" Organisationen („lean organizations") fördert, sind aber als Berater und Manager mit für die Gesellschaft relevanten Themen wie Globalisierung, Arbeitslosigkeit beziehungsweise neuen Formen künftiger Arbeit und Sicherheit konfrontiert.

Früher waren wir stolz darauf, sagen zu können: „Wir arbeiten in erfolgreichen Unternehmen. Wir sind keine Rationalisierer. Leute rauszuwerfen ist keine Lösung. Wir entwickeln Unternehmen." Die veränderte Situation jedoch zwang uns zu einer massiven Infragestellung unseres Ansatzes, unserer Berufsidentität, unserer Form der Beziehung zwischen Berater- und Klientensystem. Diese Verunsicherung teilte auch der Großteil der Neuwaldegger Kollegen und unserer Netzwerkpartner. Es entstanden zwei Themencenter zur selben Aufgabenstellung, nämlich „OE und Rationalisierung". Eines leitete Barbara Heitger, das andere ich. Wir wollten sehr praxisorientiert vorgehen. Ziel war es, ein Modell, ein Konzept, Interventionsformen zu generieren (Architekturen, Designs, Techniken), die uns bei Veränderungsprozessen helfen sollten, mit der oben skizzierten Quadratur des Kreises umzugehen, und einen Beitrag dazu leisten sollten, Unternehmen in dem schwierigen Umfeld überlebensfähig und fit für alle zukünftigen Anforderungen zu machen.

Wie radikal wir die Sache angingen, zeigten die roten Striche in unseren Kalendern: Wir investierten viele Wochenenden und Arbeitstage und strapazierten die Toleranz unserer Familien.

2. Von Personen zur Gruppe

Die Zusammensetzung des Themencenters ergab sich von selbst. Wir wollten verschiedene Perspektiven vertreten, haben aber ein gemeinsames oder zumindest ähnliches Anliegen. So waren wir also drei Neuwaldegger: Roswita Königswieser, Alexander Doujak und Eva-Maria Preier. Dazu kamen Ulrich Königswieser (beim Start noch Netzwerkpartner in einem anderen Beratungsunternehmen) und drei weitere Netzwerkpartner: Uwe Cichy, Marion Keil und Manfred Polzer. Nach einigen Monaten kam Gerhard Jochum hinzu: Ursprünglich einer unserer Auftraggeber, bildete er in seiner Rolle als Manager mit uns eine immer engere „Entwicklungsgemeinschaft" zwischen Klient und Berater (vgl. Beitrag „Aschenputtel"). Die Art integrierter Unternehmensentwicklung, wie wir sie umzusetzen versuchten, war nur Schulter an Schulter möglich.

3. Von der Person zur Theorie und zurück

Unser Forschungsprozeß ist gleichzeitig als unser Lernprozeß zu beschreiben. Methodisch starteten wir mit qualitativen Interviews, um in anderen Unternehmen die *best practice* zum genannten Widerspruchsfeld zu recherchieren. Nach intensivem Literaturstudium zu den Themen „Zukunft der Arbeit", „Begleiterscheinungen von Rationalisierungsmaßnahmen", „Angst in Unternehmen" und anderen hatten wir einen FGN-Workshop zum Thema „OE und Rationalisierung: Harte Schnitte, Neues zum Wachsen bringen" geplant. Dort wollten wir unsere ersten Konzepte mit Unternehmern gemeinsam diskutieren, um sie danach – immer wieder neu verwoben – in unseren Beratungsprojekten und im Rahmen von Veranstaltungsreihen in Deutschland, in der Schweiz und in Österreich zu erproben und die Ergebnisse dann wiederum in ein ausgereifteres Konzept zu integrieren. Nach dem mit unserem Netzwerkpartner Spektrum (München) veranstalteten Workshop zum Thema

„Neutralität oder Stellung beziehen" meinten wir, nun genug Material und Erfahrungen gesammelt zu haben, um das Modell oder Konzept und die sich daraus ergebenden Interventionen zu beschreiben.

In den laufenden Projekten, deren Reviews und bei den Auswertungsterminen im sonnigen Nizza (dort lebt ein Netzwerkkollege) näherten sich die unternehmerische und die beraterische Perspektive einander immer mehr an. Natürlich treffen wir Berater keine inhaltlichen Entscheidungen. Der Einfluß ist ein anderer. Aber die Intention eines Managers und die eines Beraters, Entwicklungsimpulse für und in Unternehmen zu setzen, weisen große Überschneidungsfelder auf.

Wir wollten speziell das den diversen Erfahrungsschätzen implizite Wissen – das unserer Kunden, verschiedener Managergruppen, unserer Netzwerkpartner, aber auch unser eigenes – auf den Punkt bringen. Es gibt kein effizienteres Wissensmanagement als das Lernen aus Stolpersteinen, Fehlern und Unsicherheiten (vgl. Prof. Hermann Simon).

Wir möchten mit diesem Buch dem verbreiteten Vorurteil entgegenwirken, dem zufolge Berater in zwei Kategorien eingeteilt werden: in „Softies" oder „Hardliner". Es scheint keine Abstufungen der Rollenbilder dazwischen zu geben. Der Motivations-Guru Sprenger kritisiert seine eigenen Beraterkollegen: „Sie verkaufen kein lösungsoffenes Umkreisen des Problems; sie verkaufen keine langen und intensiven Abwägungs- und Lernprozesse; sie verkaufen keine Perspektiven, die nachdenkliche Beleuchtung ermöglichen; sie verkaufen nicht den eigenen Weg, der von innen kommt, sich organisch ergibt und dem Reifegrad sowie der Tradition des Unternehmens angemessen ist. Berater definieren das Klientproblem so lange um, bis ihr Produkt paßt. Sie produzieren objektiv erscheinende Zahlen, die Sicherheit vortäuschen."

Wir grenzen uns von dieser Beschreibung ab und versuchen, Manager und Unternehmen auf ihrem schwierigen, oft mit Unsicherheit gepflasterten Weg zwischen Rationalisierung und Entwicklung zu begleiten. Wir initiieren Prozesse, in denen eigene Lösungen entstehen können. Wir entschlossen uns daher, dieses Buch in erster Linie für Veränderungsmanager zu schreiben.

Bei allen Veranstaltungen arbeiteten wir als Berater und Manager gemeinsam an unserem Konzept. Die Zwischenergebnisse erprobten wir in unseren Beratungsprojekten. Dabei arbeiteten wir eng mit den Kunden zusammen und konzipierten gemeinsam Interventionen. Die folgende Grafik stellt unseren reflexiven Lernprozeß dar:

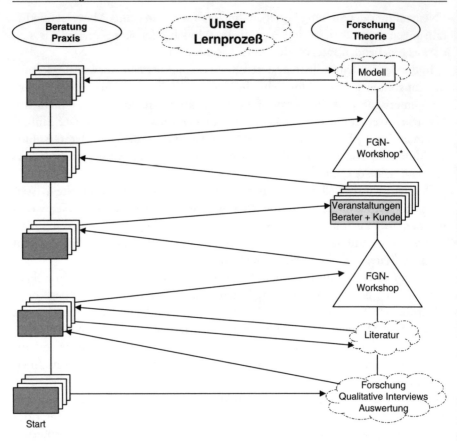

Abb. 3.1 Unser Lernprozeß; das methodische Vorgehen (*FGN = Forschergruppe Neuwaldegg)

Wir wissen, daß das Ende dieses Lernprozesses willkürlich bestimmt ist, denn eigentlich geht das Ganze weiter – die Form ändert sich.

In jedem Fall hat es Spaß gemacht, das SIM-Modell zu entwickeln. Unser Selbstverständnis hat sich verändert, unser Interventionsrepertoire hat sich erweitert. Und unsere Unsicherheit? Wir haben gelernt, mit ihr zu leben. Was für unsere Kunden gilt, gilt im selben Maß für uns selbst und hat sich bestätigt: „Neue Wege entstehen beim Gehen."

Teil I

Theoretische Hintergründe

4 „Rapunzel"

Grundlegende Gedanken zum systemischen Ansatz

> *„Rapunzel, Rapunzel, laß dein Haar herunter!"* Sogleich fielen die Haare herab, und der Königssohn stieg hinauf.
>
> So wie Rapunzel im Märchen die Liebe ihrer Eltern erleben durfte und gleichermaßen der Gefahr der bösen Zauberin erlegen schien – so leben auch wir heute ein Leben voller Widersprüche. Diese Widersprüche nicht zu leugnen, sondern wach zu erleben ist einer der Grundgedanken systemischen Managements. Komplexe Widersprüchlichkeit in unser Denken und Handeln bewußt integrieren, die eigenen Ressourcen mobilisieren (wie Rapunzel mit ihren langen Haaren), sich selbst organisieren und selbst steuern – selbstbewußt und selbstverantwortlich. Um so – systemisch wie Rapunzel im Märchen – die Gefahr zu bannen und den Weg zu bahnen – weg von der bösen Zauberin, hin zum geliebten Königssohn...

Roswita Königswieser

1. Einleitung

Drei Phänomene beschäftigen uns in der Gesellschaft ganz allgemein, in den wissenschaftlichen Disziplinen und speziell in der Wirtschaft immer mehr: Dynamik, Turbulenz und Komplexität. Das heißt, die Welt, in der wir leben, wird immer dynamischer, turbulenter und komplexer, die Veränderung geht immer rascher vor sich, die Zusammenhänge werden immer vielfältiger, immer schneller verlieren Informationen ihre Gültigkeit, und die Zukunft läßt sich zunehmend schlechter vorhersehen. Unsere Grundthese besagt, daß sich der systemische Ansatz immer mehr verbreitet, weil er dazu beiträgt, mit dieser verunsichernden, meist überfordernden Situation besser umgehen zu können.

Die moderne Gesellschaft ist durch Ausdifferenzierung gekennzeichnet – besonders deutlich wird dies in ihren spezialisierten Funktionssystemen: Wirtschaft, Politik, Wissenschaft, Recht (vgl. Luhmann, 1984).

Der Vorteil dieser Entwicklung ist die hohe Leistungsfähigkeit, der Nachteil ist die strukturell bedingte Unsteuerbarkeit, Verantwortungslosigkeit, ein Verlust der Ganzheitlichkeit.

Das systemische Paradigma verläßt den Objektivitätsglauben, verbindet sich mit dem Konstruktivismus, nutzt das „Mehrbrillenprinzip" und betont so, daß es verschiedene Wahrheiten gibt. Der Systemansatz läßt mehr Komplexität zu – man blickt über den eigenen Horizont hinaus und sieht sich als Beobachter selbst als Teil der Wirklichkeit.

Der Systemansatz ermöglicht daher in hoch unstrukturierten, komplexen Situationen – wie es Unternehmensentwicklungsprozesse zwischen Rationalisierung und Entwicklung nun einmal sind –, in denen herkömmliche Lösungen versagen, einen optimalen Ansatz.

Woher kommt der Systemansatz?

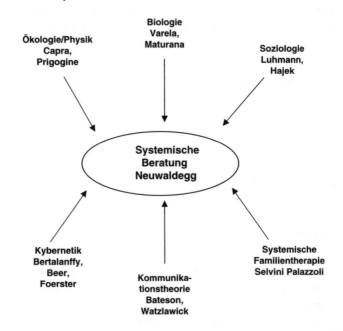

Abb. 4.1 Einflüsse auf den Beratungsansatz der Beratergruppe Neuwaldegg

Den Systemansatz gibt es sowenig, wie es *die* Soziologie oder *das* Marketing gibt. In Abbildung 4.1 nennen wir Konzepte und Einflüsse, die für unseren (Neuwaldegger) Beratungsansatz von besonderer Bedeutung waren.

Auch der Systemansatz hat seine Evolution, und es ist kein Zufall, daß in verschiedenen Disziplinen ähnliche Phänomene, z. B. autopoietische Prozesse, Beachtung finden.

Die Welt und die sozialen Systeme werden nicht mehr mechanistisch gesehen – also als Maschinen, die man im Griff haben kann, wenn man den richtigen Knopf drückt –, sondern als Organismen wahrgenommen, die ihre eigenen Strukturgesetze haben – Eigenheiten, denen man Rechnung tragen muß. Aus dieser gegensätzlichen Haltung leiten sich weitere Unterschiede ab.

2. Was unterscheidet das systemische vom mechanistischen Weltbild?

Grundsätzlich möchten wir betonen, daß das systemische Weltbild eine qualitative Erweiterung der mechanistischen Vorstellungen ist. Es trifft keine Einteilung in „besser" und „schlechter", sondern beschreibt eine andere Weltsicht. Diese Weltsicht erfordert ein hohes Maß an Selbstreflexivität, weil man sich selbst immer als Beobachter mitdenken muß, sich der Selektivität der eigenen Wahrnehmung stets bewußt sein sollte.

Wir möchten hier nochmals die für uns zentralen Unterschiede zwischen dem mechanistischen und dem systemischen Weltbild auflisten, die sich vor allem in der Haltung, in der Art der Unternehmensführung und im eigenen Rollenverständnis auswirken.

Auf der Ebene der Organisation können die im folgenden angeführten Punkte (Tab. 4.1 und 4.2) den Unterschied im Verständnis beschreiben:

Mechanistisches Weltbild	Systemisches Weltbild
Bisher standen im Vordergrund:	*Jetzt und in Zukunft erhalten zusätzlich Bedeutung:*
Maschinenbild	Organismusmodell
Kausalketten	Wechselwirkungen
Logik, Widerspruchsfreiheit	Widersprüche
Rationalität, harte Fakten	Emotionalität, Intuition, weiche Faktoren
richtig, falsch schuldig, unschuldig	Funktionalität, Kontextabhängigkeit
eine Wahrheit, Objektivität	viele Wahrheiten, Konstruktivismus

Tab. 4.1: Grundlegende Haltung

Mechanistisches Weltbild	Systemisches Weltbild
Organisation, zentral	*Selbstorganisation, dezentral*
Hierarchie	Vernetzung, Gruppen, Netzwerke
Strukturgestaltung	Prozeßgestaltung
manifestes, formelles normatives Modell	latentes, informelles Prozeßmodell
Planung	Entwicklung, Visionen
männliches Prinzip, Yang	weibliches Prinzip, Yin
Macher	Entwickler, Gärtner, Kultivator

Tab. 4.2: Formen von Organisationen

Für die operative Managementebene (Tab. 4.3) seien folgende Punkte exemplarisch angeführt:

Mechanistisches Weltbild	Systemisches Weltbild
Vorgesetztenentscheidung *(guter Fachmann)*	*Gruppenentscheidungen* *(zum Beispiel Projektgruppen)*
Führungsmittel: Anweisungen	Motivation, soziale Kompetenz, Voraussetzungen schaffen
Widersprüche unterdrücken	Widersprüche integrieren
Konfliktregelung: Hierarchie	Konfliktaustragung
personenbezogene Intervention	systembezogene Interventionen
starre Regeln, Druck ausüben	Impulse setzen, gedeihen lassen, Energien freisetzen, deblockieren

Tab. 4.3: Operatives Management

Das Rollenverständnis des Unternehmensführers verschiebt sich von jemandem, der Ziele vorgibt und Anweisungen zu ihrer Realisierung gibt, zu jemandem, der sich für den unternehmerischen Dialog, das Aufgreifen relevanter Themen und für das Gestalten von Prozessen verantwortlich fühlt, der als Katalysator dazu beiträgt, für optimale Entwicklungsbedingungen zu sorgen. Er vermittelt dem System in der Auseinandersetzung mit dem Umfeld (dem Markt, den Kunden, den neuen technischen Entwicklungen) und den persönlichen Visionen, was es benötigt. In dem Maße, wie die Selbstentwicklung des Unternehmens zur Verlagerung von Unternehmerfunktionen an den Arbeitsplatz, zu unternehmerisch autonomen Arbeitsteams und Projektgruppen führt, werden möglichst viele Interessengruppen (zum Beispiel Entwicklung, Produktion, Verkauf) in den Dialog und den Entscheidungsprozeß, in die Reflexions- beziehungsweise Feedbackschleifen mit eingebunden. Dazu ist einerseits ein hohes Maß an sozialer Kompetenz nötig – das heißt die Fähigkeit, mit anderen zu kommunizieren, Konflikte auszutragen und selbstreflexiv zu sein –, andererseits eine ausgefeilte Prozeßkompetenz, das heißt die Fähigkeit, Architekturen für Entwicklungsprozesse zu entwerfen.

3. Bedeutung und Auswirkung in der (für die) Praxis

Bei diesen Prozessen müssen ständig Widersprüche auftreten, die es am Leben zu erhalten gilt, weil sie die Komplexität der Umwelt einfangen und Stoff für Lebendigkeit und Innovation liefern. Die Kunst des systemisch orientierten Unternehmensführers besteht darin, diese Widersprüche zu integrieren, zum Beispiel Entwicklung beziehungsweise Wachstum und gleichzeitig Rationalisierung zu managen; zu planen und doch Flexibilität zu bewahren; zu dezentralisieren, ohne alle zentralen Funktionen aufzulösen; die goldene Mitte zwischen Chaos und Ordnung zu finden. Der Systemansatz zeigt sich vor allem in der Haltung, im Weltbild und im Selbstverständnis des Managers.

Der Unterschied liegt nicht in der Technik. Das Erlernen dieser Haltung ist folglich nicht eine Sache der linken Gehirnhälfte, kein kognitiver Akt, sondern ein Prozeß, der die intuitive rechte Gehirnhälfte betrifft und benötigt. Deshalb stößt er oft auf Unverständnis.

Scheinbar paradox anmutende Fähigkeiten sind hier Erfolgsfaktoren: höchstes gestalterisches Engagement bei gleichzeitig ausgeprägter Gelassenheit (vgl. Roswita Königswieser: „Widerstände gegen systemische Unternehmensführung").

Literatur

Niklas Luhmann: *Soziale Systeme – Grundriß einer allgemeinen Theorie*, Frankfurt a. M.: Suhrkamp Verlag 1984.

Roswita Königswieser/Christian Lutz (Hrsg.): *Das systemisch-evolutionäre Management – Der neue Horizont für Unternehmer*, Wien: Orac Verlag 1992.

Roswita Königswieser: „Widerstände gegen systemische Unternehmensführung", in: Roswita Königswieser/Christian Lutz: *Das systemisch-evolutionäre Management – Der neue Horizont für Unternehmer*, Wien: Orac Verlag 1992.

5 „Brüderchen und Schwesterchen"

Relativität und Relation von Hart und Weich

> *Das Brüderchen wollte aus dem Brünnlein trinken. Aber das Schwesterchen hörte, wie das Bächlein im Rauschen sprach: „Wer aus mir trinkt, wird ein Tiger, wer aus mir trinkt, wird ein Tiger!" Da rief das Schwesterchen: „Ich bitte dich, Brüderchen, trink nicht, sonst wirst du ein wildes Tier und zerreißt mich!"*
>
> Den großen Durst zu stillen ist weich, aus einer Quelle, die vergiftet ist, hart. Trotz großen Dursts dem Schwesterchen vertrauen – das ist hart. Das Brüderchen behüten ist weich. Hartes und Weiches, Fakten und Faktoren gehören zusammen und bedingen einander – individuell und in der Organisation. Der systemische Ansatz lebt vom dualistischen Prinzip. Hart braucht Weich braucht Hart und immer so weiter – untrennbar zur Einheit verwoben im systemischen Prozeß, an dessen Ende Brüderchen und Schwesterchen gemeinsam sich befreien.

Uwe Cichy, Ulrich Königswieser

Die Sinnhaftigkeit vieler Veränderungsprozesse wird zunehmend angezweifelt

Wir begleiten und beobachten seit Jahren Veränderungsprozesse in Organisationen und Unternehmen. Vielfach haben wir uns mit unseren Kollegen von der klassischen Managementberatung die Türklinke in die Hand gegeben. Man hatte unterschiedliche Logiken, die Kompetenzen waren klar verteilt, sowohl auf der Unternehmens- als auch auf der Beraterseite. Auf der einen Seite die „harte" Struktur- beziehungsweise Strategiearbeit, auf der anderen Seite die „kulturellen Streicheleinheiten", hier eine Logik der Effizienz, des meßbaren Erfolgs, dort eine „soziale" Logik. Kultur ist schwer in Zahlen zu fassen. Beide „Lager" hatten recht wenig miteinander zu tun, konnten aber ganz gut voneinander und nacheinander leben.

Zwei wesentliche Entwicklungen haben diese „Ordnung" empfindlich gestört und in Frage gestellt:

- Reine Kulturprojekte verlieren zunehmend an Glaubwürdigkeit, insbesondere dann, wenn der Arbeit an der Unternehmenskultur das nächste Rationalisierungsprojekt auf dem Fuße folgt.
- In den Organisationen treffen wir immer öfter beide Logiken und damit beide Arten von Projekten *gleichzeitig* an. Sie werden nicht mehr nacheinander, sondern nebeneinander durchgeführt, allerdings ohne wirkliche Verzahnung.

Unser Anspruch ist es daher, beide Logiken sozusagen unter ein Dach zu bekommen, also Wege zu suchen, aus dem Nacheinander oder Nebeneinander ein Miteinander zu machen. Es ist dies die aktuelle Herausforderung, sich ständig und überall mit Widersprüchen auseinandersetzen zu müssen. Es geht darum, die „Entweder-Oder-Denkkategorien" zu überwinden, das „Sowohl-Als-auch" als Nährboden neuer Ideen zu verstehen und genau das nicht als Störung, sondern als Bereicherung wahrzunehmen. In diesem Sinne sagen Ronald Heifetz und Donald Laurie 1998: „This diversity is valuable because innovation and learning are products of differences." (Vgl. Heifetz/Laurie, 1998) Es geht um das Erlernen des Umgangs mit stetig steigender Komplexität – und dies nicht nur auf der Ebene des Topmanagements, sondern auf allen Hierarchieebenen eines Unternehmens, bis zum letzten Mitarbeiter.

Zu viele konkurrierende Projekte neutralisieren sich wechselseitig

Wir wollen versuchen, die zwei Logiken kurz zu skizzieren. Der einen Kategorie von Veränderungsprozessen liegt im wesentlichen der Effizienzgedanke zugrunde: Prozesse müssen schneller werden, Strukturen „leaner", Produkte billiger, Mitarbeiter effizienter, Methoden rationeller... Das Unternehmen muß stetig besser werden. Wer heute aufhört, sich zu verbessern, ist morgen schon aus dem Rennen. Um diesen immensen Anspruch umsetzen zu können, erfindet man immer neue Methoden, Instrumente oder zumindest Begriffe, um die notwendigen Produktivitätsschübe zu schaffen. Es gibt unzählig viele Ansätze: von der Gemeinkostenwertanalyse von McKinsey über die Business Reengineering-Projekte (vgl. Hammer / Champy, 1995) bis hin zu den Restrukturierungen auf Basis des Shareholder-Value-Ansatzes (vgl. Rappaport, 1986), vom Outsourcing über das Downsizing bis zum Insourcing, vom Supply Chain Management über das Customer-Focus-Programm bis hin zur Balanced Scorecard. All das sind Mittel und Wege, Ansätze, Instrumente, manchmal von mehr, manchmal weniger Erfolg begleitet. Sie alle sollen ein Beitrag zur Effizienzsteigerung von Unternehmen sein.

Die jüngeren dieser Modelle nehmen durchaus für sich in Anspruch, nicht einseitig effizienzgetrieben zu sein. „Daher müssen wir ... die schwere Aufgabe auf uns nehmen, eine Unternehmenskultur zu schaffen, in der persönliches, informiertes Engagement und individuelle Verantwortlichkeit im Vordergrund stehen" (vgl. Champy, 1995). „Manchmal stoße ich ... auf Skeptiker, die dagegenhalten, daß dieser Ansatz (Shareholder Value) die Eigentümer auf Kosten anderer Anspruchsgruppen wie Mitarbeiter, Kunden und Lieferanten begünstige. Wie ich in diesem Buch zeigen werde, setzt die Schaffung überragender Eigentümerrenditen die Loyalität dieser zentralen Anspruchsgruppen voraus" (vgl. Rappaport). Der theoretische Beweis folgt, aber die Frage, wie wir uns die Loyalität dieser zentralen Anspruchsgruppen sichern können, bleibt leider offen. Das Balanced-Scorecard-Modell tritt geradezu mit dem Anspruch an, endlich den unterschiedlichen Bedürfnissen aller beteiligten Interessengruppen im Unternehmen gerecht zu werden, bleibt den Beweis aber in der Praxis leider allzuoft schuldig.

Vom Theoriekonzept her gibt es breite Übereinstimmung, aber in der Praxis sind Umsetzungserfolge rar. Es fehlen die praktischen Konzepte. Es kommt nämlich nicht auf das Instrument selbst an, sondern auf die Art, wie es gehandhabt wird. Es gibt auch Probleme bei den reinen Kulturprojekten. Gemeinsam ist den meisten Kulturprojekten der Grundgedanke, den Mitarbeiter als Wert (und nicht als Kostenfaktor) und als zentralen Erfolgsfaktor des Unternehmens in den Mittelpunkt der Betrachtung zu stellen. Es geht darum, am Sinn der Arbeit anzusetzen, dem Mitarbeiter mehr Verantwortung zu übertragen und damit – so die Grundhypothese – mehr Freude an der Arbeit zu vermitteln, was wiederum, wenn auch meist nur schwer meßbar, zu einer Steigerung des Unternehmenserfolgs führen sollte. Ähnlich wie bei den sogenannten „harten" Projekten gibt es auch hier vielfältige Ansätze und Methoden, die sich letztendlich in ihrer grundsätzlichen Zielsetzung jedoch recht ähnlich sind. Ob nun neue Unternehmensleitlinien entwickelt, ein Leitbild entworfen, eine Vision erarbeitet oder die Unternehmenskultur als Ganzes entwickelt werden soll, ob „Führen mit Zielvereinbarungen" eingeführt oder die Organisation zu einer lernenden gestaltet werden soll, immer geht es darum, das in den Mitarbeitern vorhandene Potential für das Unternehmen nutz- und gewinnbringender einzusetzen.

Oftmals liegt aber genau in diesem Anspruch, nämlich letztendlich auch steigende Erträge zu erzielen, die „Achillesferse" dieser Projekte. Sie bringen ebendiesen Anspruch nicht bis zum letzten Mitarbeiter „hinunter", sondern bleiben auf der sogenannten Topebene stecken, ohne das operative Geschäft nachhaltig zu verändern. Auch hier ist leider allzuoft das Konzept faszinierend und begeisternd, die Umsetzung hinkt aber dem Anspruch hinterher.

Festzustellen ist, daß durch die Parallelität und Vielzahl der unterschiedlichen Projekte mit unterschiedlichen Ansätzen Konkurrenz entsteht, Konkurrenz zwischen den einzelnen Projekten, zwischen den eingesetzten Beratern, zwischen den Auftraggebern, zwischen Projekt- und Linienorganisation, Konkurrenz um Ressourcen, um Mitarbeiter, um Managementattention, um Prestige. Das bedeutet Konflikte, welche die Organisation nachhaltig (mit sich selbst) beschäftigen, wenn nicht gar lähmen. Es entstehen ungezählte und nicht mehr überschaubare isolierte Lösungen, die Abstimmung fehlt, Synergien bleiben auf der Strecke. Wer hat noch den Überblick, wo ist das „Big Picture" im Bewußtsein?

Zunehmende Orientierungslosigkeit und ihre Auswirkungen

Die Konsequenz solcher Entwicklungen ist eine wachsende Orientierungslosigkeit des Unternehmens, deren Symptome sich auf allen Ebenen der Organisation wiederfinden. Auf der Ebene des einzelnen Mitarbeiters sind entweder in verstärktem Maß Angst und Unsicherheit zu beobachten, die Mitarbeiter kämpfen mit dem eigenen Selbstwertgefühl, fühlen sich ausgeliefert, machtlos. Sie resignieren, oder sie kündigen innerlich. Oder aber – und das ist ein ebenso alarmierendes Zeichen für diese Problematik – es ist eine Menge abwandernder, wertvoller Mitarbeiter zu beklagen. Wenn es für diese Mitarbeiter zunehmend schwierig wird, (sich) die Sinnfrage zufriedenstellend zu beantworten, den Sinn einzelner Projekte und deren Gesamtzusammenhang zu erkennen, den Sinn des eigenen Einsatzes und Engagements zu erklären; wenn der Sinn der eigenen Loyalität immer schwieriger nachzuvollziehen ist, die Identifikation mit dem Unternehmen auf einmal einfach nicht mehr da ist, dann wird dadurch – wenn auch sicherlich ungewollt – der Boden für eine neue beziehungsweise sich verschärfende Dimension des Wettbewerbs zwischen den Unternehmen bereitet: für den Kampf um die besten Mitarbeiter.

Auf der Ebene der Teams oder Arbeitsgruppen keimt energiebindende Konkurrenz. Es werden „härtere Bandagen" angelegt, das Eigeninteresse wird viel zu häufig über das Gesamtinteresse gestellt. Auf die Frage nach dem Gemeinsamen, dem Verbindenden zwischen den Subeinheiten fehlen schlicht die Antworten. Immer öfter trifft man auf Gewinner und Verlierer der Veränderungen, und in echten Problemfällen beschäftigt man sich ausgiebiger mit der Suche nach dem oder den Schuldigen als mit der Suche nach der eigentlichen Lösung des Problems. Die Organisation selbst kämpft den überwiegenden Teil der ihr zur Verfügung stehenden Zeit gegen den extremen, auf kurzfristigen

Erfolg abzielenden Leistungsdruck, was eine immer stärkere Vernachlässigung der langfristigen, strategischen Aufgabenstellungen nach sich zieht. Es wird einseitig optimiert, punktuell werden Symptome bekämpft, der Blick für Gesamtzusammenhänge ist den ausgeprägten Konkurrenzkämpfen und Egoismen zum Opfer gefallen. Die Energie ist nach innen gewandt; die Organisation selbst gleicht einer Ansammlung kleiner, gut abgeschirmter Fürstentümer.

Ein solches Verhalten läuft Gefahr, einen sich selbst verstärkenden Teufelskreis zu bilden. Es entwickelt sich eine dysfunktionale Kultur. Aus stimulierendem Zeitdruck wird belastender Zeitmangel. Es fehlen Prioritäten. Es wuchern immer mehr Projekte mit immer denselben Leuten.

An dieser Stelle müssen wir auch feststellen, daß in Unternehmen, auf die das geschilderte Bild zutrifft, die Verantwortung hierfür in erster Linie beim oberen Management liegt. Wenn es innerhalb eines Unternehmens eine Vielzahl miteinander konkurrierender Veränderungsprojekte gibt, ist die Wahrscheinlichkeit sehr hoch, daß auch innerhalb des Managements ein Konkurrenzverhältnis herrscht, es kein gemeinsames Selbstverständnis hinsichtlich der Unternehmensführung gibt. Die Konsequenz ist im schlimmsten Fall ein sich selbst blockierendes Unternehmen.

Das Topmanagement ist sich seiner Vorbildwirkung auf das von ihm geleitete Unternehmen oft nicht bewußt. „Study large corporations, and you'll discover that the biggest barrier to change, innovation and new ideas is very often management" (vgl. Teal, 1998). Hier liegt heute die eigentliche Herausforderung an die Unternehmensführung. „Great management [besser wäre hier vielleicht der Begriff *leadership* (vgl. Kotter, 1998; Anmerkung der Autoren)] requires imagination ..., integrity ... and the capacity to create excitement" (vgl. Teal). Es sollte eine zentrale Zielsetzung sein, die einzelnen Entwicklungselemente, zum Beispiel Projekte, zu einem attraktiven und allgemein verständlichen Gesamtbild zusammenzufügen. Ein rechtzeitiges Vorbeugen gegenüber der weit verbreiteten „Projektitis" und dem damit einhergehenden schleichenden Verlust der Glaubwürdigkeit einzelner Projekte – und nach und nach der gesamten Projektlandschaft – sollte dem obersten Management ein Anliegen sein. Wir betonen im Kontext von Changeprozessen das Element Projekt deshalb so stark, weil ihnen bei unserem Thema „Entwicklung und Organisationen" eine zentrale Rolle zukommt.

Von Beraterseite her wird diese Tendenz zum Wildwuchs noch verstärkt. Es herrscht hohe Spezialisierung vor, von einzelnen Ausnahmen abgesehen gibt es wenig gesamtheitliche Beraterasätze. Es gibt kaum umsetzungsfähige Praxismodelle für eine integrierte Unternehmensentwicklung. Auch Berater pflegen ihre ausgeprägten Konkurrenzverhältnisse. Mit sinnvollen Kooperationsformen wird erst experimentiert.

Aus zwei mach eins

Es liegt eigentlich auf der Hand: Vielfältige Untersuchungen legen nahe, daß die meisten sogenannten „harten" Projekte scheitern, wenn sie nicht sinnvoll auf einer kulturellen Ebene begleitet und ergänzt werden und entsprechende Unterstützungen im Topmanagement nicht gegeben sind. James Champy widmet diesem Aspekt gleich ein ganzes Buch (vgl. Champy, 1995) und führt das Scheitern vieler Reengineering-Projekte auf genau diesen Umstand zurück. Gleichermaßen liegt die fehlende Durchschlagskraft und Nachhaltigkeit zahlreicher Kulturprojekte sicherlich darin begründet, daß sie, zumindest langfristig, keine ausreichend konkreten, manifesten und spürbaren – sprich: in harten Fakten meßbaren – Veränderungen und Konsequenzen im Unternehmensalltag produzieren. Unternehmenskulturen, Führungsphilosophien sind kein Selbstzweck. Genausowenig können Strategien und Rationalisierungsprogramme ohne die dahinterstehenden Menschen umgesetzt werden. „Besonders solche Unternehmen sind erfolgreich, die die kulturellen *und* strukturellen Voraussetzungen schaffen, damit Führung und Zusammenarbeit in team- und dialogorientierter Form vonstatten gehen können. Von Bedeutung ist hier vor allem die ethische Grundhaltung, Mitarbeiter als mündige Personen anzuerkennen und sie ganz selbstverständlich in unternehmerische Entscheidungen und Maßnahmen einzubeziehen, von denen sie selbst und ihre Arbeit direkt betroffen sind" (vgl. Nothnagel, 1998).

Es besteht demnach der dringende Bedarf, Methoden zu entwickeln, harte *und* weiche Projekte beziehungsweise Veränderungsansätze miteinander in Einklang zu bringen. Das heißt, Unternehmensentwicklung in all ihren Facetten als einen zusammenhängenden Prozeß zu verstehen und zu führen. In seiner letzten Konsequenz heißt dies auch, die Unterscheidung von „hart" und „weich" in ihrer Bedeutung zu relativieren. Dafür wollen wir noch einmal in Erinnerung rufen, in welchen Zusammenhängen diese Unterscheidung normalerweise gebraucht wird.

Was ist denn eigentlich „hard", und was ist „soft", und wer definiert die „facts"?

Es wird hier eine nach unserer Auffassung künstliche Trennung zwischen diesen Begriffen geschaffen. Aber erst in ihrem Zusammenspiel, ihrer wechselseitigen Ergänzung und Abstimmung aufeinander können sie ihren eigentlichen Wert voll entfalten. Leider ist diese Unterscheidung insbesondere im Kontext der Unternehmensberatung stark verbreitet. Die Zuordnung zu „Hardlinern" und „Weicheiern" wird hier schnell getroffen und bereitet nicht geringe Schwierigkeiten.

Bereits die beiden McKinsey-Autoren Peters und Waterman beschrieben in ihrem 1982 erschienenen Bestseller (vgl. Peters/Waterman, 1982) mit dem

7-S-Modell das Zusammenwirken von vermeintlich harten (Strategy, Structure, Systems) und vermeintlich weichen Faktoren (Shared Values, Skills, Staff, Style) als Voraussetzung für herausragenden Unternehmenserfolg. Im Berateralltag von McKinsey allerdings hat die dort ausführlich beschriebene Interdependenz der sieben Elemente des Modells bedauerlicherweise nur verschwindenden Niederschlag gefunden.

Und wie ist das überhaupt mit der Unterscheidung in „hart" und „weich"? „Strategie" gilt als herausragendes Beispiel für sogenannte „harte" Faktoren, „geteilte Werte" als klassischer „soft fact". In dieser Unterscheidung wird „hart" als das Anfaßbare, das Meß- und Berechenbare verstanden. Strategien finden ihren Ausdruck in Umsätzen, Ergebnissen, Marktanteilen, Mitarbeiterzahlen, Rentabilitäts- und Produktivitätskennziffern, Akquisitionsprojekten oder Investitionen. Alle diese Kategorien haben einen vermeintlich unschätzbaren Vorteil: Sie sind in Zahlen ausdrückbar. Damit werden sie erstens „hard" und zweitens zu „facts".

„Geteilte Werte" sind nur schwer anzufassen, so gut wie gar nicht in Zahlen auszudrücken oder gar planbar. Zum Beispiel „Offenheit" und „Ehrlichkeit", zwei Werte, die so gut wie jedes Unternehmen für sich als erstrebenswert definiert. Als reine Absichtserklärung und nichts weiter ist es zu betrachten, wenn diese Werte nur auf ein Stück Papier geschrieben werden. Dann sind sie wertlos oder, anders ausgedrückt, „weich". Sie haben keine Konsequenzen. In ihrer konkreten Anwendung im Alltag des Unternehmens allerdings, beispielhaft bei Personalentscheidungen, führen die „weichen" Werte oftmals zu sehr harten Konsequenzen. Der altgedienten Führungskraft muß „offen" und „ehrlich" dargelegt werden, warum die Karriere für sie beendet ist und die junge Nachwuchskraft der geeignetere Kandidat für einen attraktiven Posten ist. Nicht allzu selten, so erscheint es uns, führt die Scheu vor genau diesen Konfrontationen zu einem Aufschub oder gar einer Veränderung der anstehenden Entscheidung. Die Effizienz des Entscheidungsprozesses verringert sich, die Motivation der Nachwuchskräfte im Zweifelsfall ebenfalls. Die Unterscheidung in „hart" und „weich" verschwimmt, erscheint willkürlich.

Ähnlich schwierig erscheint die Unterscheidung zwischen Hart und Weich bei der Betrachtung des täglichen Geschehens an der Börse. Sie ist vielleicht das treffendste Beispiel dafür, wie stündlich aus „weichen" Gerüchten und Mutmaßungen „harte" Fakten (Kurse) werden – und umgekehrt.

Fakten und Faktoren: Schluß mit Hardlinern und Weicheiern!

Hart und *weich* wurden immer wieder in zweierlei Bedeutungen gebraucht:

1. im Sinne von *anfaßbar, meßbar* beziehungsweise von *nicht greifbar, nicht meßbar* (die Wahrnehmung betreffend) und
2. im Sinne von *unmenschlich* beziehungsweise von *menschlich* (ethisch bewertend).

Im Sinne der ersteren Unterscheidung wären die „anfaßbaren" Begriffe wie Zahlen, Fakten, Strukturen und die nicht „faßbaren" Begriffe wie Prozesse, Werte, Entscheidungsfindung, Vertrauen zu nennen. Dazu kommt, daß Zahlen, Fakten, Strukturen, Prozesse und Werte – Begriffe der ersteren Unterscheidung – sowohl hart als auch weich im Sinne der zweiten Unterscheidung sein können. Hierzu haben wir auf den beiden Dimensionen *Wahrnehmung* und *Bewertung* folgende Beispiele von Ausprägungsmöglichkeiten kombiniert:

Unterscheidungs-dimensionen		Nach ethischen Bewertungskategorien	
		Hart im Sinn von unmenschlich	Weich im Sinn von menschlich
Nach Wahrnehmungs-kategorien	Hart im Sinn von „anfaßbar"	Fristlose Entlassung eines Familienvaters	Sonderurlaub nach einer stressigen Woche
	Weich im Sinn von nicht „anfaßbar"	Patriarchalischer Führungsstil mit Zügen von Psychoterror	Mitarbeiterorientierter Führungsstil

Im Alltag beobachten wir eine weitgehende Vermischung dieser beiden Bedeutungsdimensionen. Dadurch wird oft etwas Anfaßbares (unnötigerweise) mit etwas Hartem im Sinne von „unmenschlich" gleichgesetzt, obwohl wir ja gerade festgestellt haben, daß Anfaßbares sowohl unmenschlich als auch menschlich sein kann. Schließlich wird dem Anfaßbaren allzuoft – aus unserer Sicht – weitaus mehr Bedeutung beigemessen als dem Unanfaßbaren (knapp an der Grenze des Unfaßlichen!). Aufgrund der oben angeführten Beobachtungen wollen wir im folgenden im Rahmen der Unterscheidung im ersten Sinne anstelle der Begriffe *Anfaßbares* beziehungsweise *nicht Anfaßbares* die Begriffe *Fakten* und *Faktoren* einführen. Die Unterscheidung im zweiten Sinne bleibt dabei bestehen. Dadurch glauben wir, dem Verwirrspiel um die Begrifflichkeit ein Stück weit entkommen zu können. Auch Fakten und Faktoren stehen in einem engen Zusammenhang. Für uns entstehen Fakten auf Basis von Faktoren, und sie verhalten sich ähnlich wie Ursache und Wirkung oder wie Zutaten, die nach einem – hoffentlich geglückten – Kochprozeß (weicher Faktor) zu einer köstlichen Speise werden, die man ißt (hartes Faktum).

Jedes *Faktum* ist beschreibbar beziehungsweise quantitativ meßbar (direkt oder über qualitative Umwege) und ist für uns deshalb auch hart im Sinne von anfaßbar. Bei Marktanteilen, Umsätzen, Führungsspannen, Fehlerquoten, Berichten, Produkten fällt es den meisten Menschen leicht, diese auch als harte Fakten zu bezeichnen. Wir bezeichnen aber auch die Akzeptanz bezüglich einer Entscheidung und ein Image als harte Fakten. Wenn dies auch schwieriger zu messen ist, kann es doch bei den relevanten Betroffenen so erlebt werden. Für uns sind Fakten also immer Tatsachen, die zu einem bestimmten Zeitpunkt beschreibbar beziehungsweise meßbar sind, unabhängig davon, ob sie als eher menschlich oder unmenschlich bewertet werden.

Faktoren sind Einflüsse, Prozesse und Elemente, die zu den Fakten führen. Faktoren können zum Beispiel Entscheidungsfindungen, Gespräche, Erhebungen sein. Sie sind nach der ersten Unterscheidungskategorie nicht *anfaßbar*. Faktoren können – wie die Fakten auch – nach unserer Sicht aber im Sinne der Unterscheidungsdimension *ethische Bewertung* sowohl hart als auch weich sein. Eine Entscheidungsfindung kann zum Beispiel hart sein, wenn im Prozeß Vorgaben – unter Androhung von negativen Konsequenzen – durchgesetzt werden („Wir wissen besser, was für euch gut ist, und wer das kritisch hinterfragt, kriegt eins auf den Deckel"). Eine weiche Entscheidungsfindung könnte zum Beispiel Betroffene berücksichtigen, unterschiedliche Sichtweisen einfließen lassen. Die Bewertung im Sinne von menschlich oder unmenschlich – ob es sich also nun um harte oder weiche Faktoren beziehungsweise Fakten handelt – ist aber in jedem Falle stark subjektiv gefärbt und berührt ethische Bereiche, auf die wir hier nicht näher eingehen werden. Die Unterscheidung zwischen Faktor und Faktum möchten wir aber noch genauer beleuchten.

Ob eine Beobachtung als Faktor oder Faktum beschrieben wird, hängt nicht zuletzt vom betrachteten Zeithorizont ab. Beobachtungen sind zu einem bestimmten Zeitpunkt A Fakten. Beobachtungen innerhalb eines Zeitraumes B, also eines Prozesses, stellen dagegen einen Faktor dar. Betrachte ich zum Beispiel heute eine Entscheidung – ganz gleich, ob diese mit oder ohne Akzeptanz getroffen wurde –, wäre dies ein Faktum. Betrachte ich jedoch das Umsetzungsergebnis dieser Entscheidung und der damit verbundenen Folgeschritte, so wird die Entscheidung selbst zu einem Faktor des Umsetzungsergebnisses, nämlich zu einem Teil beziehungsweise Element des Umsetzungsprozesses.

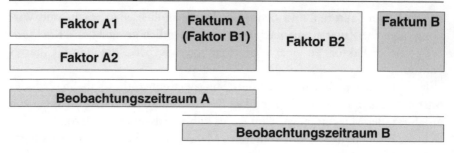

Abb. 5.1 Faktor oder Faktum, in Abhängigkeit vom zeitlichen Betrachtungshorizont.

Ist das Faktum A in unserem Fall eine Entscheidung *mit* Akzeptanz, trägt die Akzeptanz per se nicht zur verbesserten Qualität des Faktums A bei, da unter Umständen die Akzeptanz nur mit aufwendiger Involvierung und Rücksprachen mit Betroffenen erzielt wurde und die gleiche Entscheidung auch allein und schneller hätte getroffen werden können. Betrachtet man jedoch den Ausschnitt B, steht die Qualität der Umsetzung (Faktum B) im Vordergrund, und die Akzeptanz (ein Teil des Faktums A) wäre hier der Beitrag beziehungsweise der Faktor, der maßgeblich zum verbesserten Umsetzungsergebnis beigetragen hat.

Ein weiteres Beispiel aus der Praxis soll nochmals verdeutlichen, wie Faktoren neue Fakten entstehen lassen und welche Bedeutung diese Sichtweise für die Unternehmensführung hat.

Faktum sei die Neueinstellung von Personen eines Unternehmens bei gleichzeitigem Ausscheiden anderer Mitarbeiter mit einem nicht mehr adäquaten Profil. Stichwort wäre landläufig „Rationalisierung", also ein „harter" Fakt. Nun zu den weichen Faktoren, die dazu geführt haben: Mehrere Bereiche haben ihre bisherigen Produkte analysiert, miteinander verglichen und nach ihrem bisherigen Wissensstand zu Produktpaketen gebündelt, die ihres Erachtens auf dem Markt nachgefragt werden. Dazu waren jeweils enorme Teamanstrengungen auf Bereichsebene notwendig: Die Mitarbeiter waren sehr kreativ in der Produktneubestimmung, sie haben sich über ihre Bereichsgrenzen hinaus mit den anderen Teams zusammengesetzt, haben Konkurrenzgedanken überwunden und intensiv kommuniziert. Dann setzten sie sich zum Thema Servicequalität auseinander und entwickelten Qualitätskriterien dazu.

Mittlerweile gab es natürlich einen Teamgeist, der anfeuernd und anregend wirkte und zu zeitlicher wie geistiger Höchstleistung führte. Sie führten selbst Kundenbefragungen durch und stellten dann fest, daß ihre Mitarbeiter bestimmte Kompetenzen hinsichtlich Produkterstellung und Vertrieb hatten, viele aber auch nicht. Sie mußten auch feststellen, daß sich einige Mitarbeiter beim besten Willen nicht mehr in die bestimmte Richtung entwickelten. Nach einem schmerzhaften Prozeß haben sie Fakten geschaffen, nämlich definiert, wieviel neues Personal mit welchem Profil sie brauchen und welches Personal nicht mehr (vgl. Beitrag „Der Froschkönig").

Außenstehende, die nur dieses Faktum sehen, können erst einmal den Prozeß dahinter nicht nachvollziehen und tendieren oft dazu, ihn zu negieren. Denn der Prozeß hat mit Unsicherheit, mit Vertrauen, mit Beziehungen zu tun, alles zunächst einmal keine betriebswirtschaftlichen Größen.

Um beispielsweise als Analyst beurteilen zu können, ob die zu einem Faktum geronnenen Prozesse eines Unternehmens (zum Beispiel eine Bilanz zu einem Zeitpunkt X) wirtschaftliche Gesundheit und Entwicklungsstärke, Motivation und Kreativität des Unternehmens verdeutlichen, müßte er die Wirkung, nämlich die Bilanzdaten, mit den Ursachefaktoren, nämlich dem Prozeß dahinter, in Beziehung setzen. Nur dann könnte er seinen Fondsanlegern guten Gewissens ins Portfolio ein Unternehmen hineingeben, von dem er überzeugt ist, daß es in Zukunft Chancen und Potentiale hat.

Für uns sind also *Fakten* eine geronnene Erscheinungsform von Faktoren zu einem bestimmten Zeitpunkt. Diese Fakten (siehe obiges Beispiel „Rationalisierung") sind selbst wieder Faktoren in der Zeit, die ja nicht stehenbleibt. Also kann die Rationalisierung und die Personaleinstellung zum Zeitpunkt X in der Perspektive eines erneut definierten Zeithorizonts – etwa von weiteren zehn Jahren – ein Faktor im Verlauf der Zeit sein, an deren Ende Umsatzwachstum um 50 Prozent steht: ein Prozeß, in dessen Verlauf es zu Haltungswechsel der Mitarbeiter, Umstrukturierung und Personaleinstellung oder Führungskräfteentwicklung gekommen ist. Wir könnten auch sagen: Beim Faktum handelt es sich um einen gegenwärtigen Zustand, der über bestimmte Faktoren erklärt wird. Jeder Faktor kann natürlich selbst auch ein Fakt sein (wenn er meßbar, vergleichbar ist), der dann seinerseits wieder als Element eines Prozesses (also eines Faktors) erklärt werden kann.

Der Beobachter entscheidet also aufgrund seiner Perspektive, ob er es derzeit mit einem harten, weil „anfaßbaren" (jetzt, hier, heute meßbaren) Fakt oder mit einem im Zeitverlauf befindlichen Faktor zu tun hat. Der Beobachter wird dies vermutlich aufgrund seiner eigenen Interessenlage bestimmen. Wenn der Analyst nur die Bilanzen und den Markt anschaut, damit er schnelle Wachstumsraten des Fonds verkaufen kann, schaut er auf die Fakten. Will er die Unternehmen in seinem Portfolio langfristig behalten, schaut er auf die Faktoren, die zur Bilanz geführt haben: Führungsstil, Mitarbeiterengagement, Kreativität, Offenheit, sich auf veränderte Umweltbedingungen proaktiv einzustellen, und anderes mehr. Vielleicht reicht nur ein Gespräch mit dem Vorstand dann nicht, um dies einzuschätzen.

Wahrscheinlich aber lieben wir heute noch Fakten mehr als Faktoren, weil sie uns eben Sicherheit vorspiegeln und für uns faßbar erscheinen. Im Gegensatz dazu haben wir es bisher nicht gelernt, mit den viel komplexeren und unsichereren Faktoren beziehungsweise Prozessen umzugehen, unsere Beobachtungskategorien zu reflektieren.

Für unser SIM-Modell heißt das, daß die sogenannten „harten" Fakten die „weichen" Faktoren in ihre Überlegungen integrieren müssen, wollen sie nicht die Umsetzung vieler ihrer Ideen weiterhin gefährden. „Per ordre di mufti" ist nicht grundsätzlich falsch – in Krisensituationen mit Sicherheit sogar oft angebracht, widerspricht aber langfristig dem selbständig, flexibel und eigenverantwortlich agierenden Mitarbeiter, der doch als Grundelement zukünftiger Strukturen zu sehen ist. Auch Organisationsentwickler können nicht an den für sie oft unangenehmen Themen wie Kostensenkungen, Arbeitsplatzabbau und anderem vorbeischauen, nach dem Motto: „Wir sind hier für den Prozeß, nicht aber für die Inhalte verantwortlich." Die Arbeit an der Unternehmenskultur ist kein Selbstzweck. Sie muß sich, auch wenn dies im Sinne eines Ursache-Wirkung-Zusammenhangs oft nur schwer nachvollziehbar ist, in positiven Erträgen der Organisationen niederschlagen.

So sagt J. Champy (1995): „Der Stellenabbau geht weiter, und daran wird sich so bald auch nichts ändern. Durch Business Reengineering lernen wir, wie man sehr viel mehr mit sehr viel weniger Mitteln erreicht ... Es besteht kein Zweifel, daß Downsizing und Outsourcing eine Zeitlang Begleiterscheinungen des Business Reengineering bleiben werden, aber sie sind weder der wahre Inhalt noch eine Zielsetzung dieses Konzepts ...Wenn es stimmt, daß Business Reengineering in einem von Angst und Mißtrauen geprägten Umfeld nicht reüssieren kann (was erwiesen ist), wie können wir dann ein anderes, besseres Klima schaffen, das beispielsweise auf einer durch persönliches Engagement gekennzeichneten Unternehmenskultur und wechselseitigem Vertrauen beruht?" (vgl. Champy, 1995).

Unser Modell, das Systemische IntegrationsManagement (SIM), ist ein solcher Ansatz der ganzheitlichen Unternehmensentwicklung. Dieses Modell soll nun im folgenden dargestellt werden.

Literatur

James Champy: *Reengineering im Management*, Frankfurt a.M.: Campus Verlag 1995.
Michael Hammer/James Champy: *Business Reengineering*, Frankfurt a.M./New York: Campus Verlag 1995.
Ronald A. Heifetz / Donald L. Laurie: „The Work of Leadership", in: *Harvard Business Review on Leadership*, Boston: HBS Press 1998, S. 171–197.
John P. Kotter: „What Leaders Really Do", in: *Harvard Business Review on Leadership*, Boston: HBS Press 1998, S. 37–60.

Anette Nothnagel: „Mitarbeiter beurteilen ihre Vorgesetzten", in: *Harvard Business Manager* 1/1998, S. 97–106.

Thomas J. Peters/Robert H. Waterman: *In Search of Excellence*, New York: Warner Books 1982.

Alfred Rappaport: *Creating Shareholder Value*, New York: The Free Press 1986.

Thomas Teal: „The Human Side of Management", in: *Harvard Business Review on Leadership*, Boston: HBS Press 1998, S. 147–169.

Teil II

Das Modell

6 „Dornröschen"

SIM – Systemisches IntegrationsManagement –
ein ganzheitliches Modell der Unternehmensentwicklung

> *Nun waren aber gerade die hundert Jahre verflossen, und der Tag war gekommen, an dem Dornröschen wieder erwachen sollte. Als der Königssohn sich der Dornenhecke näherte, waren es lauter große schöne Blumen, die taten sich von selbst auseinander und ließen ihn unbeschädigt hindurch, und hinter ihm taten sie sich wieder als eine Hecke zusammen.*
> *Als der Prinz den Mund von Dornröschen berührt hatte, schlug es die Augen auf und erwachte und mit ihm der ganze Hofstaat.*
>
> Im Märchen: Dornröschen wird zur Königin – durch des fremden Prinzen Kuß, nach hundert Jahren Schlaf hinter dornigen Hecken ...
> Und im wahren Alltagsleben des SIM: Die situativen Bedingungen und der richtige Zeitpunkt (nach hundert Jahren Schlaf und dornigen Hecken das Erwachen) sind notwendige Grundlagen zukunftsgestaltender Prozesse – bereit zu sein für des Prinzen Kuß. SIM bedeutet erwachen können und erwachen wollen, reifen und erwachsen werden, sich selbst und auch den ganzen Hofstaat aus der dornenvollen Hecke heraus entwickeln, sich öffnen und systemisch in die Umwelt integrieren.

Roswita Königswieser, Uwe Cichy, Alexander Doujak

1. Das SIM-Modell

Wie eingangs bereits beschrieben, lieferte den entscheidenden Anstoß zur Entwicklung des Modells unser Unbehagen bei der Begleitung „weicher" Organisationsentwicklungsprozesse, die mit einem „harten" Rationalisierungsprozeß, zum Beispiel mit Stellenabbau, Ängsten und Überforderungen, Hand in Hand gehen. Wir beobachten, daß Rationalisierung und Organisationsentwicklung zunehmend nicht mehr sequentiell, sondern parallel beziehungsweise in einer Einheit gleichzeitig ablaufen. Unser – auch gesellschaftspolitisches –

Anliegen ist es, mit diesen Widersprüchen umgehen zu können, also die oft grausame, unmenschliche Logik der Wirtschaft (vgl. Heuser, 2000) mit den Bedürfnissen der verängstigten im Unternehmen verbliebenen oder der hoffnungslosen, gekündigten Mitarbeiter verbinden zu können. Dabei sollen über die genannten Widersprüche hinaus (Zentralisierung – Dezentralisierung, Differenzierung – Standardisierung, Kooperation – Konkurrenz, Konzentration – Virtualisierung, Richtung – Selbstorganisation) jene Widersprüche integriert werden, die nach unserer Erfahrung speziell bei Veränderungsprozessen auftreten.

Im SIM-Modell verweben wir drei zentrale Elemente, die – jedes für sich gesehen – weitgehend geläufig sind, deren gesamtheitliche Betrachtung für uns jedoch eine neue Qualität ausmacht.

Das Dreieck der Unternehmensentwicklung

Das erste Element ist das Dreieck Strategie – Struktur – Kultur. Gemäß unserem Verständnis entwickelt sich ein Unternehmen entlang diesen drei zentralen Dimensionen, die miteinander in Einklang zu bringen sind.

Betrachten wir die Strategie des Unternehmens, so geht es um die Frage nach dem Sinn und den Zielen des Unternehmens. In der zweiten Dimension schauen wir auf Strukturen und Prozesse – im weitesten Sinn auf die Organisation – und darin ergänzend auf die Kultur des Unternehmens, die dritte Dimension, deren wesentliche Bausteine Personal- und Organisationsentwicklung sind.

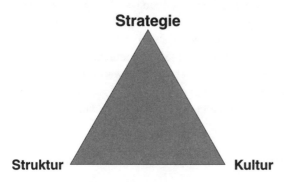

Abb. 6.1 Das Dreieck der Unternehmensentwicklung.

Eine Strategie ist nur so gut, wie sie umgesetzt wird, neue Strukturen nur so gut, wie sie gelebt werden, und Unternehmenskultur nur so gut, wie sehr sie Teil der Identität wird. Diese drei Dimensionen betrachten wir als interdependent. Sie machen in ihrer individuellen Ausprägung den spezifischen Charakter eines Unternehmens aus. Veränderungen beziehungsweise Entwicklungen innerhalb einer der Dimensionen lösen zwangsläufig ein „Mitschwingen" der beiden anderen aus.

Interventionen, die auf eine der drei genannten Dimensionen zielen, sind insofern immer im Hinblick auf ihre Ausstrahlung auf die anderen beiden Spitzen des Dreiecks zu reflektieren. (Wir stellen in diesem Zusammenhang den

Vergleich mit einem Mobile an: Kommt eines seiner Element in Bewegung, so schwingen alle anderen mit.) Dabei werden kontinuierlich alle drei Ebenen der Unternehmensentwicklung betrachtet, die Beziehungen und Abhängigkeiten zwischen den drei Dimensionen herausgearbeitet.

Entscheidungen aus einer eindimensionalen Logik heraus oder die isolierte Entscheidung von Einzelfällen gilt es dabei grundsätzlich zu vermeiden. Es geht immer wieder um den Blick aufs Ganze. Und genau darin liegt das eigentlich Herausfordernde solcher Prozesse, nämlich die kunstvolle Verknüpfung der dabei auftretenden, oft unüberwindbar erscheinenden Widersprüche.

Aus unserer Perspektive gesehen, gibt es nach wie vor Unternehmen, die einfach parallel eindimensionale Projekte abspulen, zum Beispiel eine großangelegte Strategieentwicklung, daneben ein Reengineering aller technischen Bereiche und eine Leitbildentwicklung für den Vertrieb. Ohne daß aber an irgendeiner Stelle auf das Zusammenwirken beziehungsweise das – wahrscheinlichere – Einander-entgegen-Wirken dieser Projekte geachtet wird, ist die Gefahr der Ressourcenverschwendung aufgrund der wechselseitigen Neutralisierung der Projektziele enorm groß. „Companies must simultaneously build up their corporate cultures and enhance shareholder value." (vgl. Beer / Nohria, 2000)

Auch in der Komplementaritätstheorie (vgl. Ruigrok, 2000) rückt das Unternehmen als Einheit in den Vordergrund. Es geht nicht um Abhängigkeit einer Variablen von der anderen, sondern vielmehr um die kontinuierliche Koevolution eines komplexen Ganzen.

Die Konzeptidee der Komplementarität findet sich auch in den Schlüsselergebnissen des „Innform-Projekts", das im Rahmen eines weltweiten Forschungsnetzes mit einer Reihe namhafter Universitäten durchgeführt wurde: Die Studie sagt aus, daß Gesamtsystemveränderungsansätze selten sind und daß „nichtganzheitliche Veränderungsversuche mit deutlichen Leistungseinbußen bestraft werden". Die Betrachtung der finanziellen Erfolge ergab, daß „sich nur systemweite Veränderungsprojekte auszahlen". So fanden sich bei den 5 Prozent der Unternehmen mit Veränderungen in allen drei Bereichen um 60 Prozent bessere Ergebnisse. Die Studie stellt hingegen eindeutig eine negative Auswirkung lediglich partieller Veränderungen – das heißt nur Strategie, nur Struktur, nur Kultur – fest.

Fallstudien mit ABB, BP Amoco und Unilever bestätigen diese Ergebnisse und zeigen die Anforderungen auf, die sich daraus für Manager ergeben – nämlich, integriert vorzugehen.

In Einklang mit der Komplementärtheorie zeigt sich, daß ein sich selbst positiv beeinflussender Leistungskreis entsteht, wenn die Dimensionen Strategie, Struktur und Kultur integriert gesehen werden.

Entwicklungsenergie durch Visionsarbeit
Nochmals differenziert von der Strategiefindung sehen wir den Aspekt der Visionsarbeit als zweites Element des SIM-Modells. Visionsarbeit ist für uns die wesentliche Triebkraft in Entwicklungsprozessen. Unter *Vision* verstehen wir ein grundlegendes Wunsch-Selbstbild der Organisation und ihrer Mitarbeiter. Sie verwebt Vergangenheit, Gegenwart und Zukunft. Als „Leitstern" ist sie richtungsweisend.

Die Vision integriert persönliche Perspektiven der Mitarbeiter, die Gestalt der Organisation, die wesentlichen Außenbeziehungen bis hin zur Rolle in der Gesellschaft. Die Vision ist keine von allen in gleicher Weise geteilte „objektive" Sicht, sie ist zutiefst subjektiv und emotional. Jede Darstellung ist nur eine Momentaufnahme; die Vision ist einer ständigen Weiterentwicklung unterworfen.

Im Gegensatz zu anderen Autoren (vgl. zum Beispiel Kay, 1999), die ein Ende der „großen Würfe" vertreten, ist es unsere Erfahrung und Überzeugung, daß Visionen die Kraftquellen schlechthin darstellen, die Unternehmen nach vorn katapultieren können. Es geht um ein Aus-dem-System-Hinausdenken, das auch Quantensprünge möglich macht. Visionen müssen anspruchsvoll und herausfordernd sein, quasi „eine Schuhnummer zu groß". Gary Hamel (2000) bezeichnet diesen Aspekt als „Rule No.1" bezüglich der Schaffung innovativer Unternehmen.

Abb. 6.2 Entwicklungsenergie durch Visionsarbeit

In der Praxis gibt es viele – von Beratern oder Werbeagenturen formulierte – Visionen. Auf Hochglanzpapier gedruckt, hängen sie oft unbeachtet in Korridoren, verstauben in Schubladen oder verstecken sich im Dschungel der internen Intranets. Verwendet werden sie für den Außenauftritt, mit geringer Wirkung nach innen. Solche Visionen entstehen, wenn das Management vordringlich das Visions-„Papier" sieht und kein Verständnis für den Erarbeitungsprozeß hat, der aber die Voraussetzung für eine breite Identifizierung seitens der Mitarbeiter ist.

Im SIM-Modell ist die Visionsarbeit selbst wichtiger als die endgültige Formulierung. Erst durch die Auseinandersetzung mit der Frage nach dem Wunsch-Selbstbild und nach den Potentialen wird Wirkung erzielt. Wenn wir der Überzeugung sind, daß alle Mitarbeiter das Unternehmen mitsteuern, müssen auch alle in die Visionsarbeit – natürlich in verschiedenen Rollen und in unterschiedlicher Intensität – eingebunden werden. Wir sehen das sogar noch weiter gefaßt: Auch relevante Umwelten wie Stakeholder, Kunden oder Lieferanten sind an diesem Prozeß zu beteiligen. Die kommunikative Verknüpfung der unterschiedlichen Perspektiven – im Sinne von Entwicklungsgemeinschaften – ist der wesentliche, Mehrwert schaffende Aspekt der Visionsarbeit. Dies erfordert natürlich Fertigkeit und Erfahrung im Gestalten entsprechender Prozeßarchitekturen. „Einfache" Top-down- oder lineare Bottom-up-Prozesse greifen zu kurz. Kommt die Vision „von oben", so erreicht sie nicht die Herzen der Mitarbeiter, wird sie „basisdemokratisch" formuliert, so verbleibt sie innerhalb der Grenzen des Systems – Veränderung ist dann schwer möglich. Innovative Konzepte sind gefragt – so kann zum Beispiel mit Hilfe von Veranstaltungen wie Sounding-boards, Zukunftskonferenzen oder Kundenparlamenten, in Dialogen mit Visionsteams oder aufgrund von Interviews mit Externen ein stimmiger, gemeinschaftlicher und kommunikativer Prozeß gestaltet werden.

Die dynamischen Prozeßschleifen
Als drittes Element des SIM-Modells heben wir das Prozeßverständnis heraus. Unter Prozessen verstehen wir, in Abgrenzung zu den Geschäftsprozessen, die bewußte Entwicklung von Unternehmen/Organisationen innerhalb bestimmter Rahmenbedingungen. Wie interagieren die wesentlichen Akteure des Unternehmens? Welche Regeln gibt es, beziehungsweise wie werden sie gefunden? Welche Werte beziehungsweise Ziele werden wie definiert? Wer ist wann an Entscheidungen beteiligt? Es geht um die aktive Steuerung der Entwicklung des Unternehmens, wobei Steuerung nicht mechanistisch, linear – im Sinne von simplen Input-Output-Modellen – verstanden werden sollte. Es geht um die bewußte Gestaltung von Entscheidungs- und Kommunikationsprozessen als Auslöser von und Impulsgeber für Entwicklung. Wesentlichen Einfluß hat die Art der Einbindung von Beteiligten in diesen Prozeß.

Die Prozeßschleife steht in unserem Modell für das Zusammenbringen möglichst aller wesentlich an der Entwicklung Beteiligten. Sie ist gleichsam der Schauplatz der gemeinsamen Reflexion. In der Schleife werden alle zur Betrachtung des stattfindenden Prozesses notwendigen Perspektiven zusammengeführt und ausgetauscht (Informationssammlung). Hier werden Hypothesen zur aktuellen Situation des Unternehmens entwickelt und daraus Interventionen abgeleitet (vgl. Königswieser/Exner, 1998).

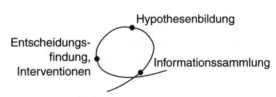

Abb. 6.3 Die Prozeßschleife

Dieses Grundverständnis bezüglich der Vorgehensweise, vielfach als „weicher" Faktor verstanden (wie im vorhergehenden Beitrag bereits ausführlich beschrieben), mündet in „harten" Entscheidungen, die den weiteren Prozeß maßgeblich beeinflussen. Das vermeintlich „Weiche" ist also die Art und Weise, wie es zu dem vermeintlich „Harten", den Entscheidungen, kommt. Es geht dabei immer um das Zusammenspiel von Strategie, Struktur und Kultur, wie wir es anhand des Entwicklungsdreiecks beschrieben haben. Die Schleife repräsentiert somit für uns das Ineinandergreifen von Hart und Weich.

Das Modell setzt auf Lernen aufgrund von selbststeuernder Reflexion, die hilft, die dabei auftretenden Widersprüche zu integrieren. „Integration" bedeutet hier keineswegs das naive Streben nach Auflösung strukturell bedingter Unterschiede, die aus komplexen Situationen nicht wegzudenken sind, sondern, wie die lateinische Wurzel nahelegt, „Erneuerung" beziehungsweise die „Zusammenführung zu einem neuen Ganzen".

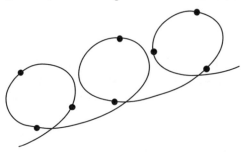

Abb. 6.4 Aneinandergereihte Prozeßschleifen

Die Aneinanderreihung der Prozeßschleifen steht für die Dynamik dieser Prozesse. Es handelt sich dabei im Sinne unseres Modells nicht um ein einmaliges oder um vereinzelte Zusammentreffen zentraler Entscheidungsträger zu einem besonderen Anlaß, sondern die Schleifen versinnbildlichen das Grundmuster der Haltung beziehungsweise des Grundverständnisses, welches Voraussetzung beziehungsweise Basis der Steuerung von Entwicklungsprozessen ist.

Wie kann man sich das nun vorstellen? Solche Prozesse sind immer wieder neu zu gestalten, in ihren Architekturen und Designs den aktuellen Gegebenheiten und Ereignissen anzupassen. Fortlaufend sind die Schleifen zu durchwandern, regelmäßig ist das aktuell Erreichte zu reflektieren und daraus die Gestaltung der nächsten Prozeßschritte abzuleiten.

Die Prozeßschleife ist somit für uns gleichsam auch der Ort, wo Widersprüche ausgetragen werden. Hier treffen im Idealfall alle relevanten Perspektiven aufeinander. Hier beweist sich die Kunstfertigkeit des Unternehmens, Widersprüche und insbesondere die Energie der dahinterliegenden potentiellen Konfliktfelder so konstruktiv zu kanalisieren, daß daraus neue Kreativität und Energie entstehen (vgl. Beitrag „Das Wasser des Lebens").

Je komplexer Situationen sind, um so mehr Widersprüche treten auf und um so stärker ausgeprägt muß die Fähigkeit der Führungskräfte sein, diese Widersprüche zu integrieren. P. Drucker sagt: „Nichts unterscheidet fähige von unfähigen Managern so sehr wie ihre Fähigkeit, mit Widersprüchen umzugehen." Letzteres ist besonders gut mit Hilfe von Intuition und Reflexion möglich. Dadurch schaffen sich Organisationen ihre eigenen Korrektur- und Frühwarnpotentiale, die eine optimale Anpassung an dynamische Umweltbedingungen ermöglichen.

Nur so kann – je nach Situation und Kontext – jeweils jene Maßnahme gesetzt werden, die gerade paßt. Was in einer bestimmten Phase stimmig ist, ist in einer anderen „falsch". Es geht zum Beispiel oft um kompensatorisches Umgehen mit den „harten Fakten" und den „weichen Faktoren". Wenn eine NPO gerade mit wenig Subvention überleben muß, gehört das betriebswissenschaftliche Know-how verstärkt, wohingegen in einem technisch-rationalen Unternehmen weichere Projekte den Entwicklungsprozeß in Bewegung bringen müssen.

Hier das Modell im Überblick:

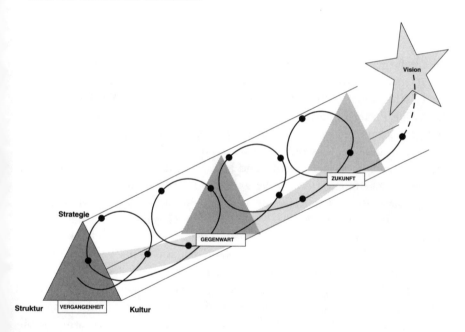

Abb. 6.5 Das SIM-Modell

2. Widerspruchsmanagement: Integrationsdimensionen

Im Verlauf des Entwicklungsprozesses treten also immer Widersprüche und Polaritäten auf. Die für uns wichtigsten wollen wir hier anführen:

- Vergangenheit – Gegenwart – Zukunft
- Verändern – Bewahren
- Planung – Umsetzung
- technische – soziale Systeme
- Person – Organisation
- Organisation – gesellschaftliches/politisches Umfeld
- Projekt – Linie
- Klientensystem – Beratersystem

Sie stellen für uns Integrationsdimensionen dar.

- *Vergangenheit – Gegenwart – Zukunft*

Unsere Begleitung von Veränderungsprozessen ist – wie andere systemische Ansätze auch – ressourcen-, visions- und zukunftsorientiert. Die Aufarbeitung der Geschichte ist zwar auch wichtig, steht aber nicht im Vordergrund. Wir haben die Erfahrung gemacht, daß das Generieren positiver Zukunftsbilder und gemeinsam getragener Visionen eine besondere emotionale Kraft freizusetzen imstande ist. Obwohl also eine Vision per definitionem nicht greifbar ist, beeinflußt sie aktuelle Denk- und Handlungsmuster. In diesem Sinne findet die zeitliche Integration von Vergangenheit und Zukunft in der Gegenwart eine wichtige Rolle. Die Reflexion und das – damit einhergehend – sich verändernde Bewußtsein läßt die Geschichte, die Gegenwart und die Zukunft meist in einem anderen Licht erscheinen. Integration findet hier häufig auch in einem versöhnlichen Sinn statt: Selbst wenn das, was in der Vergangenheit geschah, nicht mehr funktional ist, schafft das Anerkennen des Geleisteten wieder Kraft für Neues. Diese Energetisierung erleben wir zum Beispiel auch bei gezielten Reviews von Entscheidungen und Projekten, bei Standortklausuren oder in unserer Staffarbeit. Im SIM-Modell kommt dieser Lernform erhebliche Bedeutung zu. Im Normalfall gibt es dann auch nach Flops keine linearen Beschuldigungen mehr, sondern ein differenzierteres Umgehen mit Fehlern, an denen ja immer alle Akteure ihren Anteil haben. Daraus kann man wiederum lernen, bisher unerledigte Konflikte auszutragen, und Schlüsse für die Zukunft ziehen.

- *Verändern – Bewahren*

Die Illusion, daß Veränderungsprozesse ohne Ängste, Aggressionen und Leid vor sich gehen könnten, ist nach wie vor weit verbreitet. Das gilt, wie die Life-Event-Forschung eindrucksvoll belegt (vgl. Königswieser/Boos, 2000), sogar für positiv bewertete Veränderungen wie zum Beispiel Karrieresprünge, Heirat oder Familienzuwachs. Dasselbe gilt für komplexere Sozialsysteme. Auch Wachstumsprozesse – zum Beispiel in jungen Branchen wie der Telekommunikation – machen Umdenken notwendig, erfordern die Suche nach neuen, funktionalen Strukturen und die Veränderung von Mustern.

Gerade in Zeiten des Wandels treten die bewahrenden Kräfte besonders deutlich hervor. Das SIM-Modell setzt in bewährter systemischer Tradition auf die Integration von Veränderung und Bewahrung. Dieser Widerspruch muß im System selbst ausgetragen werden. Operativ bedeutet das ein bewußtes Zu-Wort-kommen-Lassen der Vertreter der bewahrenden Strömung. Diese dürfen nicht abgewertet werden, sonst verstärkt sich der Widerstand. Im Gegenteil: Das Miteinbeziehen dieser Kräfte setzt Energien frei. Auf der operativen Ebene gibt es vielfältige Möglichkeiten, diese Integrationsleistung zu erbringen. Zum Beispiel kann es Wunder wirken, Gruppen, die die Veränderung des Markts in Abrede stellen, zu Kundenbefragungen zu schicken (nach einem Crash-Kurs zum Thema Fragetechniken) und ihre Eindrücke dann gemeinsam zu bearbeiten – wobei sie den Auftrag bekommen sollten, zu analysieren, welche Konsequenzen das Unternehmen ziehen könnte, ohne deshalb die bewahrenswerten Dinge über Bord werfen zu müssen.

Auch paradoxe Interventionen können deblockieren und somit integrieren. In unserem Modell wird sehr sorgsam darauf geachtet, daß Veränderung und Bewahrung ernst genommen werden, denn außer in extremen Sanierungsphasen rächen sich zu rasche, radikale Veränderungen, insbesondere wenn Sinn und Zweck von Veränderung nicht einsichtig sind.

- *Planung – Umsetzung*

Wie die Begriffe schon suggerieren, werden Planung und Umsetzung zumeist getrennt und in einem Nacheinander gesehen: „Erst die Planung, dann die Umsetzung." Wie schon erwähnt, verknüpfen wir beides von vornherein.

Wenn wir eine Diagnose erstellen, die Ergebnisse dem Kunden zurückspiegeln und aufgrund der daraus gewonnenen Erkenntnisse gemeinsam Konsequenzen ableiten, so ist das bereits eine gezielte Umsetzungsaktivität, weil die Ideen nicht in einem „Geheimzirkel" – mit Vertretern des Topmanagements und den Beratern – entstehen. Vielmehr wird die Bereitschaft mitzugestalten bereits durch die Gruppeninterviews aktiviert, dann durch den Zwischenbericht verstärkt und durch die Einladung zur Mitarbeit in Projekten weiter ausgebaut.

Auch das Prinzip des Miteinbeziehens von Mitarbeitern, Schlüsselpersonen und Machtträgern in die Erarbeitung von Konzepten, Projekten und Initiativen bedeutet Umsetzung von Anfang an. Es gibt spezielle Instrumente – wie zum Beispiel die Umfeldanalyse (vgl. Boos, 1992), um exemplarisch nur ein Detail zu nennen –, die das Augenmerk auf relevante Umwelten richten. Mit ihrer Hilfe werden Einflußgrößen geortet und eingeschätzt. Nach einer gemeinsamen Hypothesenbildung werden dann Interventionen geplant, die nicht nur ein „Abheben" verhindern, sondern vielmehr zugleich helfen können, alle relevanten Personen oder Gruppen im Kommunikationskonzept zu berücksichtigen. Diese Grundhaltung verringert ebenso in heiklen Merger-Prozessen die Gefahr des Scheiterns. Schon in der Pre-Merger-Phase laufen Integrationsszenarien, Kulturanalysen und gemeinsame Vorprojekte. Auch hier beginnt die Umsetzung bereits in einer frühen Phase (vgl. Beitrag „Spieglein, Spieglein an der Wand").

Immer wieder nutzen wir gleichfalls das Instrument des sogenannten Projektportfolio-Managements (vgl. Beitrag „Die Bremer Stadtmusikanten"). Die Umsetzung von Projekten wird nämlich von der oft auftretenden überkomplexen Projektflut blockiert. Das PPM schafft eine Plattform für Schlüsselpersonen, Projektleiter und Auftraggeber, die etwa viermal im Jahr die Projektlandschaft einer Gesamtreflexion unterziehen, dann aktualisierte Prioritäten setzen und somit nachsteuern. Das bedeutet immer ein sprunghaftes Ansteigen der Wahrscheinlichkeit, daß Projekte dann auch tatsächlich umgesetzt werden.

Aber auch viele der im Buch immer wieder genannten Architekturelemente beziehungsweise Interventionen haben die Funktion, Umsetzung zu beschleunigen. Wir erinnern nur an die Power von Großveranstaltungen, an den Multiplikatoreffekt von Sounding-boards oder die gezielte Einbindung der Schlüsselpersonen (vgl. Beitrag „SIMsalabim"). Das SIM-Modell an sich ist der Versuch, konsequente, nachhaltige Umsetzung von Entwicklungskonzepten zu gewährleisten.

- *Technische Systeme – soziale Systeme*

Technische Systeme wie Management-Informations-Systeme oder das Intranet schaffen eigene Strukturen in Unternehmen. Je stärker Unternehmen sich intern wie extern auf E-Commerce ausrichten, um so mehr müssen wir auf die Abstimmung dieser strukturbestimmenden Systeme mit kulturellen und strategischen Zielen achten. Die Auseinandersetzung mit diesen wurde in der klassischen Organisationsentwicklung ausgeblendet – „Bits und Bytes" den Technikern überlassen. Die Vorzüge einer integrierenden Vorgehensweise liegen auf der Hand: Was nützen die besten Controlling-Systeme, wenn die daraus abgeleiteten Entscheidungen nicht in entsprechenden Gruppen kommuniziert und umgesetzt werden? Auch nützt die Einführung einer an und für sich ganzheitlich ausgerichteten Balanced Scorecard nichts, wenn diese als technokratisches System eines zentralistischen Controlling aufgefaßt wird.

Hier kommt es darauf an, neue Möglichkeiten zu nutzen, darauf, die Stimmigkeit zwischen beiden Systemen zu erhöhen. Zu suchen sind eine Technologie, die Dialoge unterstützt, und soziale Systeme, die ihrerseits technische Systeme intelligent nutzen.

Dies bedingt wiederum neue Projekt-Architekturen. Es genügt nicht mehr, Software-Einführungen unter technischen Gesichtspunkten zu optimieren. Organisationsentwickler müssen auch mit Technikern zusammenarbeiten können. Daß hierbei zwei sehr unterschiedliche Logiken aufeinandertreffen, birgt eine Chance für innovative Lösungen in sich.

- *Person – Organisation*

In allen Veränderungs- beziehungsweise Entwicklungsprogrammen tritt der Widerspruch zwischen der Logik des Unternehmens (meist der Logik der Wirtschaft) und der (gemäß ihren Bedürfnissen) individuellen Logik der Personen (Mitarbeiter, Menschen) besonders heftig auf. Der Organisation muß es ums Überleben, um Funktionalität mit Blick aufs Ganze gehen, daher muß sie oft ohne Rücksicht auf die Interessen einzelner entscheiden.

Das führt fast immer zu massiven Konflikten – etwa bei Fusionen, wenn Bereiche zusammengezogen werden, um die Synergien zu nutzen. Es gibt dann heftige Diskussionen über „harte Schnitte" und über Verantwortung gegenüber Personen einerseits und über unternehmerische Gesamtverantwortung andererseits.

Aus Sicht der Unternehmensführung kann Veränderung gar nicht rasch genug gehen, für die einzelnen Betroffenen hingegen gehen Veränderungen fast immer zu schnell. Im SIM-Modell entwickelten wir Vorgehensweisen, die einen Umgang mit diesen Widersprüchen ermöglichen. Es bewährt sich beispielsweise, bei drohendem Stellenabbau, der unternehmensweit Angst auslöst, einen Prozeß zu starten, in dem Führungskräfte, Betriebsräte und Betroffene mitarbeiten und – innerhalb kommunizierter Rahmenbedingungen – kreative Modelle entwickeln (vgl. Beiträge „Aschenputtel" und „Himmel und Hölle"). In der Praxis haben wir über Stiftungsmodelle, Unternehmensgründungsinitiativen und Coachingsettings hinaus schon manche maßgeschneiderte innovative Maßnahme gesetzt, durch die der Widerspruch zwar nicht verschwand, aber sorgfältig und fair bearbeitet wurde.

- *Organisation – gesellschaftliches/politisches Umfeld*

Das Gegensatzpaar Unternehmen – Gesellschaft steht für alle anderen Widersprüche zwischen dem Unternehmen und seinen relevanten Umwelten. Die üblicherweise genannten Systemumwelten – wie Kunden, Markt, Mitbewerber – führen wir hier nicht näher aus; sie sind in alle Überlegungen als Voraussetzung mit verwoben. Die Differenz Unternehmen–Gesellschaft heben wir deshalb hervor, weil sie in Zeiten belastender Rationalisierungen und unbefriedigender üblicher Lösungen unserer Meinung nach besonderer Aufmerksamkeit bedarf.

Betrachtet man nämlich das Wirtschaftssystem aus systemischer Sicht, also als Teilsystem der Gesellschaft, so liegt es auf der Hand, daß sich – wie in allen Organisationen – das ökonomische Leitprinzip auch in Non-Profit-Organisationen einschleicht, weil die Differenz *ökonomisch erfolgreich – nicht erfolgreich* alle Lebensbereiche unserer Gesellschaft dominiert (vgl. Luhmann, 1984 und den Beitrag „Der Wolf und die sieben Geißlein").

Was an Marktdruck in Unternehmen spürbar wird, wie sehr „der Markt ins Unternehmen kommt", beschäftigt uns in allen Veränderungsprojekten. Es macht sich nicht nur in Rahmenbedingungen bemerkbar, sondern wirft auch zutiefst persönliche Fragen auf: „Bin ich als Person leistungsfähig genug? Wieviel trage ich zum Erfolg bei? Habe ich noch Chancen am Arbeitsmarkt? Wie sehr dominiert mein Beruf mein Leben? Schaffe ich es, berufliche und private Ziele zu verbinden, ohne dadurch in unlösbare Konflikte zu geraten?"

Die Fragen, die sich jeder einzelne stellt, spiegeln die Themen unserer Gesellschaft wider. Man hat zwar theoretisch und praktisch immer mehr Wahlmöglichkeiten (vgl. Gross, 1994), aber gleichzeitig steigen die Dynamik, die Komplexität, die Veränderungsgeschwindigkeit und die Dominanz der wirtschaftlichen Logik so sehr, daß dadurch immer mehr Menschen in immer stärkerem Maß überfordert werden. Man braucht schon eine robuste und zugleich flexible, belastbare, veränderungsfreudige Psychostruktur (vgl. Sennett, 1998), um mit den angedeuteten Widersprüchen fertig zu werden. Ist man nicht so strukturiert, macht sich das Gefühl von Überforderung breit.

Unternehmen sind also auch der Ort, an dem der Widerspruch zwischen Unternehmensinteressen – die in sich wieder den Widerspruch *Person–Unternehmen* verarbeiten müssen – und Gesellschaftsinteressen auftritt (vgl. Baecker, 1999). Besonders deutlich wird das angesichts folgender Fragen: Wie gehen wir mit Rationalisierung, Arbeitsplatzverlusten, steigender Unsicherheit und Komplexität um? Genügt es, nach Manier des Wirtschaftssystems alle Probleme, die dem unternehmerischen Erfolg nicht unmittelbar nützen, zu externalisieren (vgl. Willke, 1996), oder wären nicht gerade Unternehmen auch der Ort, um gesellschaftspolitisch orientiert zu gestalten und die Gesamtverantwortung nicht aus den Augen zu verlieren?

Im SIM-Modell versuchen wir, diesen Widersprüchen Rechnung zu tragen. Wir leiten zum Beispiel die Schaffung regionaler Netzwerke in die Wege, veranstalten branchenspezifischen Erfahrungsaustausch, etwa in der Energiewirtschaft oder im Finanzbereich, organisieren Veranstaltungen zum Thema „Zukunft der Arbeit" in Unternehmen und laden die Familien der Mitarbeiter dazu ein. Diese Aktivitäten sollen den Blick über den Tellerrand hinaus erweitern, Gesamtzusammenhänge aufdecken und Mut machen, im Rahmen realer Grenzen experimentell innovative Wege zu gehen. Denn: „Neue Wege entstehen beim Gehen."

- *Projekt – Linie*

Wie oben und an anderer Stelle ausgeführt (vgl. Königswieser/Exner, 1998), bilden Architekturen das Gerüst für Entwicklungsimpulse: Es gibt neue Gruppen, Formierungen, „Plattformen", wo Themen bearbeitet werden, wo entschieden und reflektiert wird. So kommen neue Denkweisen ins System. Neue Zusammensetzungen von Gremien und das Einbinden relevanter Umwelten – generell Projektorganisation – ermöglichen Neues (vgl. Heintel/Krainz, 1994).

Fast immer fühlen sich Schlüsselpersonen der Linie dadurch angegriffen und konkurrenziert. „Sie hätten selbst diese Initiative schon längst übernehmen können." Bei Entwicklungsprozessen sind das naturgemäß jene Rollenträger, deren Aufgabe Entwicklung ist, zum Beispiel Unternehmensentwickler, Personalentwickler, Top-Führungskräfte. Ein Projekt, das zum Beispiel das „Führen mit Zielen" einführen soll, mobilisiert oft Kritik an der Personalentwicklungsabteilung. Auch ein bewußtes Miteinbeziehen der PE nützt dann nichts: Wird es ein Erfolg, so erntet das Projekt die Lorbeeren, wird es ein Mißerfolg, hätte die PE besser steuern müssen. Wird ein Projekt zu früh an die Linie übergeben, „versandet" es häufig. Wird es zu spät übergeben, bindet es zu viele Ressourcen und bedeutet Konkurrenz.

Im SIM-Modell haben wir hierfür ein spezielles Architekturelement entwickelt: die „Brückenfunktion" zwischen Linie und Projekt. Diese Rolle beziehungsweise Aufgabe, nämlich besonders auf rasche, effiziente Umsetzung zu achten, übernimmt jemand aus dem abgeschlossenen Projekt, und es gibt eine Stelle – zum Beispiel die Steuergruppe, die ja die Gesamtreflexion der Unternehmenssteuerung verantwortet –, wo der Fortgang im Gesamtzusammenhang beurteilt werden kann. Diese Maßnahme hat sich als Lernresümee aus vielfachen Konflikten zwischen Linie und Projekt ergeben.

- *Klientensystem – Beratersystem*

In den verschiedensten komplexen Veränderungsprojekten stellte sich regelmäßig heraus, daß ein zentraler Erfolgsfaktor die Beziehung zwischen Beratern und Auftraggebern ist. Daß es ohne Vertrauen nicht geht, ist selbstverständlich; daß es aber einer gemeinsamen Entwicklung bedarf, wurde uns selbst erst nach und nach klar.

Die besten Erfahrungen haben wir mit gemischten Teams gemacht, das heißt, wir bilden gemeinsam mit Unternehmenslenkern, Prozeßberatern und Fachberatern einen gemeinsamen Staff. Bewußt trennen wir uns anläßlich dieser Aufgabe von althergebrachten Rollenbildern – im Sinne einer Trennung von Klienten- und Beratersystem. Das Auftraggeber-Auftragnehmer-Verhältnis tritt in den Hintergrund. Zeit, Raum und Atmosphäre werden zur Verfügung gestellt, um in dieser Zusammensetzung gemeinsam nachdenken, gemeinsam Ideen und Interventionen entwickeln, gemeinsam gestalten zu können. Eine Schlüsselfunktion hat dabei die regelmäßige, ebenfalls gemeinsame Reflexion hinsichtlich der Gesamtentwicklung des Unternehmens – wobei die unterschiedlichsten Perspektiven (Kunden, Anteilseigner, Mitbewerber, Schlüsselpersonen, Basisvertreter) mit einbezogen werden.

Die Abkehr von förmlichen, genau definierten Rollen zeigt sich in verschiedensten Relationen (vgl. Prahalad/Ramaswamy, 2000). Das gilt zum Beispiel für die Beziehung zu Kunden: Sie gehören zum Netzwerk, das Werte schafft. Sie sind Mitwissende, Mitentwickler und oft Mitbewerber gleichzeitig. Die *Pro*sumer-Idee setzt sich fort. Kundenkompetenz und Unternehmerkompetenz werden integriert. Dieselbe Entwicklung findet zwischen Beratern und Managern im SIM-Prozeß statt.

Über Architekturelemente – etwa ein Vorstandscoaching – lernen Topmanager, die eigenen Anteile an Prozessen und Strukturen wahrzunehmen und sich selbst zu entwickeln. In gemeinsamer Reflexionsarbeit, zum Beispiel in Reflexionsplattformen mit Schlüsselpersonen, wird persönlich erlebbar, was Widerspruchsmanagement bedeutet und wie durch Gruppen Hyperexpertentum hinsichtlich Komplexität entwickelt werden kann (vgl. Königswieser/Heintel, 1998).

Die so definierte Beziehung zwischen Managern und Beratern birgt aber nicht nur Chancen, sondern auch Gefahren. Wo bleibt die Rollenklarheit und -abgrenzung, wo die professionelle Distanz? Diese Fragen haben uns sehr beschäftigt. Das damit verbundene veränderte Rollenverständnis hat natürlich auch seinen Preis. Auch wenn viel Neues damit möglich wird, so muß doch Altes, Bewährtes verabschiedet werden. Die Nähe zu den Auftraggebern beziehungsweise zum Management verunmöglicht es manchmal, in massiveren Konfliktsituationen – etwa zwischen Arbeitgebern und Arbeitnehmern – glaubwürdig zu intervenieren. Gleichzeitig aber sind die Berater aufgrund dieses Ansatzes in ihrer Beziehung mit der Basis und mit vielen Vertretern unterschiedlicher Interessen gut und vertrauensvoll verankert, denn nie sind allein die Auftraggeber das Klientensystem, sondern ist immer das ganze Unternehmen oder sind zumindest mehrere Teile davon das Klientensystem.

Kritische Selbstreflexion schützt vor Unsicherheit. Verbindet sich das Machtkapital des Managements mit dem Wissenskapital des Prozeß-Know-hows und der Reflexionsfähigkeit der Berater, so ergibt das unserer Erfahrung nach eine nachhaltig erfolgreiche Kraft, Unternehmen ganzheitlich zu entwickeln und zu gestalten. Der früher übliche Beratereinstieg über die Personalentwicklung stellte sich leider häufig als kraftlos heraus. Das hängt mit dem oft unzureichenden Einfluß der PE zusammen.

Die Rollen von Prozeßberatern und Entwicklungsmanagern nähern sich in komplexen Prozessen einander mehr und mehr an und sind doch unterschiedlich: Manager entscheiden inhaltlich und tragen dafür die Verantwortung, Berater nicht. Ihre Verantwortung liegt vor allem in einer optimalen Prozeßgestaltung. Die Integration beider Perspektiven ergibt ein Drittes, das unserer Meinung nach eine neue Qualität generiert, wobei ein zentrales Merkmal die Tatsache ist, daß die naturgemäß auftretenden Unsicherheiten und Konfliktpotentiale gemeinsam – und zwar über Feedback-Prozesse – gemeistert werden. Es wird gelernt, mit Gelassenheit auf schwierige Situationen zu reagieren (vgl. Königswieser, 1992). Zu wissen, daß es Strukturen gibt, die sozusagen Kommunikationsplattformen bilden, wo reflektiert, entschieden und gesteuert werden kann, erzeugt ein Gefühl, wie es etwa ein Pilot haben mag, der ein Navigationssystem zur Verfügung hat, das sogar im Nebel funktioniert. („Es kann nichts passieren, wenn sich die richtigen Leute zur richtigen Zeit zur Bearbeitung der richtigen Themen zusammensetzen.")

Voraussetzung hierfür ist ein von allen Beteiligten geteiltes Grundverständnis bezüglich des SIM-Modells. Die zumindest vorübergehende Trennung von klassischen Rollenbildern stellt hohe Ansprüche an die handelnden Personen, sowohl auf Kunden- als auch auf Beraterseite. Sie müssen einander in unterschiedlichen Situationen mit einem jeweils unterschiedlichen Rollenverständnis begegnen können. In einem Klima des wechselseitigen Vertrauens zwischen Klient und Berater – ohnehin zentraler Erfolgsfaktor für das Gelingen solcher Prozesse – hat sich auf diesem unseren Weg für uns eine neue Qualität der Zusammenarbeit entwickelt (vgl. Beitrag „Aschenputtel").

3. Gesamtintegration aller Widersprüche durch Symbolik

Das SIM-Modell nutzt ganz bewußt die Kraft symbolunterstützter Kommunikation. Wir wissen, daß Beteuerungen, Appelle oder auch schriftliche Kundmachungen weniger wirksam sind als symbolische Handlungen. Ein Vorstand, der beteuert, er habe immer offene Ohren für seine Mitarbeiter, sich aber nie im Werksgelände blicken läßt, keine Sprechstunden hat und auch keine andere Gelegenheit zu einem persönlichen Kontakt gibt, ist unglaubwürdig. Wenn Schlüsselpositionen mit Quereinsteigern besetzt werden, die von ihrer Ausbildung her zwar nicht „passen", aber Lernfähigkeit und soziale Kompetenz bewiesen haben, signalisiert dies die Erwünschtheit dieser Werte mehr als noch so schöne Führungsleitlinien auf Hochglanzpapier.

Eine Lobeshymne in der Betriebszeitung über ein erfolgreich abgeschlossenes Projekt ist weniger wirksam als eine Ehrung der Projektgruppe im Rahmen einer allgemeinen Betriebsveranstaltung. Wenn Betriebsräte zu Veränderungsprojekten eingeladen werden, hat das eine größere Wirkung, als die Wertschätzung nur verbal auszudrücken. Symbole und Rituale sind in öffentlichen Erlebnisräumen besonders wirksam. Das reicht von bewußt gestalteten Großveranstaltungen (vgl. Königswieser/Keil, 2000) über die kreative Ausformung von Räumen und von sozialen, gemeinsam verbrachten Zeiträumen bis hin zur Gestaltung von Türschildern. Es umfaßt aber auch das Vorbildverhalten des Topmanagements, wenn es zum Beispiel darum geht, sich einem Gruppencoaching zu unterziehen. Daher sind alle analogen Interventionsformen – wie Sketches, Geschichtenerzählen oder Aufstellungen – so wirksam. Symbole sind ja verdichtete Kommunikationsformen, die wie nichts anderes imstande sind, latente Themen zu transportieren beziehungsweise Widersprüche zu integrieren. Märchenfiguren etwa sind hierfür besonders eindrückliche Beispiele (vgl. Einleitung 2). Auch in der realen Welt gibt es spezifisch besetzte Symbolfiguren. Ein Vorstand, der konstruktiv in einem Projekt mitarbeitet, braucht nicht erst zu betonen, daß er Teamarbeit schätzt. Eine Neujahrsveranstaltung, die von Mitarbeitern selbst gestaltet wird, macht es überflüssig zu kommunizieren, daß es wichtig ist, die Zukunft gemeinsam zu gestalten. Wenn ein Unternehmen die von Mitarbeitern selbst erarbeiteten Maßnahmen für betriebsbedingte Kündigungen umsetzt, bedarf es keiner Beteuerungen wie: „Wir wollen soweit wie möglich auf die Bedürfnisse der Mitarbeiter eingehen."

Die meisten symbolischen Handlungen integrieren nicht nur jeweils zwei Widersprüche, sondern gleich eine Fülle davon, oft sogar alle gleichzeitig. Sich dieser Wirkung bewußt zu sein und entsprechend damit umzugehen fördert Entwicklung.

4. Resümee

In diesem Sinne dient das SIM-Modell als Basis erfolgversprechender Prozesse, in denen trotz offener Situationen, trotz Komplexität und Unvorhersagbarkeit die Entwicklung von Unternehmen gestaltbar gemacht wird.

Es handelt sich dabei – das sei nochmals betont – nicht um ein rezepthaft anwendbares Verfahren, sondern um eine Werthaltung, um mental verankerte Bilder – die Welt, Organisationen, Prozesse, Menschen, Entwicklung betreffend –, die sich im systemischen Paradigma wiederfinden (vgl. Beitrag „Rapunzel"). Insofern läßt sich das Modell nicht nur auf komplexe Veränderungsprozesse in großen Organisationen und auf gesellschaftliche Kontexte, sondern auch auf einfachere, kleinere Sozialsysteme anwenden.

Die Frage, ob Manager anhand der beschriebenen Prinzipien auch ohne Berater diese Art von Entwicklungsprozessen initiieren können, ist für uns klar beantwortbar: nämlich dann mit Ja, wenn das entsprechende Know-how im Unternehmen vorhanden ist und eine Möglichkeit zur Gesamtreflexion besteht. Das kann der Fall sein, wenn zum Beispiel der Unternehmensführer selbst eine entsprechende Ausbildung hat oder wenn interne Entwicklungsfunktionen von Mitarbeitern ausgeübt werden, die besagtes Know-how und das erforderliche Bewußtsein mitbringen. Immer öfter bilden wir nicht nur interne Berater und Entwickler, sondern auch Manager in systemischem Prozeß-Know-how aus.

So wie jedes Konzept hat auch das SIM-Modell eine bestimmte Reichweite und ein „ideales" Anwendungsfeld (vgl. Einleitung 1). Das erfolgreich angewandte SIM-Modell vermehrt die Kapitalien des Unternehmens: Das Personal *(human capital)* wird potenter. Es lernt. Das Wissen *(intellectual capital)* erweitert sich durch gemeinsame Reflexion und gezielten Erfahrungsaustausch. Die Beziehungen und Netzwerke *(social capital)* werden gefestigt, weil die Kommunikation intensiviert wird. Diese Kapitalien sind sogenannte weiche Faktoren und noch nicht bilanzierungsfähig, dennoch entscheiden sie über den Erfolg des Unternehmens, weil sie die Treiber des finanziellen Marktkapitals der nächsten Jahre darstellen (vgl. Jansen, 2000).

In jedem Fall aber wird man bei der Arbeit auf Basis dieses Modells durch spannende, faszinierende Entwicklungsprozesse belohnt, die nicht nur der Organisation Lernerfolg – und damit Erfolg generell – garantieren, sondern auch allen Involvierten ganz persönliche neue Erfahrungen und somit ganz persönliche soziale und mentale Entwicklung garantieren.

Literatur

Dirk Baecker: *Organisation als System,* (stw) Frankfurt a. M.: Suhrkamp Verlag 1999.
Michael Beer/Nitin Nohria: „Cracking the Code of Change", in: *Harvard Business Review* Mai-Juni 2000, S. 140.
Frank Boos: „Projektmanagement", in: R. Königswieser/Ch. Lutz (Hrsg.): *Das systemisch-evolutionäre Management – Der neue Horizont für Unternehmer,* Wien: Orac 1992, S. 69 ff.
Peter Gross: *Multioptionsgesellschaft,* Frankfurt a. M.: Suhrkamp 1994.
G. Hamel: „Reinvent your company, ‚Rule No. 1: Set Unreasonable Expectations'", in: *Fortune,* 12.6.2000, S. 106.

Peter Heintel/Ewald E. Krainz: *Projektmanagement – eine Antwort auf die Hierarchiekrise?* Wiesbaden: Gabler 1994.

Uwe J. Heuser: *Das Unbehagen im Kapitalismus*, Berlin: Berlin Verlag 2000.

Stephan A. Jansen: „10 Thesen gegen Post Merger Integrations Management", in: *Organisationsentwicklung*, 1/2000, S. 32 ff.

John Kay: „Strategy and the Delusion of Grand Designs", in: *Financial Times*, Mastering Strategy, 27 September 1999, S. 2 ff.

Roswita Königswieser: „Gelassenheit", in: R. Königswieser/Ch. Lutz (Hrsg.): *Das systemisch-evolutionäre Management*, Wien: Orac 1992.

Roswita Königswieser/Frank Boos: „Unterwegs auf einem schmalen Grat: Großgruppen in Veränderungsprozessen", in: R. Königswieser/M. Keil (Hrsg.): *Das Feuer großer Gruppen*, Stuttgart: Klett-Cotta 2000.

Roswita Königswieser/Alexander Exner: *Systemische Intervention*, Stuttgart: Klett-Cotta 1998.

Roswita Königswieser/Peter Heintel: „Teams als Hyperexperten im Komplexitätsmanagement", in: H. Ahlemayer/R. Königswieser (Hrsg.): *Komplexität managen*, Wiesbaden: Gabler 1998.

Roswita Königswieser/Marion Keil (Hrsg.): *Das Feuer großer Gruppen*, Stuttgart: Klett-Cotta 2000.

Niklas Luhmann: *Soziale Systeme*, Frankfurt a. M.: Suhrkamp 1984.

C. K. Prahalad/V. Ramaswamy: „Wenn Kundenkompetenz das Geschäftsmodell mitbestimmt", in: *Harvard Business Manager* 4/2000, S. 64 ff.

W. Ruigrok: „Komplementaritäten", in: *GDI-Impuls*, 2/2000, S. 49 ff.

Richard Sennett: *Der flexible Mensch. Die Kultur des neuen Kapitalismus*, Berlin: Berlin-Verlag 1998.

Helmut Willke: *Ironie des Staates*, (stw) Frankfurt a. M.: Suhrkamp 1996.

7 „Das Wasser des Lebens"

Reflexion als Medium der Selbststeuerung

> *Da sprach der Alte: „Ich weiß noch ein Mittel, das ist das Wasser des Lebens. Es ist aber schwer zu finden."*
>
> So wie im Märchen die drei Söhne verschiedene Wege gehen – auf der Suche nach dem Wasser des Lebens, dem Quell von Gesundheit und Zukunftskraft –, so können das auch wir. Was wie das Wasser des Lebens schwer zu finden ist, kann verschieden – ehrgeizig, ehrlich, kämpferisch oder auch bequem und selbstzufrieden – angegangen werden: Augen auf oder Augen zu, hinsehen oder wegsehen auf dem Weg der Reflexion. Reflexion ist die Quelle von Fitneß und Zukunftsfähigkeit und fließt als „Wasser des Lebens" ins Meer der Autonomie.

Roswita Königswieser

1. Wozu Reflexion?

Theoretisch ist alles klar: Die Komplexität und Dynamik des Umfelds ist durch Globalisierung, Liberalisierung und neue Technologie so groß, daß die bisherigen Modelle der Organisationsgestaltung und -steuerung der Vergangenheit angehören. Organisationen müssen in Richtung Flexibilisierung, hohe Anpassungsgeschwindigkeit und Lernfähigkeit umgebaut werden.

Die neuen Konzepte stimmen in folgendem überein: „System verweist auf Komplexität, Komplexität auf Selbstorganisation und Selbstorganisation auf Reflexion" (vgl. Baecker, 1999).

Reflexion ist die Basis der Selbststeuerungstätigkeit (vgl. Heintel/Königswieser, 1998; Schattenhofer, 1992; Luhmann, 1992; Wimmer, 1992).

Unsere Grundthese lautet: Um qualitative Veränderungen und Entwicklungssprünge zu bewältigen, bedarf es des Erkennens der dem Handeln zugrundeliegenden Denk- und Handlungsmuster, also des Denkens, Analysierens, Beobachtens – eben der Selbstreflexion. Was aber bedeutet das für die Praxis?

2. Was verstehen wir unter Reflexion als Medium der Selbststeuerung?

Unter Reflexion verstehen wir die gezielte, bewußte Auseinandersetzung mit dem eigenen Unternehmen – mit der Art und Weise, wie es agiert –, unter Berücksichtigung möglichst aller Einflußfaktoren der Umwelt. Dabei sollte die Subjektivität der eigenen Wahrnehmung mit berücksichtigt werden. Gemeinsame Reflexion führt zu gemeinsamen Situationseinschätzungen. In diesem konstruktiven Prozeß wird Bewußtsein sowohl hinsichtlich des Unternehmens als auch der eigenen Person erzeugt. Daraus ergeben sich – nahezu von selbst – entsprechende Steuerungskonsequenzen.

Diese Art der Kommunikation ist allerdings ungewohnt – man hat das nirgends gelernt.

Der Arbeitsalltag besteht ja normalerweise darin, zu arbeiten und Leistungen zu erbringen, operativ zu handeln, zu planen. Im Gegensatz dazu bedeutet Reflexion Innehalten, Nachdenken, das heißt, *über* Abläufe zu sprechen, sich selbst als Unternehmen zu beobachten, aus einer Art Vogelperspektive die Konsequenzen der Entscheidungen zu analysieren, zu überlegen, warum etwas so und nicht anders gelaufen ist, aber auch, was das alles bei einem selbst auslöst und welche Konsequenzen man daraus ziehen sollte.

Da jeder Beobachter stets – mehr oder weniger – Teil seiner Beobachtung und Beschreibung ist, bedeutet Reflexion immer zugleich auch Selbstreflexion (vgl. Beitrag „Rapunzel").

Die eigene Organisation und sich selbst zum Thema der Betrachtung zu machen ist in der Tradition der Gruppen- und Organisationsdynamik entwickelt und im Systemansatz ausdifferenziert worden (vgl. Königswieser/Pelikan, 1990). Nicht das Was ist das Thema, sondern das Wie.

Gerade in integrierten, komplementären Ansätzen dient Reflexion als ein wesentliches Instrument für Entwicklungen. Auf diese Weise steuert das System sich selbst.

Das Wechseln auf eine Meta-Ebene kann aber nicht bloß ein einmaliges, endgültiges sein. Der Entwicklungsprozeß geht weiter, die Widersprüche sind ja nicht aus der Welt geschafft, sie müssen auch weiterhin ausgehandelt werden.

Aus diesem Grund sind immer wieder Reflexionsschleifen nötig, um Entwicklungen integriert voranzutreiben. Das nennen wir *Widerspruchsmanagement* beziehungsweise *systemisches Integrationsmanagement*.

Reflexion gehört zur Lebendigkeit, zur Gesundheit und zum qualitativen Wachstum von Unternehmen wie Luft und Wasser zum Leben.

Dabei wären unter anderem folgende Fragen zu stellen:

- Welche Abweichungen von der Planung sind festzustellen? Warum ist es so gelaufen?
- Mit welchen Entscheidungsprozessen sind wir zufrieden, mit welchen nicht? Welche Faktoren spielen dabei eine Rolle? Welche Muster sind dabei zu erkennen?
- Welche Stimmung ist im Haus?
- Was sind die Tabuthemen? Was ist das Gute im Schlechten?

Je nutzenorientierter die Denkweise, desto mehr Prozeßverständnis – „Reflexionsfähigkeit" – ist unserer Meinung nach vorhanden.

3. Voraussetzungen für Reflexion

Wenn sich eine Organisation dazu entschließt, sich in periodischen Abständen Auszeiten zu gönnen, müssen erst entsprechende Strukturen geschaffen werden, also „harte" Fakten, damit dann „weiche" Prozesse in freien Räumen gedeihen können.

Unserer Erfahrung nach sind es Gruppen, die als Medium beziehungsweise als gestaltendes Element hierfür besonders gut geeignet sind. Wir haben schon an anderen Stellen das Strukturelement „Team" hervorgehoben (vgl. Heintel/Königswieser, 1998).

In hierarchischen Organisationen hatte das Team eine kompensatorische Rolle, das heißt, es erledigte projektbezogen außergewöhnliche Aufgaben. In komplexeren Strukturen wird es aber zu einem Integrationsinstrument, das für Komplexitätsbewältigung und Reflexion ideal geeignet ist.

Alle möglichen Gruppierungen können Orte der Reflexion sein: zum Beispiel Visions- und Strategiegruppen, die ihre Zukunft gestalten; Projektgruppen, in denen auch die Zusammenarbeitsmuster besprochen werden; oder moderierte Führungskreise, die über die Entwicklung des gesamten Unternehmens nachdenken, Projekte initiieren oder sonstige Entscheidungen daraus ableiten.

Auch informelle Gruppen erfüllen Reflexionsfunktionen, wenn sie „tratschen" und ihre jeweiligen Anteile am Geschehen in ihre Überlegungen mit einbeziehen. Und Gruppierungen wie Praktikergemeinschaften (vgl. Wenger/Snyder, 2000) erzielen denselben Nutzen: Sie tauschen auf freiwilliger Basis ihre Erfahrungen aus, reichern so ihr explizites und implizites Wissen an, und das geht fast immer mit Reflexion einher.

Auch Großveranstaltungen, Workshops oder Plattformen können den Rahmen für Reflexion bilden.

Es geht hier nicht um die Beschaffenheit der Gruppierungen – wenngleich diese strukturelle Unterstützung bieten –, sondern um die Art und Weise, *wie* Themen behandelt werden. So kann zum Beispiel Strategiearbeit auch ohne Reflexionselemente gemacht werden. Die reflektierende Betrachtung der Probleme von einer Meta-Ebene aus erzielt wesentliche Unterschiede im Ergebnis. Betrachtungsgegenstand ist der jeweilige Prozeß (Kommunikations- beziehungsweise Entscheidungsprozeß) selbst.

Weiterführende und häufig sich ergebende Fragen wären unter anderen folgende:

- Wie haben wir diese Sitzung erlebt?
- Wie zufrieden waren wir mit dem Projektverlauf?
- Warum versanden so viele Projekte?
- Wir sprechen seit Monaten darüber, daß wir unsere Führungskräfte ausbilden wollen, und dennoch findet Weiterbildung nicht statt. Warum ist das so?
- Wie kommt es, daß alle über zu wenig Information klagen, obwohl die Führungskräfte angeblich gut informieren?
- Wieso ist Überforderung ein Dauerthema, obwohl wir immer wieder Entlastungsaktionen ins Leben rufen?
- Wie wird bei uns mit Wissen umgegangen?

Bestimmte Instrumente sind der Entwicklung von Reflexionsfähigkeit besonders förderlich. Dazu zählen Reviews von Projekten, in denen der Arbeitsverlauf und die Erfolgsfaktoren analysiert werden und aus Fehlern gelernt wird. Standortklausuren eignen sich ebenfalls gut, weil gezieltes Zurückschauen, Hinschauen und – konsequenterweise – auch eine in die Zukunft gerichtete Sicht Bewußtheit erzeugen. Aber auch Planungsanpassungsgespräche, Benchmarks, Mitarbeiterbefragungen und deren Aufarbeitung helfen, die üblichen Abläufe und Problemlösungsmuster zu durchschauen und qualitativ Neues daraus abzuleiten.

Wieder kommt es nicht auf die Maßnahme selbst an, sondern auf das Wie, auf die Haltung, in der Themen behandelt werden. Es geht nicht um Lernen im üblichen Sinn, sondern um ein Lernen aus dem Lernen, wie Bateson es formuliert. Er spricht von einem „loop", wir sprechen von der Reflexionsschleife.

Wenn in Reflexionsschleifen vorgegangen wird, wenn also Informationen eingebracht, unterschiedliche Perspektiven zugelassen, Hypothesen gebildet und gewichtet und auf dieser Basis Entscheidungen getroffen und Interventionen geplant werden, steuert sich das System selbst.

Es geht um Zurückschauen, Hinschauen, Vorausschauen. So wie in Kreativprozessen ist dabei ein Verzögerungselement eingebaut: Verzögerte Zeit, das heißt keine Hektik, verzögerte Bewertung, das heißt erst Einfälle, dann Lösungsideen, verzögerte Entscheidungen, das heißt zuerst die Meinung Betroffener, erst dann eine klare Entscheidung der Zuständigen.

Wir wollen nochmals hervorheben, wie wichtig es ist, die räumlichen und zeitlichen Bedingungen für Reflexion sicherzustellen, die ein Abstandnehmen von der Hektik des Alltags und folglich eine andere Denk- und Problemlösungsqualität ermöglichen. Reflexion in unserem Sinne ist nicht in Minuten zu erledigen – dazu braucht man Zeit.

Selbstreflexion – obwohl speziell in Umbruchsphasen unverzichtbar – wird in Veränderungsprozessen aus Zeitmangel vernachlässigt. Nicht selten hören wir das Argument: „Wir müssen arbeiten! Für so ein Getratsche haben wir keine Zeit."

Hier handelt es sich um ein Paradoxon: Nur durch Sich-Zeit-Nehmen und durch Innehalten wird rasches Reagieren möglich – Beschleunigung durch Entschleunigung. Auch ein Schnelläufer steigert seine Leistung durch Auszeiten, Pausen.

Eine weitere Voraussetzung beziehungsweise ein Erfolgsfaktor ist die Reife der Gruppe. Nicht zufällig finden Teamentwicklungen statt, wenn es um qualitätvolle Integration von Aufgaben und entsprechende Fähigkeiten, um tragfähige Beziehungen geht. Je stärker die Gruppe, desto weniger wirken sich Autoritäts- und Machtgefüge aus, desto schneller können die vorhandenen Potentiale gehoben werden.

Auch hier gilt, daß für die Gestaltung von Reflexionsprozessen ein integriertes Zusammenwirken von Beratern beziehungsweise Trainern und Auftraggebern beziehungsweise Managern unverzichtbar ist.

Einen wesentlichen Beitrag zu gelungener Reflexion leistet die inhaltlich abgestimmte Strukturierung beziehungsweise Moderation. Externe Unterstützung kann hilfreich sein, weil Abstand im Sinne von geringerer persönlicher Betroffenheit eine andere Qualität bringt.

Damit allerdings dadurch Kreativität freigesetzt wird und Neues entstehen kann, ist eine Atmosphäre von Vertrauen unabdingbar. Vertrauenskultur ist ein echter Wettbewerbsvorteil (vgl. Bennis, 2000). Es geht darum, ungewöhnliche Hypothesen zuzulassen, Widersprüche nicht mit Killerphrasen vom Tisch zu wischen. Es ist immer wieder beeindruckend, wie stark sich die Art und Weise der Kommunikation auf die Möglichkeit beziehungsweise Unmöglichkeit, Tiefgang zu erreichen, auswirkt. Wenn zu wenig Vertrauen vorhanden ist, bringen auch noch so ausgeklügelte Designs den Reflexionsprozeß nicht in Gang. Damit Meta-Kommunikation stattfinden kann, bedarf es in ausgewogenem Maß sowohl einer gewissen Autonomie der Teilnehmer – Zivilcourage und Mut, auch Heikles zu sagen – als auch verbindlicher Spielregeln, die dieser Art von Kommunikationsprozessen förderlich sind. Hier ist vor allem die Vorbildwirkung der Normsetzer nicht zu unterschätzen. Will man aus alten

Denkschienen herauskommen, müssen Querdenker Platz haben, Tabus ausgesprochen werden dürfen, muß Verrücktes erlaubt sein.

Oft genügt eine verletzende Bemerkung, und das Gespräch ist blockiert; ein abwertendes Lachen, und „es" fließt nicht mehr; eine Person, die den Raum verläßt, und das Energiefeld bricht zusammen. Vertrauen ist ein fragiles Geflecht von Gefühlen, wie wir wissen.

4. Welche Funktionen erfüllt Reflexion?

Reflexion ist also ein Medium zur Selbststeuerung und erfüllt in diesem Sinne vielfältige Funktionen:

- *Reflexion bringt Orientierung und Entlastung*

Dynamik, Komplexität, Unsteuerbarkeit und Unvorhersehbarkeit des Geschehens – in der Wirtschaft allgemein und im eigenen Unternehmen spezifisch – überfordern die Manager zusehends. Sie spüren ihre Grenzen, ihre Unsicherheiten. Ein gemeinsames Überlegen, ein Orten der Chancen und Bedrohungen reduziert diese Unsicherheit. Man fühlt sich aufgefangen, sieht klarer. In diesem Sinne ist Reflexion auch ein Frühwarninstrument, das präventives Reagieren ermöglicht und hilft, an der Gestaltung der Zukunft zu arbeiten. Häufig werden Komplexität und Unsteuerbarkeit als Chaos bezeichnet. Mit Hypothesenbildungen kann man den dahinterliegenden Mustern auf die Spur kommen.

Auf die Erfolgsrezepte von gestern zurückzugreifen bringt Risiken mit sich, denn sie tragen den veränderten Umweltfaktoren nicht Rechnung und schreiben Tendenzen linear fort. Reflexion aber bedeutet die Auseinandersetzung mit der Vergangenheit, der Gegenwart und der Zukunft. Das Miteinbeziehen verschiedenster Blickwinkel – der Betroffenen, der Mächtigen, der relevanten Umwelten – ermöglicht ein Relativieren der eigenen mentalen Modelle, einen zufriedenstellenden Selbststeuerungsprozeß und ein ebensolches Komplexitätsmanagement. In diesem Sinne ist Unternehmensentwicklung über unterschiedliche Zeithorizonte hinweg als Gesamtprozeß zu sehen.

Beispiel: Die Mitglieder einer High-potential-Gruppe in einer Bank schildern einander zu Beginn eines Treffens ihre jeweilige aktuelle Arbeitssituation, ihre Befindlichkeiten und Belastungen. Ein großer Teil der jungen Leute bringt große Sorge zum Ausdruck: Es gibt eine ungewöhnlich hohe Fluktuation bei Schlüsselpersonen. Wie gewohnt, analysieren wir die Situation und bilden Hypothesen. Es kommt die Idee auf, etwas zu initiieren, um das Problem an der Wurzel zu fassen. Nach einer Stunde ist sich die Gruppe einig: „Wir werden ein Gespräch mit den Vorständen suchen, einen Führungskräfte-Workshop vorschlagen, um gemeinsam das Problem zu reflektieren und nach Lösungen zu suchen." Aus diesem Gespräch entstand ein weichenstellendes Restrukturierungsprojekt.

Ein Manager, der eine Schlüsselposition in einem Veränderungsprozeß innehatte, formulierte einmal auf einer Plattform: „Früher dachte ich, das alles ist von den Beratern schlecht vorbereitet. Sich einfach hinzusetzen, nur die Themen auszutauschen, die jeden aktuell beschäftigen, und darüber zu reden kam mir unprofessionell vor. Ich habe erst langsam gelernt, den Nutzen dieses Vorgehens zu sehen. Es ist äußerst spannend mitzuerleben, wie in unseren Runden die Nervthemen des Unternehmens wie von selbst auftauchen und von uns besprochen werden und wie wir dann entsprechende Maßnahmen veranlassen. Ich kann mir eine nachhaltige Entwicklung des Unternehmens ohne diese Runden gar nicht mehr vorstellen." (Vgl. Beitrag „Aschenputtel")

- *Reflexion fördert Kreativität und Mut*

Obwohl Gruppenarbeit auch ihre Schattenseiten hat, überwiegen nach unserer Erfahrung die Vorteile bei weitem. Die dabei freigesetzte Kreativität und Energie kann Berge versetzen. Bei Visionsarbeit ist das unmittelbar nachvollziehbar, es gilt aber auch für negativ besetzte Situationen.

Beispiel: Die Beunruhigung und die Angst der Mitarbeiter hinsichtlich des Arbeitsplatzverlusts werden in der Gruppe besprochen und die fördernden und lähmenden Kräfte, die auf Lösungsmöglichkeiten einwirken, analysiert. Die unterschiedlichen Perspektiven provozieren neue Ideen. Die Gruppe trägt dazu bei, daß neue Wege gegangen werden. „Wir wollen das Problem nicht auf die übliche Weise lösen – Frühpensionen, *golden handshake* oder *outplacement* –, sondern wir starten ein Projekt, das über Benchmarks, einen Kreativ-Workshop und einen Solidaritätsgroschen aller ein Lösungskonzept entwickelt. Gemeinsam packen wir's."

Speziell in Umbruchsituationen erfahren Menschen in Gruppen insbesondere durch drei Faktoren die größte Unterstützung: Sie sehen die Situation in größeren Zusammenhängen, der dahinterliegende Sinn wird erkennbar – und auch, was das für sie persönlich und für das Unternehmen als Subsystem des Wirtschaftssystems bedeutet. Sie fühlen sich nicht alleingelassen, sondern als Teil eines tragfähigen Netzwerks. Das stützt. Sie können über ihr Leid und ihre Ängste sprechen und diese gemeinsam bearbeiten. Das erleichtert. Sie werden im Zusammenhang mit den zwei vorher genannten Faktoren zur Arbeit an sich selbst angehalten. Durch diese Selbstreflexion erkennen sie ihre eigenen Ziele, Werte, Vorstellungen besser. Indem sie so gecoacht aus sich selbst Kraft schöpfen, gewinnen sie wieder Selbstbewußtsein und die Energie, ihr Schicksal selbst in die Hand zu nehmen (vgl. Beitrag „Himmel und Hölle").

Gerade das Aufgreifen und Besprechen von Tabuthemen, das Beleuchten der kollektiven und individuellen Ängste bewirkt paradoxerweise Entängstigung und nicht Dramatisierung, wie so oft entgegengehalten wird. Verleugnung bindet Energie. Die damit einhergehende Frustration, der Zorn, die Schuldgefühle führen zu inneren Kündigungen – die Arbeitsmotivation und die Produktivität sinken. Immer wieder erleben wir, daß die Ängste nicht mit den Gekündigten verschwinden. Das Gegenteil ist der Fall: Die im Unternehmen Verbliebenen identifizieren sich unbewußt mit den „Ausgestoßenen". Das sogenannte *Survivor*-Syndrom zeigt auf, daß das Vertrauensniveau insgesamt sinkt, daß eine depressive Grundstimmung vorherrscht und sich die Bindung ans Unternehmen lockert. Angst als Kostenfaktor (vgl. Panse/Stegemann, 1998) wird wenig beachtet. Ein reflektierter Umgang mit diesen weichen Faktoren kann jedoch dem ganzen Unternehmen viel bringen (vgl. Beitrag „Hänsel und Gretel").

Wir wissen von uns selbst, daß Sorgen, Unsicherheiten oder Überforderung in hohem Maß blockierend wirken. Bei Rationalisierungsprozessen ist das besonders deutlich zu spüren (vgl. Beitrag „Hänsel und Gretel"). Die Mitarbeiter fragen sich: Was wird mit uns, was mit mir? Das Aggressionspotential gegenüber dem „schuldigen Topmanagement" ist hoch. Das Klima ist von wachsendem Druck gekennzeichnet, und es zeigen sich Entsolidarisierungstendenzen, weil Wissen aus Profilierungsgründen nicht weitergegeben wird. Häufig verzögern die Manager Personalentscheidungen, was wiederum die Unsicherheit verstärkt und die diesbezüglichen Phantasien extrem anheizt.

Bei Reorganisationen erleben wir oft Abwertungstendenzen. Explizit oder implizit werden frühere Leistungen kritisiert, so als sei nicht in erster Linie der Markt der Grund für Veränderungen, sondern als seien es die Mitarbeiter, die angeblich nicht innovativ genug, zu teuer oder nicht ausreichend qualifiziert sind. In solchen Situationen über die eigene Lage und die Lage des Unternehmens in qualifizierter Form zu reflektieren entlastet, vermittelt Trost und hilft, mit subjektiv empfundener Überforderung erwachsen umzugehen.

Wenn es einer Gruppe gelingt, die latenten, emotional besetzten Themen zu besprechen, wird gerade dadurch Energie deblockiert, und es macht sich Zufriedenheit oder zumindest Beruhigung breit. Ein Sportexperte, der auf mentales Training spezialisiert ist, zog angesichts dieses Phänomens eine Parallele zum Sport: „Zu Höchstleistungen kommt der Sportler nur dann, wenn er durch eine gewisse Frustration geht, wenn er mit Entmutigung und Widerständen zu kämpfen hat. Wenn er sich ernsthaft mit seinen Schattenseiten konfrontiert hat, kommt danach meist der Durchbruch, die meßbare Leistung." Reflexion schlägt also auch eine Brücke von weichen Faktoren zu harten Fakten. Aufgrund von Reflexionen kommt es zu klaren Entscheidungen, zu harten, meßbaren Maßnahmen.

Angst und Unsicherheit treten aber nicht nur in Extremsituationen auf, sondern spielen bei Veränderungen generell eine zentrale Rolle. Veränderung oder Entwicklung bedeutet immer auch, von Vertrautem Abschied zu nehmen, und verlangt Identitätsarbeit. Im Unterschied zum Bejammern der Situation und zum dramatisierenden Verbreiten von Gerüchten bedeutet Reflexionsarbeit das bewußte Bearbeiten von Gefühlen. Sie generiert Verständnis für Gefühle und Gesamtzusammenhänge und mehr Bewußtsein bezüglich der Situation. Die Betrachtung und Beschreibung der Situation wird differenzierter, die Leistungs- und Problemlösungskapazität wächst.

- *Reflexion erzeugt Selbstbewußtsein und hebt implizites Wissen*
Institutionalisierte Reflexion erhöht die Intelligenz des Unternehmens. Die übliche Trennung in wissende Experten und unwissende Laien wird aufgehoben, denn es geht hier nicht um spezifisches Fachwissen, sondern um implizites Wissen der Beteiligten und dessen simultane Verknüpfung. Nur wenn es eine produktive Beziehung zwischen den externen und den internen Ereignissen und den darauf möglichen Reaktionen gibt, wenn also das gesamte diesbezügliche Wissen integriert wird, kann eine optimale Informationsverarbeitung stattfinden. Denn nicht die Informationen sind Mangelware, sondern die Fähigkeit zu deren Verarbeitung, und diese stellt auch die eigentliche Intelligenzleistung dar (vgl. Glazer, 2000).

Findet nun aber ein Erfahrungsaustausch in der oben erwähnten Art statt, geht das immer mit wechselnder Bewußtheit und einer Stärkung des Selbstbewußtseins einher. In Prozessen dieser Art können wir immer wieder beobachten, wie das Zutrauen hinsichtlich der Veränderungs- und Gestaltungsmöglichkeiten wächst.

Scheinbar fixe Rahmen werden hinterfragt, bisher Unsteuerbares wird plötzlich als steuerbar definiert, als unverrückbar Geltendes wird verrückterweise verrückt. Vieles wird als unnötige Selbstbeschränkung erkannt. Das Selbstvertrauen – was die Fähigkeit anbelangt, mehr Einfluß zu nehmen – nimmt sprunghaft zu (vgl. Varadarajan u. a., 1992).

Beispiel: Führungskräfte in einem technischen Betrieb erkennen im Zuge der Analyse ihrer Denkschienen die Begrenztheit ihrer Produktideen. Diese Erkenntnis hilft ihnen, ihre bisherigen Grenzen zu überwinden, sich auf Experimente einzulassen und daraus zu lernen (vgl. Beitrag „Rumpelstilzchen").

Wenn es nicht gelingt, die zentralen, symptomatischen Probleme, die hinter allen Detailproblemen als Ursache wirken, zu erkennen und zu verändern, kann man sich noch so sehr abmühen, die Wurzeln der Probleme werden nicht beseitigt, es kann keine Veränderung der Muster stattfinden.

- *Reflexion ist Weiterbildung*

Da Reflexionsprozesse – wie schon erwähnt – immer auch Selbstreflexion implizieren, fördert das auch die soziale Kompetenz alle Beteiligten. Das genaue Hinschauen macht wach, es sensibilisiert. Man lernt, sich selbst als Resonanzboden zu sehen, die eigenen Empfindungen als Information mit zu verarbeiten. Man bekommt ein Gespür für prozessuales Denken, für die Situationsabhängigkeit von „richtigen" oder „falschen" Entscheidungen. Die Weltsicht wird differenzierter. Der Führungsstil wird dadurch situations- und kontextbezogener. Nimmt man Widersprüche als Teil des Lebens als gegeben hin, kommt man auch zu Einsichten bezüglich des Werts kompensatorischen Vorgehens: Es geht um ein Ausbalancieren, um die Integration der Widersprüche, nicht um ein Entweder-Oder. Goleman (2000) hebt als eine der vier Kernkompetenzen von Führungskräften die Selbstreflexivität hervor, die immer mit einem flexiblen Führungsstil verbunden ist.

Die reflektierende Gruppe erlebt, daß es viele Perspektiven und keine objektive Wahrheit gibt. Daher wird das Management – die Projektleiter – darauf hingeführt, vor allem Meta-Entscheidungen zu treffen, „Leitplanken" auszurichten, Voraussetzungen zu schaffen, damit die operativen Entscheidungen dann dezentral getroffen werden können. Deshalb ist Visionsarbeit so wichtig. Nach unserer Erfahrung genügt es, wenn über die visions- und wertgesteuerten Meta-Entscheidungen Einigkeit besteht. Die operativen Entscheidungen sind delegiert.

Manager, die Reflexionsarbeit gewohnt sind, wissen auch um die Hebelkraft von Feedback-Prozessen. Sie können Feedback entgegennehmen und geben. Die Erfahrung oder auch Erkenntnis, daß das etwas bringt, also weiterführend ist, entwickelt sich meist erst langsam, ist aber kaum wieder rückgängig zu machen.

Beispiel: Ein Unternehmen hat eine sehr freundschaftliche Unternehmenskultur. Durch Reflexionsarbeit – in diesem Fall in Form von Interviews, die Latentes bewußtmachen – brechen akute Konflikte auf, die gelöst werden und Strukturveränderung mit sich bringen (vgl. Beitrag „Sterntaler"). Kein Seminar kann derartige Weiterbildungseffekte haben, wie sie das Eingebundensein in Reflexionsprozesse generiert.

Ein Manager der Deutschen Post World Net sagte: „Unser Weiterbildungsprogramm manifestiert sich in Lerngruppen: Wir helfen einander, komplexe Aufgaben zu lösen, indem wir die Perspektiven anderer bewußt hereinholen. Wir bilden Hypothesen, wägen sie ab und lernen, in Prozessen zu denken."

Ein Manager der Deutschen Telekom sagte: „Immer wenn Unternehmen in Widersprüche geraten – also Projektmanagement einführen, Hierarchien auflösen, Unternehmensteile ausgründen –, ist Raum für Reflexion erforderlich."

- *Reflexion hat Hürden zu überwinden*

Reflektieren – das ist leichter gesagt als getan. Es ist schwierig, gleichzeitig beides zu sein: Akteur und Beobachter. Das setzt ein gehöriges Maß an Distanzierungsfähigkeit, an Selbstbeobachtung und Differenziertheit voraus – und vor allem die Bereitschaft, Widersprüche (die das reale Leben in Fülle bietet) zuzulassen. Besonders das Hypothesenbilden fällt schwer, weil es nahezu selbstverständlich und viel bequemer ist, lineare, einfache Erklärungen zu haben, von Schicksal zu sprechen, Schuldige zu suchen, Verantwortung von sich zu schieben und an Autoritäten zu delegieren. (Selbst-)Reflexion ist harte Arbeit und bedeutet auch, innerhalb eines realistischen Radius Verantwortung zu übernehmen. Nachzudenken über das Wie und das Warum sind wir nicht gewohnt.

Die großen Hürden der Meta-Kommunikation sind die eigenen Gefühle, unsere Interessen und Verstrickungen. Diese sind nicht auszublenden – weil sie sich ohnehin durch die Hintertür wieder einschleichen –, sondern einfach als subjektive Einfärbung mit zu berücksichtigen.

Aus Angst davor, auch über sich selbst sprechen zu müssen, wird häufig mit Zeitmangel argumentiert. Man denkt, daß Gefühle und Unsicherheiten kein Gesprächsthema seien und nichts mit der Welt der Wirtschaft zu tun hätten.

In Coachingsituationen aber gehen oft die Herzen auf, und es kommen aufgestaute Empfindungen zum Vorschein, die, wenn sie verdrängt werden, die kreativen Kräfte blockieren. Eine Hürde, die es als unabdingbare Voraussetzung für Reflexion zu nehmen gilt, besteht in der diesbezüglichen Bereitschaft der Akteure.

Wenn wir die Gemeinsamkeiten von Managern, die reflexionsfähig und -bereit sind und ein systemisches Integrationsmanagement leben, zusammenfassen, so ergibt sich das Bild einer komplexen Persönlichkeit: eines Menschen, der mit Widersprüchen und seinen ambivalenten Gefühlen umgehen kann.

Wir haben bei Mihaly Csikszentmihalyi (1996), einem Kreativitätsexperten, das Profil eines kreativ-komplexen Menschen gefunden, das unserem Befund entspricht:

- Diese Menschen verfügen oft über viel physische Energie, sind aber auch häufig ruhig und entspannt.
- Sie sind meist weltklug, offen und naiv zugleich.
- Es kennzeichnet sie eine paradox anmutende Verbindung aus Spielerischem und Disziplin beziehungsweise aus Verantwortungsgefühl und Ungebundenheit.
- Sie können zwischen Phantasie und Imagination einerseits und einem bodenständigen Realitätssinn andererseits wechseln.

- Sie vereinigen in sich die gegensätzlichen Tendenzen zu intro- wie extrovertiertem Verhalten.
- Sie sind häufig auf eine merkwürdig paradox erscheinende Weise gleichzeitig voller Stolz und Demut.
- Sie können sich von einer rigiden männlichen oder weiblichen Rollenverteilung frei machen und neigen zu einer „psychologischen Androgynität". Das heißt, sie sind fähig – unabhängig vom biologischen Geschlecht –, gleichzeitig aggressiv und fürsorglich, hart und sensibel, dominierend und nachgiebig zu sein.
- Sie gelten oft als rebellisch und unabhängig.
- Sie bringen in den meisten Fällen für ihre Arbeit sehr viel Leidenschaft auf – und begegnen ihr gleichzeitig mit großer Objektivität.
- Sie sind sowohl für Schmerz und Leid als auch für intensive Freude offen.

Reflexionsarbeit zu leisten, um Komplexität bewältigen und Widersprüche integrieren zu können und um somit Entwicklungsprozesse zu fördern, dazu braucht man eben auch Personen, die in sich selbst eine Mischung aus Offenheit und Disziplin, aus Betroffensein- und Distanz-wahren-Können – mit einem Wort: Gelassenheit (Königswieser, 1992) – vereinen. Persönlichkeitsstrukturen sind also sowohl Voraussetzung als auch Ergebnis von Reflexionsprozessen.

Je ausgeprägter die Fähigkeit ist, mit Unsicherheit und Widersprüchen umzugehen, desto seltener und in desto geringerem Maß werden Situationen als komplex und überfordernd wahrgenommen, und desto größer ist die Chance, einen SIM-Mehrwert zu generieren. Oder – wie es bei Bertolt Brecht heißt:

„Ich brauche einen neuen Brauch,
den wir sofort einführen müssen;
nämlich den Brauch,
in jeder neuen Lage neu nachzudenken."

Literatur

Dirk Baecker: *Organisation als System*, (stw) Frankfurt a. M.: Suhrkamp Verlag 1999.
Gregory Bateson: *Ökologie des Geistes*, Frankfurt a. M.: Suhrkamp Verlag 1983.
W. Bennis: „Whom can you trust? It's not so easy to tell", in: *The Fortune*, 12. 6. 2000, S. 173–175.
Mihaly Csikszentmihalyi: *Kreativität*, Stuttgart: Klett-Cotta 1996.
R. Glazer: „Vom Wissen der Kunden profitieren", in: *Harvard Business Manager*, 5/2000, S. 32 ff.

Daniel Goleman: „Durch flexibles Führen mehr erreichen", in: *Harvard Business Manager* 5/2000, S. 9 ff.

Peter Heintel/Roswita Königswieser: „Teams als Hyperexperten im Komplexitätsmanagement", in: H. Ahlemeyer/R. Königswieser: *Komplexität managen*, Wiesbaden: Gabler 1998.

Roswita Königswieser: „Gelassenheit", in: R. Königswieser/Ch. Lutz (Hrsg.): *Das systemisch-evolutionäre Management – Der neue Horizont für Unternehmer*, Wien: Orac 1992, S. 251 ff.

Roswita Königswieser/Jürgen Pelikan: „Anders – gleich – beides zugleich. Unterschiede und Gemeinsamkeiten in Gruppendynamik und Systemansatz", in: *Zeitschrift für Gruppendynamik*, 1/1990.

Niklas Luhmann: „Fragen an N. Luhmann", in: R. Königswieser/Ch. Lutz (Hrsg.): *Das systemisch-evolutionäre Management – Der neue Horizont für Unternehmer*, Wien: Orac 1992, S. 95 ff.

Winfried Panse/Wolfgang Stegmann: *Kostenfaktor Angst*, Landsberg/Lech:Verlag moderne Industrie 1998 (3. Aufl.).

Karl Schattenhofer: *Selbstorganisation und Gruppe*, Opladen: Westdeutscher Verlag 1992.

P. R. Varadarajan/T. Clark/W. M. Pridge: „Aktive Unternehmen gestalten ihr Marktumfeld selbst", in: *Harvard Business Manager*, 4/92, S. 98 ff.

E. Wenger/W. Snyder: „Commities of Practice: Warum sie eine wachsende Rolle spielen", in: *Harvard Business Manager*, 4/2000, S. 55 ff.

Rudolf Wimmer (Hrsg.): *Organisationsberatung*, Wiesbaden: Gabler 1992.

8 „Von einem, der auszog, das Fürchten zu lernen"

Was bringt SIM? – Antworten eines Managers

> *Ach was gruselt mir, liebe Frau, ja, nun weiß ich, was gruseln ist.*
>
> Wie im Märchen braucht man auch im wahren Leben ein bißchen Zeit, um zu verstehen, daß einer, der keine Furcht hat, nichts gewonnen, sondern viel verloren hat. Denn „furchtlos" ist auch „gefühllos". Gefühle aber sind keine Einbahnstraße. Furcht und Freude liegen von A (wie Angst) bis Z (wie Zuversicht) auf demselben Weg gefühlvoller Zukunftsgestaltung. Und nur wer wie der Held im Märchen seine Furcht entdeckt, kann auch die ganze Fülle systemisch integrierter Zukunftsgestaltungsmöglichkeiten für sich und seine Organisation entdecken.

Zusammengefaßt von Uwe Cichy

Rationalisierung versus Organisationsentwicklung. Das eine oder das andere – oder aber das eine nach dem anderen. So wurde lange Zeit gedacht. Heute versuche ich, in meinem Unternehmen das eine mit dem anderen zu verknüpfen, betrachte beide Ansätze und Denkweisen als sich wechselseitig ergänzende, notwendige Voraussetzungen für die Zukunftssicherung unseres Unternehmens.

In der Integration sogenannter harter Fakten mit den weichen Faktoren sehe ich die Ursache für ein früheres Aufgreifen sich anbahnender Veränderungsprozesse in unserer Organisation. Und diese Veränderungsprozesse erlebe ich schneller, intensiver – im Sinne von tiefergehend und umfassender – und effizienter als etwa in vergleichbaren Unternehmen.

Wir haben es, ganz gleich wo wir hinschauen, mit ständig wachsender Komplexität zu tun, der wir in unseren Methoden gerecht werden müssen. Es reicht nicht mehr aus, simpel eindimensional in linearen Ursache-Wirkungs-Zusammenhängen zu denken. Das wäre zu stark vereinfachend und damit letztlich gefährlich. In unserem Handeln sind möglichst alle Einflußfaktoren des unternehmerischen Erfolgs zu reflektieren und zu berücksichtigen. Aus dieser Haltung heraus sind anschließend die Ansatzpunkte für eine prozeßhafte Veränderung im Sinne des unternehmerischen Erfolgs abzuleiten. Das erlebe ich als komplexitätsadäquat, als für das Management und die Mitarbeiter zufriedenstellender – und nicht zuletzt ist dies auch für alle Stakeholder von Vorteil.

Die Lebendigkeit und die Wachheit, die solche Prozesse mit sich bringen – die man spürt, wenn man das Unternehmen kennenlernt –, machen das Unternehmen insgesamt attraktiver. Das Zutrauen im und ins Unternehmen wird gesteigert. Das Unternehmen entwickelt sozusagen eine anziehende Ausstrahlung – weil dynamisch und aktiv. Mitarbeiter und Führungskräfte, Kunden und Lieferanten, Anteilseigner und alle sonstigen „Umwelten" profitieren davon. Diese Form des Prozeßverständnisses steigert das „Wohlbefinden" der für den Zukunftserfolg wesentlichen Mitarbeiter und Führungskräfte, weil dabei die Entwicklung des Unternehmens und persönliche Perspektiven miteinander in Einklang gebracht werden. Auch in der Personalakquisition, bei der Suche nach vielversprechenden „Newcomern", sind die Folgen spürbar.

Die Kunden profitieren von einer konsequent kundenorientierten Unternehmensgestaltung. Ob wir nun unsere Produktion optimieren, neue Dienstleistungen entwickeln, Kostenmanagement betreiben oder neue Kooperationen aushandeln, der Kunde steht im Mittelpunkt des Geschehens. Den Anteilseignern präsentiert sich ein seine Zukunft gestaltendes Unternehmen, die sonstigen Umwelten (Gesellschaft, Politik) können mit einem aktiven, sich engagierenden und zuverlässigen Partner rechnen.

Das Management von Widersprüchen, das aktive Ausloten von Gegensätzlichkeiten, ist als Lackmustest der Befindlichkeiten, Stärken, Schwächen und Potentiale des Unternehmens zu betrachten. Widersprüche sind zugleich das Material und die Chance zur Gestaltung einer erfolgreichen Zukunft des Unternehmens. Die bewußte, gezielte Auseinandersetzung mit diesen Widersprüchen kennzeichnet seine Stärke. Organisationsentwicklung macht die Rationalisierung sinnhafter, sie gibt einer vielfach in den Unternehmen anstehenden Vergangenheitsbewältigung – sei dies nun die Neudefinition überkommener (Kosten-)Strukturen, der Abbau von Arbeitsplätzen oder die Ausgliederung von Unternehmensteilen – neue Perspektiven.

Den von den negativen Auswirkungen einer Rationalisierungsmaßnahme Betroffenen wäre beispielsweise die Sinnhaftigkeit eigener Visionsarbeit nahezubringen. Sie bekämen die Chance, neue Zukunftsbilder zu entwickeln, die ihnen eine andere Einordnung der konkreten Maßnahmen erlauben würde. Verallgemeinert heißt dies, die Sensibilität und die Fähigkeit der Antizipation des Unternehmens zu initiieren und zu unterstützen. Dies erfolgt in Auszeiten zum Zweck der Reflexion, um eigene Gefühle, also auch Ängste, wahrzunehmen. Es werden mehr Schleifen gezogen, mehr Hypothesen gebildet – über das, was passieren könnte, über mögliche Alternativen und auch über das, was passieren würde, wenn das Unternehmen nicht handelt.

Die Rationalisierung ihrerseits fokussiert auf die Organisationsentwicklung, stellt sie auf die (betriebswirtschaftliche) Probe. Das Zusammenspiel von Rationalisierung und Organisationsentwicklung – mit anderen Worten: die integrative Betrachtung „harter Fakten" und „weicher Faktoren" zur gezielten und erfolgversprechenden Fortentwicklung des Unternehmens – ist aus meiner Sicht unerläßlich.

Ein Beispiel: Im Sinne der harten Fakten galt es, in unserem Unternehmen die Entscheidung zu treffen, bestimmte Kraftwerke in einer bestimmten Reihenfolge und zu bestimmten Zeitpunkten stillzulegen und in der Folge die entsprechende Leistung am freien Markt einzukaufen – für ein EVU mit Sicherheit kein einfaches Unterfangen. Die Auseinandersetzungen auf dem Weg zu dieser Entscheidung und danach – darunter sind die Kommunikation mit den betroffenen Mitarbeitern, die Verhandlungen, die Erstellung eines Sozialplans, die Einbeziehung des Betriebsrats und vieles andere zu verstehen – haben letztendlich zu einer höheren Umsetzungsqualität geführt. Diese zeigt sich, nach innen betrachtet, in einem erhöhten Verantwortungsbewußtsein der entsprechenden Führungskräfte und Mitarbeiter, das auf ihre Beteiligung bei der Entscheidungsfindung und die Nutzung der ihnen eingeräumten Gestaltungsspielräume zurückzuführen ist. Mit nach außen gerichtetem Blick betrachtet, zeigt sich ein Unternehmen, das konsequent seine Zukunft gestaltet, das Stärke und Selbstbewußtsein demonstriert. Nach dem Nutzen solcher Prozesse befragt, sagte einmal der Kollege Demel zusammenfassend: „Wir sind von einer Leidensgesellschaft zu einer Gestaltungsgesellschaft geworden."

Solche Prozesse benötigen Zeit, und nicht immer scheint ausreichend Zeit für ein solches Vorgehen vorhanden zu sein. Allgemeingültige Patentrezepte gibt es nicht. Es hängt von der konkreten Situation, den handelnden Personen, dem Ausmaß der Gefährdung ab, wie ein Prozeß zu gestalten ist. Je größer jedoch der (Handlungs-)Druck ist, desto wichtiger erscheint es, Wege einzuschlagen, um die Zukunft eines Unternehmens zu gestalten, welche auch die weichen Faktoren berücksichtigen. In Extremsituationen sind essentielle, für das Überleben notwendige Grundsatzentscheidungen vor die Klammer zu ziehen, um in Ansehung der konkreten Gefährdung dem Unternehmen überhaupt die eine Überlebenschance zu geben – es gilt, jeweils in Relation zur konkreten Situation abzuwägen. Basierend auf der Grundhaltung, daß weiche Faktoren und harte Fakten essentiell zusammengehören, ist die Situation sauber zu bewerten und dann der eigene Weg zu gestalten.

Personalentscheidungen – das heißt, darauf zu achten, daß an den entscheidenden Stellen der Kreis derer, die über die Zukunft des Unternehmens nachdenken, auch identisch ist mit dem Kreis derer, welche die Zukunft dann auch konkret gestalten werden – gehören grundsätzlich vor die Klammer.

Der Erfolg eines solchen Vorgehens läßt sich aus meiner Perspektive an der Fähigkeit des Unternehmens, sich insgesamt sich dynamisch entwickelnden Anforderungen anzupassen, ablesen: Seine Möglichkeiten, mit neuen Gefährdungen fertig zu werden, die stetig steigende Komplexität zu verarbeiten, auf die Beschleunigung der Umweltveränderungen zu reagieren, ein adäquates Risikomanagement sicherzustellen, wären bei weitem nicht so ausdifferenziert, wenn die Erfahrung und das „Training" der Vergangenheit fehlten. Das Unternehmen hat gelernt, mit Prozessen, deren Ergebnis offen ist, umzugehen. Es hat verstanden, Fehler als Lernchance zu betrachten. Es hat Vertrauen erlebt, hat Aufrichtigkeit und Glaubwürdigkeit als weitere, für den Umgang mit Widersprüchen unerläßliche Werte konsequent aufgebaut. Kurz: Das Unternehmen ist fähig, die eigene Zukunft zu gestalten.

Dieses Ziel vor Augen, ist es hilfreich, sich vorbehaltlos mit einem breiten Spektrum von Mißerfolgen auseinanderzusetzen und daraus zu lernen. Warum ist ein bestimmtes Projekt schiefgelaufen? Warum haben gute Mitarbeiter unser Unternehmen verlassen? Warum haben wir ein bestimmtes Ziel nicht erreicht? Welche Befürchtungen haben wir?

Bei der Beantwortung dieser Fragen dürfen wir uns allerdings nicht vorschnell mit vermeintlich naheliegenden Antworten zufriedengeben. Meist zielen derartige Antworten auf die – aus unserer Sicht – begrenzte Auffassungsgabe einzelner Personen. In seltenen Einzelfällen vielleicht richtig, ist dies jedoch zumeist ein deutlicher Hinweis darauf, daß die wahre Ursache des Problems noch nicht erkannt wurde und daß es die Frage nach dem Warum noch tiefer zu erforschen gilt. Die dann daraus gewonnenen Faktoren des Unternehmenserfolgs sind zu generalisieren und in Programme, Projekte und Prozesse zu übersetzen, in denen sie konkret bearbeitet werden. Dieser Prozeß findet nie sein Ende. Immer wieder ist zu fragen: Wo stehen wir? Was können wir weiter tun?

Erfolgsfaktoren auf dem Weg zu diesem Ziel sind in erster Linie Konsequenz und Glaubwürdigkeit, das heißt, Gratifikationen und Sanktionen sind gleichermaßen im Sinne dieses Prozesses einzusetzen.

Die Kommunikation im Unternehmen spielt eine zentrale Rolle. Hierunter ist allerdings nicht zu verstehen, zu einem möglichst frühen Zeitpunkt allen alles zu sagen. Es ist vielmehr sorgfältig abzuwägen, welche Dialogform (im Gegensatz zur Information) zu welchem Zeitpunkt, mit welchen Inhalten, für welche Beteiligten notwendig ist. So verstanden, entwickelt sich Kommunikation zu einer echten Produktivkraft.

Dritter Erfolgsfaktor ist die Bereitschaft des Unternehmens, die Widersprüchlichkeiten und die Komplexität eines Themas und seines Kontexts aufzunehmen, zu verarbeiten und nicht mit einer vordergründigen Vereinfachungsmentalität zu negieren – in der Illusion, das Thema sei somit leichter zu handhaben.

Teil III

Die Praxis

9 „Aschenputtel"

Vom Stadtwerk zum integrierten Infrastruktur-Dienstleister

> *Aschenputtel ging zu seiner Mutter Grab unter dem Haselbaum und rief: „Bäumchen, rüttel dich und schüttel dich, wirf Gold und Silber über mich!"*
>
> Ganz natürlich und doch voller Schicksalhaftigkeit: Mit dem Tod der Mutter endet auch der altgewohnte, bis dahin genossene Schutz. Nach dem Paradies des alten Monopols kommt nun erst einmal und erstmals die Asche des neuen Marktes: leidvoll und ungerecht. Doch statt blind zu jammern, sieht sie im Haselbaum Raum und Zeit zur Auseinandersetzung – und so führt der Weg hin zum Haselbaum und von dort aus weiter zum systemisch-integrativen Entwicklungsprozeß, von der Aschenküche zum Königstanz mit Gold und Silber. Aktiv die Vergangenheit bewältigen, die eigenen Kräfte entdecken und Zukunftsmut entwickeln, beharrlich und voller Selbstvertrauen vom Aschenputtel zur Prinzessin werden – vom alten Stadtwerk „zur neuen Dienstleistungsgruppe".

Roswita Königswieser, Gerhard Jochum

Die Vertreibung aus dem Paradies

Es lebte ein Volk in Afrika am Rande der Sahara. Die Böden waren fruchtbar, die Ernten gut. Es gab Wasser im Überfluß. Die Häuser waren gemütlich.

Durch die rasch zunehmende Versteppung drohten Mißernten und Hungersnöte. Die letzten Ernten waren gerade noch für das Überleben des Volkes ausreichend. Da beschlossen die Häuptlinge, die Berichte von Reisenden, daß es auf der anderen Seite des weit entfernt liegenden Wassers ein Land gäbe, in dem es sehr viel besser und ein Überleben möglich wäre, ernst zu nehmen und das Wagnis einer großen Wanderung einzugehen.

Das Volk hatte Angst. Es wollte seine Besitzstände nicht aufgeben, keine be-

schwerliche Reise mit ungewissem Ziel antreten. Das wäre wie die Vertreibung aus dem Paradies, fanden die Menschen.

Die Häuptlinge holten sich Weise aus fernen Ländern, die sie lotsen sollten. Sie suchten Freiwillige aus dem Volk, die die Aufgabe bekamen, mit den Weisen gemeinsam das Volk auf die Reise vorzubereiten und mit weiteren Freiwilligen die notwendigen Hilfsmittel und Unterstützungen zu entwickeln. Es wurden Trupps für die Beschaffung von Nahrung und für die Jagd, für die Entwicklung von Land- und Wasserfahrzeugen geschult. Einige beschäftigten sich mit der Unterstützung von Schwachen und Kranken.

Es wurden Vorschläge entwickelt, wie Menschen, die beim Tempo der Wanderung nicht würden mithalten können, eine Existenz an den jeweiligen Orten des Zurückbleibens ermöglicht werden sollte. Die Art und Weise, Nachrichten zu geben, wurde überdacht und darauf abgestellt, ein sich bewegendes Volk jederzeit über alle Entwicklungen und Gefahren auf dem laufenden zu halten. Die Freiwilligen waren von Sonnenaufgang bis Sonnenuntergang für die fieberhaften Vorbereitungen auf den Beinen. Einige verhöhnten diese Bemühungen und verbreiteten das Gerücht, daß Aufbrechen zu Unheil und Tod führen würde, Bleiben aber weiterhin Glück und Sicherheit brächte. Sie versuchten, die Lotsen zu vertreiben, den Oberhäuptling als Volksfeind zu brandmarken. Die meisten waren verunsichert und warteten sitzend vor ihren schönen, bequemen Häusern. Sie beobachteten verwirrt und verängstigt die täglichen Kämpfe zwischen den Lagern, die entweder für Bleiben oder für Aufbruch waren, sowohl unter den Häuptlingen als auch im Volk.

Vor Beginn der Reise und dann auch während der Wanderung wurde das Volk in neuen Techniken und Denkweisen geschult.

Nach und nach setzten sich wieder Optimismus und Vertrauen im Volk durch, so daß die Wanderung beginnen konnte.

Aufgrund der rechtzeitigen und durchdachten Vorbereitungen konnte die Reise, wenn auch mit Verlusten, durchgeführt werden, und das „Gelobte Land" wurde tatsächlich erreicht.

Als die Menschen nach schweren Strapazen ankamen, konnten sie ihrer Begeisterung ungehindert Ausdruck verleihen. Sie hatten auf der Reise so viel gelernt, daß sie allen zukünftigen Anforderungen mit Selbstbewußtsein, Phantasie und Stärke begegnen konnten. Sie waren dankbar, angekommen zu sein, wenngleich sie wußten, daß dies nicht das Ende ihrer Wanderschaft bedeutete.

Es war zwar kein Land, in dem Milch und Honig flossen, aber es hatte bestellbaren Boden, und wenn man irgendwann wieder hart arbeitete, ermöglichte es ein Leben in Würde und ohne Angst.

Diese Geschichte schrieb ein Mitglied der Steuergruppe über die Situation in den Stadtwerken Bremen – heute swb[AG]. Ein anderes Mitglied schrieb eine visionäre Geschichte über das Aschenputtel Stadtwerke, das zur schönen Prinzessin wurde.

Unser Artikel, dessen Basis auf ein Interview mit einem Journalisten zurückgeht, soll ein schwieriges, aber faszinierendes Organisationsentwicklungsprojekt der swb^{AG} sowohl aus der Perspektive der Beratung (Roswita Königswieser) als auch aus der des Managements beziehungsweise Auftraggebers (Gerhard Jochum/Vorstandsvorsitzender) reflektieren.

In nunmehr vierjähriger Zusammenarbeit entwickelte sich ein neues Beratungsmodell (SIM), eine Neudefinition des Berater-Klienten-Systems, kristallisierte sich eine gemeinsam lernende und gestaltende „Entwicklungsgemeinschaft" heraus. Deshalb schreiben wir diesen Artikel gemeinsam.

Jochum:
Zuerst möchte ich vermitteln, warum das Unternehmen einen Veränderungsprozeß brauchte und immer noch braucht.

Die swb^{AG} (vormals Stadtwerke Bremen) ist ein Unternehmen der Energiewirtschaft mit etwa 3000 Mitarbeitern. Kaum eine andere Branche ist durch die Liberalisierung des Markts einem so atemberaubend schnellen und tiefgreifenden Veränderungsprozeß ausgesetzt wie die Energiewirtschaft – insbesondere in Deutschland. Wir mußten uns von einem öffentlichen Versorgungsbetrieb zu einem privatwirtschaftlichen Unternehmen entwickeln, das im beinharten Wettbewerb als möglichst selbständiges Unternehmen erfolgreich überleben kann. Das bedeutet Abbau und Aufbau zugleich: Abbau von Kosten, die sich in den Jahrzehnten der „öffentlichen Versorgungsaufgabe" entwickelt hatten, mitunter eine radikale Kostenreduzierung auf ein international wettbewerbsfähiges Preisniveau – auf der anderen Seite Aufbau neuer Geschäftsfelder, neues Know-how, passende Strukturen und das Entwickeln oder Erweitern von Potentialen.

Wir müssen es schaffen, zu einem über die städtischen Versorgungsgrenzen hinaus attraktiven regionalen Dienstleister zu werden. Dazu, das wußten wir schon vor vier Jahren, bedarf es einer anderen Struktur (Holding, Töchter), einer neuen Strategie und vor allem eines radikalen mentalen Veränderungsprozesses, eines Wandels zuallererst der Unternehmenskultur.

Der Wechsel in der Eigentümerstruktur erleichterte uns eine konsequente Anpassung an den Markt. Auch wenn wir uns früher und entschlossener als viele andere mit Veränderungen auseinandersetzten, lebten wir doch lange Zeit in einer geschützten Welt. Unser Stolz war die Erzeugung von Strom für die Region. *Wir mußten uns entscheiden, einige Blöcke in der Stromerzeugung stillzulegen. Das war ein Schock. Die Mitarbeiter lebten nämlich in dem Bewußtsein, ein historisch gewachsenes Recht auf Sicherheit und Versorgung zu haben.* Sie waren loyal und genau. Sie verwalteten verläßlich, sie hatten aber

Angst vor jeder Veränderung und zeigten große Zurückhaltung bei aktivem Kundenkontakt und bei gestalterischen Aufgaben.

Es gelang uns (meinem Vorstandskollegen Jörg Willipinski, dem künftigen Mentor und Projektleiter, und mir), Frau Dr. Königswieser (Beratergruppe Neuwaldegg), die den systemischen Beratungsansatz vertritt, zu gewinnen, und wir riefen das Projekt „Kultureller Wandel" ins Leben. *Uns war klar: Veränderung scheitert in erster Linie an den mental-kulturellen Barrieren.* Diese galt es zu reduzieren.

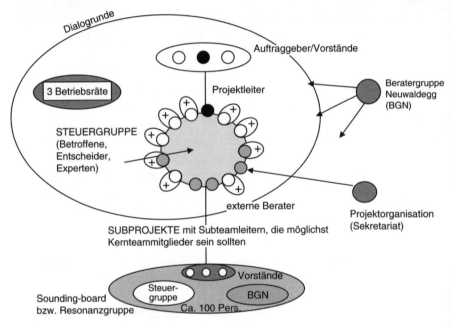

Abb. 9.1 Die Projektarchitektur

Königswieser:
Obwohl wir all unsere Erfahrung einsetzten und trotz der klaren Beschreibung der Situation schien das Unternehmen, mit wenigen Ausnahmen, die Realität – den Ernst der Lage eines deregulierten Markts – nicht sehen zu wollen. Obwohl Themen wie Outsourcing, Betriebsstillegung, Personalabbau, Kostensenkungsprogramme, Flexibilisierung der Arbeitszeit durchs Haus geisterten, schien niemand glauben zu wollen, daß radikale Veränderungen anstanden.

Zum Kernstaff Neuwaldegg gehören außer mir – als externer Projektleiterin – Marion Keil, Uwe Scheutz und Uwe Cichy. Zentrale Architekturelemente sind in der Graphik dargestellt.

Die Steuergruppe bildet die Strömungen des Unternehmens ab: Bewahrer,

Veränderer, Mächtige (Schlüsselpersonen und Betriebsräte), Basisvertreter, Junge, Alte, Techniker, Kaufleute und andere. *Die Steuergruppe ist der Motor des Veränderungsprozesses.* Das „Sounding board" gibt zwei- bis dreimal im Jahr in Form einer Großveranstaltung Resonanz auf die Arbeit der Steuergruppe, leistet Informationstransfers und beschleunigt somit den Wandel. Das Vorstandscoaching, das später abgebrochen wurde, sollte sicherstellen, daß der Kulturwandel von oben her vorgelebt wird. („Die Stiege kehrt man von oben.") Die Dialogrunde (Steuergruppe, Vorstände, Betriebsrat und Beratergruppe Neuwaldegg) dient als Forum für Dialoge und für die Auseinandersetzung zwischen den Machtpolen Arbeitgeber–Arbeitnehmer, um die in Veränderungsprojekten immer auftretenden Widersprüche und Probleme bedarfsbezogen zu besprechen. Die endgültige Entscheidung liegt bei den Auftraggebern. Die Subprojekte erarbeiten die inhaltlichen Konzepte und deren Umsetzungsarchitekturen. Sie ermöglichen es, viele verschiedene Mitarbeiter in den Selbststeuerungsprozeß zu involvieren.

Weitere Architekturelemente – wie Interventionen in die Linie oder in zentrale andere Projekte – sind in der Architekturgrafik nicht festgehalten. Sie werden im Prozeßgeschehen beschrieben.

Diese Architektur öffnet neue Energiebahnen (auch quer zur Linie), legt Kreativität und Mut zur Selbstverantwortung frei. („Wir nehmen unser Schicksal selbst in die Hand.") Es wird neuen Akteuren Platz eingeräumt; neue Perspektiven und Kommunikationsformen werden möglich.

Mit den Auftraggebern und der Steuergruppe formulierten wir für das erste Jahr folgende allgemeine Ziele, die sich trotz Bemühungen einer exakteren Operationalisierung entzogen. Das Projekt sollte helfen,

- fit für die Zukunft zu werden und ein Überleben als „Lernende Organisation" zu sichern;
- einen Beitrag zur Veränderung des Wertgefüges zu leisten (z. B. Kundenorientierung, Unternehmertum, Zivilcourage, Konfliktaustragung, Teamgeist);
- die im Unternehmen schlummernden Potentiale zu aktivieren.

Im ersten Jahr wurde in den Subprojekten eine Fülle kreativer Konzepte erstellt, Instrumente entwickelt, die den qualitativen Wachstumsprozeß beschleunigen sollten. Die Steuergruppe schmetterte aber die von uns empfohlenen Markt- und Kundenthemen mit der Begründung ab: „Zuerst muß man das eigene Haus in Ordnung bringen und die Entwicklung und Zufriedenheit der Mitarbeiter fördern." Auch das explizite Miteinbeziehen der oberen Führungskräfte – als Gruppe – wurde abgelehnt: „Denen kann man höchstens einen Vortrag über Veränderungsprozesse zumuten." Mit erzwungener Gelassenheit sahen wir zu, wie auch Vorstände und Betriebsräte dem Programm zustimmten. Beispielsweise wurden folgende Themen behandelt: Personalentwicklung, Führen mit Zielvereinbarungen, Leistung und Anerkennung, Spielregeln für die entstehenden Profitcenter, Teamarbeit, Umgang mit der Gewinner- beziehungsweise Verlierersituation, Mitarbeiterkommunikation, Entscheidung und Konflikt. Aus dem Koordinierungsprozeß ergab sich ein Instrument – „Gruppenentwicklung" – für Teams, das viele Themen verknüpft.

Zusätzlich trug ein Subprojekt Mitverantwortung für die geplanten Großveranstaltungen, und von Frau Froschauer (Soziologisches Institut Wien) wurde eine erste Evaluationsstudie erstellt. Die Subprojekte arbeiteten voll Engagement, die Resonanz im Unternehmen auf die Inhalte war vorsichtig positiv, *viele werteten jedoch die Arbeit als „Kuschelecke" ab, andere prophezeiten ein baldiges Versanden* oder erhofften sich vom Kulturprojekt, daß alles wieder so angenehm werden würde, wie es früher einmal war. Die massiven Konflikte in der Steuergruppe konnten schließlich bearbeitet und als Spiegel des Markt- und Unternehmensgeschehens interpretiert werden. Als permanenter Konflikt, in den auch wir involviert waren, stellte sich neben erheblichen Intrigen ein Paradigmenstreit heraus: bewahrende Kräfte („Wir haben ein Recht auf Sicherheit!" „Sie geben uns zu wenig Orientierung!") gegen verändernde Kräfte („Wir müssen mit der Unsicherheit leben lernen." „Wir wollen unseren Weg selbst suchen." „Steuern Sie nur den Prozeß.")

Ohne interne Staffarbeit hätten wir nicht die nötige Distanz gehabt, und folglich wären viele Interventionen nicht geglückt, weil unsere Gefühle und Gegenübertragungen viel stärker durchgedrungen wären. Das im Staff erarbeitete gegenseitige Vertrauen war eine solide Basis, um den Stürmen zu begegnen, denen das Team noch ausgesetzt sein sollte.

Jochum:
Acht Monate nach Start des Projekts fusionierten potentielle Kooperationspartner, und wir waren durch eine regionale „Umzingelung" von Tiefpreisanbietern über Nacht existentiell gefährdet. Wir mußten die Führungskräfte unmittelbar vor Weihnachten zur „Krisensitzung" bitten, Kostenreduktionsprogramme verkünden und konnten auch nicht länger versprechen, von betriebsbedingten Kündigungen Abstand zu nehmen, vielmehr mußten wir in Aussicht stellen, bald weitere Teile der Erzeugung schließen zu müssen.

Durch das Unternehmen ging ein Riß: Die einen kritisierten, meiner Meinung nach zu Recht: „Wir waren eben zu langsam." Die Mehrheit aber warf mir als Vorstandsvorsitzendem vor: „Er überfordert uns, ist unmenschlich, brutal." Nicht der Markt, sondern ich war „schuld". Der Konflikt zog sich auch in die bislang harmonische Zusammenarbeit mit dem Betriebsrat hinein und machte auch vor unserem Vorstandsteam nicht halt.

„Aschenputtel"

Mit Mehrheitsbeschluß wurde im Vorstand eine bevorstehende wichtige Großveranstaltung abgesagt, die Fortsetzung des Vorstandscoachings mit der Beratergruppe Neuwaldegg von unserem dritten Vorstandskollegen verweigert. Der Betriebsrat stieg geschlossen und mit Flugzettelaktionen aus dem Projekt „Kultureller Wandel" aus. Wir hatten als Vorstand dem Betriebsrat signalisiert, daß wir künftig – im Gegensatz zur bisherigen, stark partizipatorischen Praxis – Unternehmensentscheidungen rascher und auch allein verantwortlich treffen würden und bereit waren, im Gegensatz zu früher, auch Interessenkonflikte nicht zu scheuen.

In meinen Augen barg diese tiefgreifende Prozeßkrise in sich auch eine große Chance: Konflikte, Werte, Interessen wurden nicht mehr diplomatisch als vage Möglichkeiten besprochen, sondern jetzt ging es um „Ja" oder „Nein". Gerade diese Krise, die auch für Frau Dr. Königswieser und den ganzen BGN-Staff (die stellvertretend für vieles herhalten mußten) sehr belastend war, wirkte sich letztlich wie ein reinigendes Gewitter aus: erst donnerndes Getöse, dann aber frische Luft.

Vorerst aber wurde nicht nur die Unternehmensleitung zum Feindbild, sondern auch die Beratergruppe Neuwaldegg, weil ich sie ja geholt hatte. Alles schien in Auflösung. Sogar die Berater erwogen damals, ihre Arbeit zu beenden.

Königswieser:
Ja, auch wir hatten Staff-Krisensitzungen. Sollten wir aus dem Kontrakt aussteigen, das „Scheitern" akzeptieren, die Zuschreibungen als „verlängerter, manipulierender Arm des Herrn Jochum" hinnehmen? *Wie konnten wir unsere Enttäuschung und Empörung in eine professionelle Intervention umsetzen? Was hatten wir falsch gemacht?* Auch im Staff selbst spiegelten sich verschiedene Tendenzen wider. Die Absicht, uns aus dem Unternehmen zurückzuziehen, stellte sich aber am Ende als Intervention heraus, die die Energie der Steuergruppe in unglaublicher Weise mobilisierte.

Wir hatten ja befürchtet, nicht mehr als neutral angesehen zu werden. Die Steuergruppe schlug daraufhin vor, unseren Kontrakt zu ändern. In einer aufregenden Sitzung, in der wir nicht anwesend sein durften, kam sie zu dem Ergebnis, daß es sich bei dem Verhalten uns gegenüber um einen Stellvertreterkrieg handle, den die Vorstände mit dem Betriebsrat, aber auch die Vorstände untereinander führten. Es ging eigentlich um die existentielle Frage: Kraftwerksneubau oder -schließung? Wir sollten aus dem Schußfeld kommen.

Also sollte die Steuergruppe zentral auftreten und nun die Gesamtverantwortung auch wirklich übernehmen. Wir sollten sie weiterhin mit unserem Prozeß-Know-how begleiten: Wir starteten Interventionen in die verschiedenen Kreise (Vorstände, Betriebsräte, Kraftwerke), veranstalteten Informationsrunden und Dialoge. Die Steuergruppe und die Subprojekte kämpften für den Fortbestand des Projekts „Kultureller Wandel" und um uns als Begleitung. Nach einer Konzeptphase nahmen sie nun rasch kunden- und marktorientierte Themen auf, setzten Prioritäten, organisierten Veranstaltungen, die die Ängste der Mitarbeiter ernst nahmen und somit halfen, diese zu bearbeiten.

Nun standen sie allerdings selbst im Schußfeld. Aber sie bewirkten eine Wiederaufnahme der Großveranstaltung, in der der Vorstand die Krisensituation offen erläuterte. (Wir machten das Design und moderierten.) Die Steuergruppe blieb während der ganzen Zeit mit dem Betriebsrat zumindest im Dialog, obwohl die zwei Steuergruppenmitglieder gegen ihren Willen vom Betriebsrat aus dem Projekt abgezogen wurden.

Wie die Erfahrungen zeigten, hatte der Schock auch eine gute Seite: Viele Mitarbeiter sind aufgewacht, haben sich in Bewegung gesetzt. Die latent köchelnden Konflikte brachen auf allen Ebenen aus. Viele heiße Eisen wurden angefaßt; und es gab kaum noch Tabus. Dementsprechend verlief die „Fieberkurve" unseres Projekts.

Die Graphik zeigt, daß sich die Schwierigkeiten, die am Anfang der Kontraktgestaltung auftraten, ähnlich dem Hauptthema eines Musikstücks durch das ganze Projekt ziehen. Schon zu Beginn bekamen wir die verschiedenen Machtblöcke zu spüren. Welche Berater bekommen welchen Auftrag? Nach einer konstruktiven Phase, in der sich das Unternehmen langsam an den systemischen Ansatz gewöhnte, der – zumindest in der Anfangsphase – als zu wenig Sicherheit spendend kritisiert wurde, aber auch viel Energie freisetzte, ja zum Teil auch Euphorie auslöste, kam der große Einbruch und danach der Neubeginn.

„Aschenputtel"

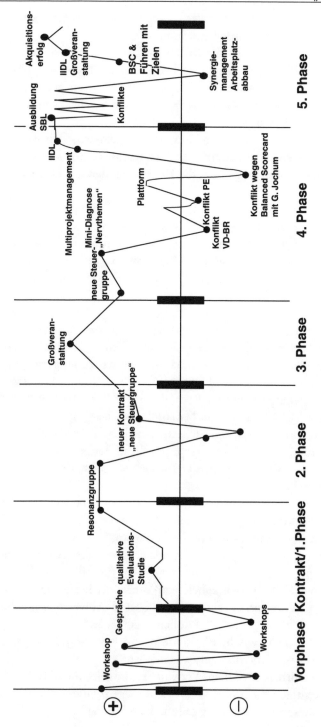

Abb. 9.2 Die „Fieberkurve" des Projekts

In der *ersten* Phase lagen die Schwerpunkte bei Personalentwicklungsthemen. Die Wucht der Realität wurde verdrängt.

In der *zweiten* Phase, nach der Krise, wachte das Unternehmen auf.

In der *dritten* Phase gab es zwar viel Aggression, Schmerz und Trauer, aber auch Mut und ein langsames, unsicheres Sich-Einlassen auf einen beängstigenden, unbequemen Prozeß, der aber auch neue Erfahrungen und Fähigkeiten mit sich bringen würde.

In der *vierten* Phase hatte man einige zurückgelassen, aber es war ein kollektiver Lernprozeß zu spüren, obwohl das Terrain immer schwieriger wurde.

In der *fünften* Phase ging es um die Umsetzung der Wachstumsstrategie.

Zurück zur *zweiten* Phase: Nach einigen Monaten stieg also der Betriebsrat wieder ein und arbeitete im Projekt mit. Der zentrale Konflikt zwischen Arbeitgebern und Arbeitnehmern war aber ständig präsent. Diese zweite Phase war extrem schwierig: Die Widersprüche und Gegensätzlichkeiten, die die ganze Zeit latent zu spüren gewesen waren, aber geleugnet wurden, brachen jetzt mit Gewalt hervor:

1. zum Beispiel der Widerspruch, was das Tempo der notwendigen Veränderungen anbelangte; der Widerspruch zwischen Person und Organisation („Ich bin überfordert." – „Dem Markt sind wir zu langsam.");
2. der Widerspruch zwischen Einzelinteresse und Gesamtinteresse („Werfen wir einige aus dem Boot, damit der Rest überlebt." – „Wir müssen jedem Mitarbeiter gegenüber solidarisch sein.");
3. der Widerspruch zwischen Sicherheitsbedürfnis und Freiheitswünschen („Das Unternehmen ist unverschämt. Bisher hat es immer für Sicherheit gesorgt." – „Wer Sicherheit der Freiheit vorzieht, ist zu Recht Sklave." [Aristoteles]);
4. der Widerspruch zwischen Arbeitnehmern und Arbeitgebern („Wir haben vor der Aufkündigung des sozialen Grundkonsenses Angst." „Wir werden vom Vorstand nicht ernst genommen." – „Wir kämpfen für die Sicherheit jedes Mitarbeiters." „Unternehmensverantwortung heißt Verantwortung fürs ganze Unternehmen, nicht für jeden einzelnen.");
5. die gegensätzliche Betroffenheit von Verlierern beziehungsweise Gewinnern; der Widerspruch zwischen Auf- und Abwertungsgefühlen („Ich gehöre zum alten Eisen." – „Endlich was Neues.");
6. der Widerspruch zwischen Verändern und Bewahren („Die Alten bremsen." – „Es ist nicht alles gut, was neu ist.");
7. der Widerspruch zwischen Verwalten und Gestalten („Wir brauchen 100prozentige Ergebnisse." – „Rasche 70prozentige Lösungen sind besser als langsame 100prozentige [quick and dirty]").

Es ging Angst um, und das ist ansteckend. Die Mitarbeiter hatten Angst vor Arbeitsplatzverlust, vor Überforderung, vor Versagen und davor, ihre Positionen, ihre Beziehungen und ihr Einkommen zu verlieren. Das kollektive Selbstwertgefühl war angeschlagen. Man fühlte sich wie Aschenputtel.

Trotz der angespannten Situation erwartete man von den Mitarbeitern Innovationskraft, kreatives Gestalten, Kompetenzaufbau, Erwachsensein, Weiterentwicklung und raschen Wandel. Kein Wunder, daß es eine breite regressive Strömung gab, die an dem Unheil Schuldige suchte. Auch der Betriebsrat war überfordert, verunsichert und zerstritten. Der Vorstandsvorsitzende, der den „bösen Markt" verkörperte, und wir Berater, die ja er geholt hatte, boten sich geradezu als Projektionsfiguren an. Eine Zeitlang gab es im Unternehmen entweder Freunde oder Feinde. Der kollektive Abwehrmechanismus dieser Aufspaltung gegenüber war massiv zu spüren. Der Feindseligkeit, die aufgrund der Enttäuschungen und Verletzungen und des Gefühls, vom Unternehmen betrogen und abgewertet zu werden, aufkam, war nur mit Verständnis zu begegnen.

Wir hatten nicht gleich eine beraterische Antwort parat; auch uns erschien die Situation als Quadratur des Kreises. Noch nie zuvor hatten wir so hautnah so viel über Widerspruchsmanagement gelernt.

Natürlich gab es auch eine andere Strömung: Sie empfand die Veränderung als längst fälliges Aufbrechen verkrusteter Strukturen, als persönliche Gestaltungschance und als Abenteuer. R. Sennett beschreibt kritisch die extreme Ausformung solcher Charaktere, die mit großem Selbstbewußtsein ohne feste Ordnung auskommen und als Sieger der neuen Zeit gelten. Sie lieben es, an vielen Fronten gleichzeitig zu kämpfen, sich flexibel in einem „Netz von Möglichkeiten" zu bewegen, zu „driften", ständig Risiken einzugehen und auf langfristige, verläßliche emotionale Beziehungen zugunsten kurzfristiger rational nötiger Veränderungen zu verzichten. Wir haben alle Veränderer mit den eigenen inneren Ambivalenzen kämpfen gesehen – auch einen Herrn Jochum.

Im Beratersystem half uns das Zugeben der eigenen Unsicherheiten, das bewußte Formulieren des „Guten im Schlechten" (zum Beispiel, daß auch das ganz „normale" Leben eben Unsicherheit bedeutet und auch Schmerz einschließt). Wir machten uns immer wieder bewußt, daß das gesamte Unternehmen – und nicht nur der Vorstand oder einzelne Teile – unser Klientensystem ist. Entlastung brachte uns ein Forschungsprojekt im Rahmen der Forschergruppe Neuwaldegg zum Thema „Organisationsentwicklung bei gleichzeitiger Rationalisierung" (vgl. Beitrag „Es war einmal"). Wir setzten uns auch für ein Subprojekt in den Stadtwerken ein, und zwar zum Thema „Veränderungen solidarisch gestalten". Auch die Reflexion der gesellschaftlichen Situation und die Beschäftigung mit dem Thema „Die Zukunft der Arbeit" trug zu professioneller Gelassenheit bei.

In der dritten Phase bewährten sich insbesondere Großgruppenveranstaltungen als Intervention, weil sie positive Energie mobilisierten und gleichzeitig kollektive Trauerarbeit ermöglichten. Es gab keine Kommunikationsbarrieren, weil sehr viele Mitarbeiter anwesend waren, und diese Offenheit generierte gleichzeitig wieder mehr Glaubwürdigkeit gegenüber dem Topmanagement. Die Mitarbeiter erlebten, wie sie sich selbst und einander helfen konnten, die Probleme zu bewältigen und die eigenen Potentiale zu entdecken.

Jochum:
Das Unternehmen lief auf Hochtouren. Es mußten wichtige Kundenverträge neu verhandelt und die gesamte Vertriebsorganisation neu organisiert werden. Die Umstrukturierung in eine Holding mit operativen Einheiten, die den unterschiedlichen Märkten und Produkten Rechnung trägt, wurde in ihrer ganzen Komplexität vorbereitet. Wir mußten nach neuen Kooperationsmöglichkeiten Ausschau halten, neuerlich die Kosten reduzieren, die oft politisch denkenden Anteilseigner integrieren und für unsere Anliegen gewinnen und mit den Betriebsräten eine neue Kommunikationsbasis finden, was sich als immer schwieriger herausstellte. Die Führungskräfteentwicklung beziehungsweise konsequente Personalentscheidungen wurden immer drängender.

Ich hatte oft das Gefühl, einen Mehrfrontenkrieg zu führen, einen Balanceakt zwischen Unternehmensverantwortung und Überforderung der Mitarbeiter zu vollführen. Manchmal beschlich auch mich das Gefühl, unmöglich allen Anforderungen gerecht werden zu können. Die größte Schwierigkeit sehe ich darin, einerseits Sicherheit vermitteln zu müssen und zugleich Freiräume zu lassen, loslassen zu können. Ich war beeindruckt von den Leistungen, dem Mut, dem Engagement und der Zivilcourage der gecoachten Steuergruppe, vom anlaufenden Bewußtseinsprozeß im Unternehmen, der nicht mehr so leicht rückgängig gemacht werden konnte.

Auf Anraten der Neuwaldegger entschieden wir uns als Auftraggeber, in der vierten Phase die neue Struktur des Unternehmens in der Projektarchitektur abzubilden. Das hieß, ein neues Kernteam zu bilden, das alte im Rahmen einer gelungenen Großveranstaltung mit Dank aus vollem Herzen zu verabschieden. Über die neue Besetzung mußten die neuen Geschäftsführer der Töchter mit der Holding gemeinsam entscheiden.

Wir begrüßten auch den erweiterten Verantwortungshorizont des Projekts „Kultureller Wandel" mit dem neuen Untertitel „Unser Weg zum Dienstleister", das sich immer mehr für die Entwicklung der gesamten Unternehmensgruppe zuständig fühlte – daher enger mit der Einheit Unternehmensentwicklung zusammenarbeiten muß, ebenso mit der noch zu professionalisierenden Personal- und Organisationsentwicklung und vor allem noch enger als bisher mit den Führungskräften der Unternehmen.

„Aschenputtel"

Der kulturelle Aspekt lief zwar immer noch mit, aber der Fokus hatte sich verändert. Das Projekt kümmerte sich jetzt um die „Nervthemen" der Unternehmensgruppe. Schwerpunktthema 2000 ist der Integrationsprozeß aller Gesellschaften und die Realisierung der Strategie, integrierter Infrastrukturdienstleister (IIDL) zu sein.

Wir haben auch eingesehen, daß ein ganzheitlich verstandener Entwicklungsprozeß „harte" und „weiche" Projekte verzahnen muß. Oft denke ich, es ist tatsächlich wahr: „The soft facts are the hard facts." Wir führen zur Zeit mit Hilfe von anderen Beratern ein Planungssystem „Balanced Scorecard" (BSC) ein, das auch strategische Orientierung gibt, und wollen eine Prozeßverzahnung mit dem „Kulturellen Wandel" erreichen. Man sieht jetzt schon: Es wird sehr schwierig sein. Ich selbst bin überzeugt: Es ist beides nötig – aber wovon jeweils wieviel und in welcher Form, auf welche Weise?

Ich wünsche mir, ein lebendiges, waches, innovatives, lernendes Unternehmen zu führen, das über den Tellerrand schaut und sich nicht davor scheut, heiße Eisen anzufassen.

Königswieser:

Dazu, heiße Eisen anzufassen, war die neue Steuergruppe bereit. Das Team – delegiert von den Töchtern und der Holding – baute in der vierten Phase auf dem Niveau der Vorgängergruppe, die zwei Jahre harte Arbeit geleistet hatte, weiter auf. Das Selbstverständnis, Motor für die nächste Entwicklungsphase zu sein, war rasch internalisiert. Wir starteten mit einer erfolgreichen Mini-Diagnose. Das heißt, die Steuergruppenmitglieder gingen nun – zu zweit – selbst in die jeweiligen operativen Einheiten, um zu erfassen, was die Mitarbeiter beschäftigt und dann Unterstützung für die „Nervthemen" der Einheiten anbieten zu können. „Wir initiieren nur, machen es nicht selbst", lautete die Devise, und es bedurfte keiner Diskussion mehr. Einige Themen zogen sich, trotz aller Unterschiedlichkeit in den verschiedenen Einheiten, durch.

Sie bildeten auch die Zielrichtung der nächsten, also der *vierten* Phase:

- Kundenorientierung mußte weiter verstärkt werden.
- Es gibt viel Angst und Unsicherheit in den Unternehmen. Daher auch Aggression und Trauer, und daran mußte gearbeitet werden.
- Die Identität als integrierter Infrastrukturdienstleister (IIDL) und als interner Dienstleister war völlig unklar und beängstigend (sowohl für die Dienstleister selbst als auch für die internen Kunden).
- Das erwünschte Arbeiten in Prozeßketten verlangte trotz der neuen Holdingstruktur nach vorbereitenden Netzwerken. Im Key-account-Bereich sollte ein Pilot starten.

- Es wurde zu wenig systematisch aus Erfahrungen gelernt. Also sollten mehr Reviews, das heißt Reflexionsschleifen, initiiert werden (z. B. nach wichtigen Kooperationen, Projekten, Erfahrungsaustausch nach Gruppenentwicklungen, Führen mit Zielen).
- Die bereits von Subprojekten erarbeiteten Konzepte wurden an die Linie (PE) weitergegeben und nur schleppend umgesetzt.
- Das Selbstverständnis und die Spielregeln der Zusammenarbeit von Holding und Töchtern beziehungsweise der Töchter untereinander waren diffus. Es sollten Regeln definiert und die Vorgangsweise für den Konfliktfall festgelegt werden. Widerspruchsmanagement war angesagt. Die Holding mußte loslassen, die Töchter müssen erwachsen werden.
- Immer noch waren veraltete Regeln in Kraft. Die „Aktion Staubwedel" sollte rasch und unbürokratisch Abhilfe schaffen.
- Koordination und Verzahnung aller großen laufenden Projekte, also auch der „harten" mit den „weichen" aus dem „Kulturellen Wandel", waren dringend nötig, sollten nicht kontraproduktive Impulse mobilisiert und widersprüchliche Signale ausgesendet werden.

Am Beispiel des Strategie- und Planungsprojekts Balanced Scorecard (BSC) wollten wir die Interdependenzen erfassen und koordinieren. Der – mehr unterschwellige – Aufruhr um dieses Projekt zeigte wie durch ein Vergrößerungsglas die aktuellen Probleme: Die Führungskräfte stöhnten: „Wir sind zugeschüttet, arbeiten abends und an Wochenenden." „Die Personaldecke wird immer dünner." „Es fehlt die Grundorientierung." „Wir wollen mit einbezogen werden, haben aber keine Zeit."

Darüber hinaus ging es um die Definition der Beziehung zwischen Holding und Töchtern: „Wir werden von der Holding überfahren, wollen aber Sicherheit." „Wir wollen selbst entscheiden, welche Projekte für uns lebenswichtig sind und welche nicht." „Es gibt keine Priorisierung der Projekte." Dieses Thema führte auch zu einem Konflikt zwischen der Steuergruppe beziehungsweise zwischen uns und dem Vorstandsvorsitzenden Jochum, dem speziellen Auftraggeber für die BSC: Es ging um den Zeitdruck, den Zeitpunkt, den Perfektionismus, die Überforderung durch den enormen Zeitaufwand, das mangelnde Miteinbezogensein der Betroffenen.

An diesem Punkt angelangt, kamen wir wieder in Teufels Küche: Der Hauptpromotor Jochum engagierte über seine Unternehmensentwicklerin Fachberater, die unserem Eindruck nach nicht genügend Prozeß-Know-how hatten, in unsere Arbeit „dreinpfuschten" und von einem völlig anderen Paradigma ausgingen, zum Beispiel: „Alle Einheiten müssen auf einen widerspruchsfreien Nenner kommen" oder „Strategie geht nur *top – down*". Trotz mehrfacher Abstimmung mit den anderen Beratern redeten wir aneinander

„Aschenputtel"

vorbei. Es gab Konkurrenz und wechselseitige Abwertung: „ihr Softies", „ihr Technokraten". Über dieses Thema gab es auch einen öffentlichen Konflikt zwischen Herrn Jochum, der Unternehmensentwicklung und den Fachberatern auf der einen und uns, der Steuergruppe und Herrn Willipinski auf der anderen Seite. Aber auch dieser Konflikt hatte etwas Positives. Es war die Geburtsstunde für eine andere Qualität der Zusammenarbeit zwischen Klientensystem, Fachberatern und uns (Beratersystem). In späteren Projekten, zum Beispiel einem Outsourcingprojekt, bildeten wird einen gemeinsamen Staff in dieser Zusammensetzung. Dabei versuchten wir, die unterschiedlichen Paradigmen in eine Balance zu bringen. Die Tatsache, daß die Unternehmensentwicklerin dann Mitglied der Steuergruppe wurde, erleichterte die Verzahnung ebenfalls.

Die zentralen Interventionen der neben den Basisarchitekturelementen laufenden *vierten* Phase sollen kurz beschrieben werden:

- Auf den „Plattform"-Workshops (Vorstände und alle Geschäftsführer) wurden die aktuellsten und brisantesten Themen und Konflikte, die jeweils kurz zuvor in Einzelgesprächen von uns erhoben worden waren, reflektiert und bearbeitet. Es gilt, mit den Widersprüchen umgehen zu lernen.
- Die Identitätsarbeit umfaßt Themen wie das neue Selbstverständnis als IIDL, die Visionen der gesamten Gruppe, Orientierungen, Unsicherheiten, Beziehungen zu den relevanten Umwelten. Besonders in den Großveranstaltungen wird auf nahezu rituelle Weise Teamarbeit im Kollektiv geleistet. So können Differenzierung und Kohäsion gleichzeitig stattfinden. Das gemeinsame Erleben, die Symbolik und die Reflexion aus verschiedenen Perspektiven haben immer eine energetisierende, das Zusammengehörigkeitsgefühl stärkende Wirkung. Das Selbstbewußtsein wächst immer mehr.
- Die Review-Workshops zentraler Projekte helfen, die Verhaltensmuster zu erkennen und daraus für die Zukunft zu lernen. Ein Multiprojektmanagement ermöglicht es, Prioritäten zu setzen und doppelte Ausführung wichtiger Arbeiten zu vermeiden.
- Die „Führungskräftequalifizierung" ist jetzt prozeßbezogen oder projektorientiert. Das Lernen findet „on the job" in fixen Lerngruppen statt.
- Die Teamentwicklungen laufen bedarfsbezogen weiter und werden mehr und mehr von internen Moderatoren begleitet, die wir ausbilden. Sie sind bereits ein häufig verwendetes Instrument.

Die *fünfte* Phase, das heißt das vierte Jahr, in dem wir das Unternehmen in seinem Überlebens- und Entwicklungsprozeß begleiteten, war eine besonders interessante Periode.

Jochum:
Wir selbst waren in unserer Konzeptarbeit weiter, unsere Lernerfahrung aus den Prozessen wurde integriert, das SIM-Modell kristallisierte sich immer klarer heraus und befruchtete so die Entwicklungen. Besonders deutlich, aber auch schwierig war die Verzahnung der weichen Faktoren mit den harten Fakten. An drei Beispielen soll das exemplarisch erläutert werden:

Wir hatten uns entschieden, einen starken strategischen Partner zu suchen, um zu wachsen. Die Vision ist es, ein Netzwerk aufzubauen, die Strategie des IIDL im deutschsprachigen Raum auf diese Weise umzusetzen. Mit Hilfe des Prinzips „Gemeinsamkeit und Selbständigkeit gleichzeitig" soll ein Entwicklungsweg auf einem neuen Niveau, mit einer neuen Qualität, auf einem größeren Markt realisiert werden. Uns war klar, daß die Voraussetzung dafür schon die Pre-Merger-Phase war und daß die Suche nach einem passenden Partner entsprechend gestaltet werden mußte. Neben dem strategischen Fit richteten wir unser Augenmerk auf den strukturellen, aber vor allem auch auf den kulturellen Fit (vgl. Beitrag „Spieglein, Spieglein an der Wand"). Zusätzlich wurde auch ein hoher Kaufpreis erzielt, der von unserem Wunschpartner nicht zuletzt mit dem strategischen und kulturellen Fit der swb^{AG} begründet wurde.

Im Key-account-Projekt ist die Integration gelungen. Einerseits wurden die harten Voraussetzungen für die Einführung und Umsetzung in den prozeßorientierten Teams geschaffen. Es wurde nach der Kundensegmentierung ein Kundenentwicklungsplan entworfen, die Prozeßoptimierung sichergestellt, gleichzeitig maßgeschneiderte Trainings für die Mitarbeiter und Teamtrainings für die Teams durchgeführt und ein emotional ansprechendes Kommunikationskonzept realisiert.

Als weiteres Beispiel für die Integration der Dimensionen „Hart"–„Weich" ist der Umsetzungsprozeß der anspruchsvollen Strategie IIDL zu sehen.

Die Verknüpfung der inhaltlichen Ebene der Produkte ließ sich noch leichter erreichen als die Zusammenarbeit der verschiedenen Gesellschaften, die ja mental Konkurrenz und Kooperation gleichzeitig schaffen mußten. Mit den Beratern gemeinsam überlegten wir eine sinnvolle Architektur: Je ein Delegierter aus den Gesellschaften war Mitglied der Koordinatoren, deren Auftraggeber alle Geschäftsführer waren und die den nötigen Bewußtseinsprozeß in der ganzen Gruppe anstoßen sollten. Als fester Meilenstein war mit großem Vorlauf (acht Monate) eine Großveranstaltung terminiert worden, um die dafür nötigen Vorbereitungen treffen zu können beziehungsweise Prozesse anzustoßen. Viele Mitarbeiter verstanden nicht, was eine integrierte Dienstleistung sein sollte, welche Produkte nun angeboten würden und was sich für sie konkret dadurch verändern sollte. Um das Prozeß-Know-how der Koordinatoren auszubilden, nahmen sie mit anderen Schlüsselpersonen an der BGN-

Ausbildung für systemische Berater und Change-Manager teil. So wurde die Entwicklung der Personen, des Prozesses und der Strukturen gleichzeitig und in ihrem interdependenten Charakter sichergestellt.

Königswieser:
Die Gruppe der Koordinatoren mauserte sich zu einer Subgruppe der kritischen Geister. Die „SBLer" wurden zu einer Plattform der Weiterbildung, der Reflexion und der Netzwerkbildung – quer über alle Gesellschaften. Sie sollte auch für die nächste Krise von großer Bedeutung sein.

Nach etwa einem Jahr tauchten durch diesen Prozeß viele Probleme auf, die aufgegriffen wurden. Es standen zum Beispiel ein gemeinsamer Marktauftritt, Produktinnovation und ein gemeinsames Datenhaus an. Die *hard facts* verwoben sich langsam mit den *soft factors*. Als alles gerade schön in Schwung war, kam es wieder einmal zu einem massiven Crash im Haus, und das drei Wochen vor der IIDL-Großveranstaltung, wo Hunderte Leute erwartet wurden!

Eine Top-down-Entscheidung löste die Krise aus. Zwei Gesellschaften sollten zusammengelegt werden: Wasser und Abwasser. Das Einsparungspotential war gigantisch. Ein Viertel der Mitarbeiter hatte aber keinen Arbeitsplatz mehr. Das Potential sah man, aber man kritisierte die Art der Entscheidung. Daran schieden sich die Geister: „Die Geschäftsführer hätten in einer ganz anderen Weise mit einbezogen werden müssen. Diese Vorgangsweise straft den Entwicklungsprozeß Lügen." Die andere Gruppe sagte: „Solche Entscheidungen gehen nicht unter Mitbeteiligung – bei der Austrocknung des Sumpfes fragt man die Frösche nicht."

Jochum:
Rationalisierung und Entwicklung gleichzeitig – wieder standen wir vor diesem emotional schwierigen Widerspruch. Wir mußten als Gruppe integriert auftreten, ein „Wir-Gefühl" entwickeln und gleichzeitig darauf gefaßt sein, durch massive Einsparungs-Synergieprogramme gewachsene Identitäten zu verändern.

Königswieser:
Wir achteten darauf, daß der Umsetzungsprozeß sorgfältig begleitet wurde, daß die Trauer aufgearbeitet und gleichzeitig das Thema OE und Rationalisierung institutionalisiert wurde.

Die Gruppe der Koordinatoren improvisierte mit allen Auftraggebern, die innerhalb von 24 Stunden alle zu einem 2-Stunden-Termin zur Systemische-Berater-Langzeitgruppen-Ausbildung kamen, ein Krisenforum: „Was bedeutet die Situation für unsere Großveranstaltung?" „Es kocht", „IIDL wird zur Farce" und anderes mehr. Nach einer sehr guten Reflexionsschleife war klar:

Die Großveranstaltung findet statt. Dem aktuellen Kontext wird ein großer Zeitblock gewidmet. Synergie und Entwicklung – beides gleichzeitig ist nötig, um erfolgreich zu sein.

Im Unternehmen gab es in dieser Phase beziehungsweise gibt es zu dieser Zeit zwei weitere heiße Themen: Durch die Systemische-Berater-Langzeitgruppen-Ausbildung und die Know-how-Anreicherung der Unternehmensentwickler in den letzten Jahren entstand eine inhaltlich-strukturelle Annäherung an unsere (Beratergruppe Neuwaldegg) Kompetenzfelder. BGN kam durch das Kulturprojekt ursprünglich von der „Kulturecke" und positionierte sich immer mehr in der Mitte des Dreiecks Strategie–Struktur–Kultur. Die Unternehmensentwickler verließen das reine Strategie-, Konzeptemachen-Eck und integrierten ihrerseits die Struktur- und Kulturdimension in ihre Projekte. Die Annäherung, die auch auf der Ebene der Werte stattfand, führte vorerst zu Konkurrenz, Konflikten und Spannungen. Ein gemeinsames Reflektieren und Hypothesenbilden entdramatisierte die Situation und machte die ergänzende Verantwortung deutlich.

Gemeinsam versuchen wir derzeit, Konsequenzen zu ziehen: Zum Beispiel stellen wir gemischte Staffs zusammen, Hand in Hand planen wir Interventionen, sprechen regelmäßig über die besten Rollenergänzungen. Es wird eine spannende Aufgabe sein, Potentiale zu heben, die in dieser Situation stecken.

Ein weiteres emotionales Thema schwelt im Unternehmen und taucht bei allen möglichen Gelegenheiten auf: „Die Macht des Herrn Jochum ist zu groß. Wir Geschäftsführer müssen mehr Verantwortung übernehmen; man muß uns Fehler machen lassen." Was zeitweise als „Vatermord" gedeutet wird, kann man auch als normale Begleiterscheinung eines Entwicklungsprozesses sehen. Die Söhne nehmen den Platz des Vaters ein, der wieder neue Felder bestellt.

Dabei ist er nun nicht mehr allein, sondern hat starke Partner an seiner Seite.

Daß solche Entwicklungsprozesse nicht ohne Verletzungen und Leid abgehen, versteht sich von selbst.

Jochum/Königswieser:
Was das Projekt nach den drei Evaluationsergebnissen bisher erreicht hat, sind folgende Punkte:

- Wichtige neue Kooperationen – zum Beispiel mit einem holländischen Unternehmen – wurden mit einem sehr guten Ergebnis abgeschlossen. Das Unternehmen versteht sich als wesentlicher Teil eines zu entwickelnden Netzwerks innerhalb Deutschlands. Es ist Innovationskraft zu spüren. Die Problemlösungskapazität, das unternehmerische Denken ist gestiegen. Die Kundenorientierung zieht sich durch. Das Aschenputtel ist kein Aschenputtel mehr.

- Durch die Projektarchitektur, die Subprojekte und die Reflexionsschleifen wurde ein „mentaler Sauerteig" hinsichtlich Selbststeuerung, Selbstverantwortung und Änderung der Wahrnehmungs- und Problemlösungsmuster generiert.
- Mit Hilfe von Potentialförderungsprogrammen, „Train the trainer"-Ausbildungen, interner systemischer Beraterausbildung (SBL), Projektarbeit und Reflexionsarbeit in verschiedensten Kontexten werden Lernenlernen und Feedback, Reflexion und Selbststeuerung institutionalisiert beziehungsweise internalisiert.
- Es wurden Instrumente zur Beschleunigung des Entwicklungsprozesses geschaffen, zum Beispiel: Teamentwicklung, Führen mit Zielen, Leistung und Anerkennung, Projektmanagement, PE-Konzept, Begegnungsforen mit Kunden, Reviews von Projekten beziehungsweise Kooperationen und die Dialogplattformen. Eine wichtige Einrichtung sind auch die gemischten Staffs (Manager, Berater) geworden.
- Bei den Besetzungen von Schlüsselpositionen zählt weniger fachliche Kompetenz, sondern es zählen vielmehr Eigeninitiative, Veränderungsbereitschaft, Teamfähigkeit, Zivilcourage und soziale Kompetenz. Man spürt die veränderten Werte bei Meta-Entscheidungen.
- Wir halfen, die längst fällige Personal- und Organisationsentwicklungsfunktion im Unternehmen – angepaßt an die neuen Anforderungen – aufzubauen. Alle Entwicklungsfunktionen sind zu einer Einheit zusammengefaßt.
- Die Führungskräfte sind eine zentrale Zielgruppe. Wie durch Geisterhand wurden früher alle Initiativen in diese Richtung abgeschmettert oder doch zumindest hinausgezögert. Nun ist die Zeit offensichtlich reif dafür.
- Die Organisation lernt langsam, kollektiv mit Unsicherheit zu leben.
- Die Verzahnung von „harten" und „weichen" Projekten wird in verschiedenen Facetten aktuell in Angriff genommen.
- Kultur, Strategie, Struktur stehen in enger wechselseitiger Beziehung.

Was das Projekt bisher nicht erreicht hat:
- Das selbstverständliche Denken in Prozessen und Gesamtzusammenhängen; die Kooperation zwischen den Gesellschaften ist verbesserungsbedürftig.
- Die Konfliktfähigkeit ist immer noch schwach ausgeprägt.
- Die Konfliktlinien, zum Beispiel Vorstände–Betriebsräte, Linie–Projekt, haben sich partiell verschärft. Es gibt noch keine befriedigende Konfliktbearbeitungskultur.
- Das Thema „Konsequenzen" (positive oder negative) zu bearbeiten ist immer noch schwierig, zum Beispiel gegenüber Führungskräften.

- Die alten Perfektionsmuster existieren noch zu stark (Langsamkeit, Absicherung).

Jochum:
Das Unternehmensentwicklungsprojekt kann kein abgehobenes Thema sein, sondern muß immer mehr in den Unternehmensalltag integriert werden. Wachheit, Reflexivität und Intelligenz sind meines Erachtens Schlüssel-Erfolgsfaktoren.

Ich möchte in diesem Zusammenhang nochmals auf die Relation Auftraggeber – Berater, die schon erwähnte „Entwicklungsgemeinschaft" zurückkommen. Erst im Laufe der Zusammenarbeit mit verschiedenen externen Beratern, insbesondere aber in der Reflexion der Ereignisse und meiner Erfahrungen mit „Neuwaldegg", wurde mir bewußt, welche Art von Unterstützung ich mir von Organisationsentwicklern wünsche: Ich bin zwar ein leidenschaftlicher Gestalter, und erst schwierige Situationen fordern mich so richtig, aber ich schätze es außerordentlich, wenn unsere Entscheidungen, Planungen, Prozesse radikal hinterfragt werden, wenn ich auf die Widersprüche aufmerksam gemacht werde und gezwungen bin – meist im Team – , immer wieder die Produkte, die Abläufe, die Strukturen, die existentielle Basis des Gesamtunternehmens zu reflektieren. Es geht um Wachheit, um Tiefe. Ich möchte, daß meine Betriebsblindheit – die jeder Interne hat – relativiert wird. Es vermittelt Sicherheit, wenn man weiß, daß diese Spiegelfunktion vorhanden ist. Wir haben zwar trotz des Basisvertrauens Konflikte gehabt, sind aber konstruktiv damit umgegangen.

Ein Widerspruch, der mich besonders beschäftigt, ist der zwischen betriebswirtschaftlicher Notwendigkeit und volkswirtschaftlicher Verantwortung; zwischen der Schnelligkeit und Logik des Markts und der Langsamkeit der Einstellungsveränderung.

Auch die Dramaturgie – die Reihenfolge und Gestaltung von Maßnahmen – scheint mir als Kriterium für (schnelle) Erfolge immer wichtiger. Frau Dr. Königswieser nennt es Prozeß-Know-how. Ich umschreibe es mit der Frage: „Wie wird der Raum bespielt?" Auch diesbezüglich wünsche ich mir eine kreative, kritische, reflexive Begleitung. Und ich stelle mir vor, wenn das viele Menschen erleben und daraus lernen, entwickelt sich eine neue Problemlösungskapazität – eine „lernende Organisation".

Ich denke, daß wir bezüglich dieser Fähigkeiten und Ansprüche ein sehr ähnliches Feld bestellen wie Prozeßberater. Auch ich kann nicht alles selbst machen, muß im Bereich Führung, Beteiligungsmanagement oder bei den Anteilseignern Voraussetzungen für Entwicklung schaffen. Ich kann mich auch nur auf die Adressaten des Handelns stützen und sie dabei beraten. Auch ich bin Coach von Prozessen, schaffe Räume für Möglichkeiten. Auch ich muß loslassen können, was mir zugegebenermaßen sehr schwer fällt.

Umgekehrt gibt es auch Berührungspunkte zwischen Beratertum und Management: Gerade bei umfassenden Projekten wie unserem Entwicklungsprozeß muß man sich – insbesondere in der externen Projektleitung – auf eine Gesamtverantwortung, auf ein „General Management" einlassen. Berater haben auf der Prozeßebene mehr Verantwortung als wir. Sie sind auch dafür verantwortlich, daß sie ihr Wissen so weitergeben, daß es ins Unternehmen fließt.
Die Berater begleiten uns Manager – und umgekehrt.

Königswieser:
Ein Stück des unternehmerischen Weges gemeinsam zu gehen ist faszinierend, bedarf aber einer fein abgestimmten Nähe-Distanz-Regulierung mit den Klienten, um so die Vielparteilichkeit zu wahren, die Logik der Mitarbeiter, des Betriebsrats, der Kunden und der Kooperationspartner immer wieder in Balance zu bringen. Es ist ein Seiltanz, mit den auftretenden Widersprüchen umzugehen.
Wir stoßen immer wieder an Grenzen der eigenen Werthaltung, wenn es zum Beispiel um Rationalisierung, Stellenabbau, kurzfristig extremes Shareholder-Value-Denken geht. Wo müssen wir Stellung beziehen, wo neutral bleiben? Sollen wir, wenn wir sehen, daß an Schlüsselpositionen unprofessionelle Führungskräfte sitzen oder individuelle Entwicklung an Grenzen stößt, etwas sagen oder nicht? Wie schaffen wir es, gleichzeitig loyal zu den Auftraggebern und fair zu den Betroffenen zu sein?
Wir haben bisher in diesem Projekt sehr viel gelernt und spüren immer deutlicher, daß die ganzheitliche Entwicklung eines lernenden Unternehmens ein gemeinsames, strukturiertes, kollektives Prozeßprojekt ist.
Aus welchen „Fehlern" haben wir am meisten gelernt?
Wir mußten harte Desillusionierungsarbeit leisten, was unseren Wunsch betraf, als Berater in der „guten" Rolle gesehen zu werden. Wir wissen jetzt, daß sich die massiven Gefühlspotentiale, die ein Veränderungsprozeß immer mit sich bringt – wie Kränkung, Abwehr, Haß –, auch gegen die Berater richten müssen.
Als Fehler verzeichnen wir, daß wir es mit unseren Interventionen erst relativ spät geschafft haben, die Führungskräfte als Zielgruppe und den Betriebsrat explizit mit einzubeziehen.

Jochum/Königswieser:
Auch Neues hat sich entwickelt: das SIM-Modell.

Königswieser:
Wir haben unser Selbstverständnis als Berater erweitert: Wenn wir als systemische Berater auch Mehrwert erzeugen wollen, dann geht es von vornherein

um einen breiteren Ansatz: um die Verzahnung „harter" und „weicher" Themen und Projekte, um das Abdecken des gesamten Spektrums der Unternehmensentwicklung – um Strategie, Struktur und Kultur. Das impliziert auch ein anderes Auftreten gegenüber den Auftraggebern und anderen Beraterfirmen. Stärker als bisher ist uns bewußt: Wir müssen kompensatorisch, integrativ und mit analogen Elementen intervenieren.

Neu sind für uns auch die gesellschaftlichen Aspekte und Dimensionen unserer Interventionen aufgrund der Tatsache, daß die Logik der Wirtschaft es nahelegt, auch Themen wie Angst vor Arbeitsplatzverlust, Zukunft der Arbeit oder Regionalität mit in die Beratungsarbeit aufzunehmen.

Jochum:
Wir begreifen Unternehmen verstärkt als modernen Ort der Vergesellschaftung, wo im weitesten Sinn politisches Handeln angesagt ist. Organisations- oder Unternehmensentwicklung dieser Art trägt nicht nur zu nachhaltigem Erfolg bei, sondern ist auch eine Abenteuerreise und macht Spaß. Vor allem aber bin ich als Mensch gefordert.

10 „Der Froschkönig"

Von der Holding zur Dienstleistungsgesellschaft – eine Metamorphose

> *Und als der Frosch herabfiel, war er kein Frosch mehr, sondern ein Königssohn mit schönen, freundlichen Augen.*
>
> Und wiederum ist's im Märchen wie im „wahren" Leben: Erscheinungsformen sind gestaltbar und nicht ewig, sind Geschichte und nicht Gesetz – von der Kaulquappe zum Frosch, zum Königssohn. Liebevolles Vertrauen und die Kraft zum Abschiednehmen: systemisch-integriertes Bekenntnis zum Sein und Werden und der Mut, das Werden auch zu wollen – vom alten Frosch Abschied zu nehmen, um dem neuen Königssohn Zukunft zu geben –, denn Entwicklung braucht Vertrauen und den schmerzhaft-harten Wurf zugleich.

Roswita Königswieser, Gerhard Jochum, Uwe Cichy

1. Ausgangssituation

Der Dienstleistungsbereich der swb^{AG} soll in eine eigene Gesellschaft ausgegliedert werden – an sich kein besonderer Fall. Man spürt, wie in allen Outsourcingfällen, daß „der Markt ins Unternehmen kommt". Der Prozeß zeigt typische Merkmale der Widersprüchlichkeit zwischen Rationalisierung und Entwicklung.

Die Deregulierung des Energiemarkts und der gnadenlose Wettbewerb zwangen das Unternehmen zu einer Umstrukturierung in eine Holding mit Töchtern. Der Rationalisierungs- und Kostendruck wurde von den um ihre Existenz kämpfenden Unternehmen an den Holdingbereich weitergegeben. Plötzlich sahen sich die Abteilungen Recht, Kommunikation PR, Rechnungswesen, Bauabteilung, ärztlicher Dienst, Einkauf und andere mit „internen Kunden" konfrontiert. Die Holding stürzte in eine Identitätskrise. Man sah sich die eigenen Leistungen mit neuen Augen an, unterschied zwischen „Steuerung" und „Dienstleistung", war mit der eigenen mangelnden Effizienz konfrontiert. Die Mitarbeiter, allen voran die betagten Zentralbereichsleiter, waren überfordert.

Der Vorstand rang sich zu der Entscheidung durch, die Holding zu differenzieren. Die Steuerung (Unternehmensentwicklung, Organisations- und Personalentwicklung, Controlling, Recht und PR) sollte in der Holding bleiben, die anderen Funktionen in eine Dienstleistungsgesellschaft ausgegliedert werden. Die bislang Sicherheit spendende Struktur wurde somit aufgelöst.

Für den weiteren Verlauf des Prozesses spielten darüber hinaus noch verschiedene andere Faktoren eine wichtige Rolle: Die beiden Vorstände waren sich einig, kein reines Cost-cutting-Projekt, sondern auch einen Entwicklungsprozeß initiieren zu wollen, der Unternehmertum generieren sollte. Da es den Abnahmezwang für die internen Kunden nicht mehr gab, mußten die Leistungen der Dienstleister den Mehrwert für die Töchter schaffen. Das setzte nicht nur andere Produktangebote und eine andere Preisgestaltung voraus, sondern machte ein komplettes Umdenken notwendig. Das diesbezügliche Motto lautete: „Vom Verwalter zum Gestalter".

Da die Rationalisierungsmaßnahmen des Unternehmens bisher immer an der Holding vorbeigegangen waren, traf die neue Situation deren Mitarbeiter ganz besonders hart. („Es soll nicht länger möglich sein, – quasi durch einen Sheriffstern geschützt – Dienstleistungen zu erzwingen.")

Die Umkehrung der Beziehungen wurde bei den Töchtern einerseits mit Schadenfreude betrachtet, andererseits aber löste der Prozeß auch sehr viel Angst aus. (Wenn sogar in der „Hochburg der Sicherheit" – in der „Nähe der Macht" – Einsparungen und Stellenabbau an der Tagesordnung sind, „gibt es überhaupt keine Sicherheit mehr".)

Als weiterer wichtiger Faktor machte sich auch die Tatsache bemerkbar, daß die Vorstände gegenüber den Führungskräften in den letzten Jahren keine wirkliche Führungsfunktion übernommen hatten. Obwohl es seit Jahren einen intensiven, von der Beratergruppe Neuwaldegg begleiteten Changeprozeß gab, der dazu beitrug, die Kultur zu verändern, gehörte es nach wie vor zu den Tabus, altgediente, einem persönlich nahestehende Führungskräfte ihrer Funktionen zu entheben.

2. Architekturen/Interventionen

Die Vorstände beauftragten die Beratergruppe Neuwaldegg als Prozeßbegleiter, um Unternehmertum in der zukünftigen Dienstleistungsgesellschaft zu entwickeln, und setzten daneben einen Fachberater ein. So sollten die „weichen" Faktoren und die „harten" Fakten verzahnt werden, Entwicklungsarbeit und Rationalisierung gleichzeitig in die Wege geleitet werden. Hier wurde erstmals ein Dilemma deutlich, das uns schließlich durch das gesamte Projekt begleitete. Zwei Paradigmen, zwei Strömungen, wie Entwicklung realisiert werden kann, kämpften miteinander. Das systemische Paradigma, auf Selbstorganisation setzend, einen Rahmen vorgebend, geht davon aus, daß das beste Konzept nicht gelebt werden kann, wenn es von den betroffenen Mitarbeitern nicht getragen, und das heißt im wesentlichen selbst erarbeitet wird. Das beschreiben wir auch als Lernen. „Man muß hemdsärmelig vorgehen. Ein Grobkonzept genügt, dann werden praktische Erfahrungen gesammelt. Daraus wird gelernt, nachgebessert, erneut probiert und wieder gelernt. Perfektionismus blockiert. Neue Wege entstehen beim Gehen."

Auf der anderen Seite das „Experten-Paradigma": Es gibt eine objektive Wahrheit, die Sicherheit vermittelt. Es gibt „Wissende", die uns sagen können, wie es geht. „Man kann erst loslegen, wenn alle Schritte geplant und alle Zahlen berechnet sind." „Je perfekter das Konzept, desto größer die Erfolgswahrscheinlichkeit." Es kommt eben auf die „hard facts" an, alles andere gehört in die „Psycho-" oder „Esoterikecke".

Wir beschreiben hier natürlich stark vereinfachend und schwarzweiß. Keiner der Betroffenen würde sich 100prozentig richtig beschrieben finden, aber von den vorhandenen Grundströmungen, dem auszubalancierenden Grundwiderspruch her bildet es die Realität durchaus zutreffend ab. Es geht uns auch an dieser Stelle nicht um „richtig" oder „falsch", sondern um die Fragen:

- Was kann der Organisation selbst „zugemutet" werden?
- Ab wann läuft sie Gefahr, überfordert zu werden und jegliche Entwicklung zu blockieren?
- Wie kann der Organisation Entlastung angeboten werden?

Diese beiden Grundhaltungen zogen sich nicht nur durch den Vorstand, sondern durch die Holding und das Unternehmen insgesamt. Die Tatsache, daß zwei unterschiedliche Beratungsunternehmen beauftragt wurden, die wiederum verschiedene Paradigmen verkörperten, entsprach der Situation, führte aber natürlich auch zwischen den Beratern zu großen Spannungen. Der Widerspruch zog sich durchs Klientensystem wie durch das Beratersystem.

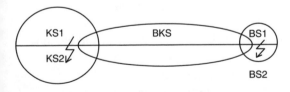

BKS: Berater-Klienten-System
KS1: Vorstände als Auftraggeber
KS2: Mitarbeiter als Auftraggeber
 (das spätere „Gründerteam")
BS1: BGN
BS2: Fachberater

Abb. 10.1 Das Berater-Klienten-System

Vor diesem Hintergrund entwarfen wir – das heißt Roswita Königswieser, Uwe Cichy und die Vorstände – für das Projekt die im folgenden geschilderte Architektur:

- Für den Zeitraum von neun Monaten waren drei eintägige Workshops angesetzt, bei denen die erste Berichtsebene der Steuerer und Dienstleister daran arbeitete, ihre ineinander verquickten Rollen auseinanderzudifferenzieren. Jeder wollte lieber „mächtiger Steuerer" als „weniger prestigeträchtiger Dienstleister" sein. Allerdings änderte sich auch für die Steuerer viel. Sie waren so deutlich exponierter in ihrer Aufgabe und konnten sich nicht mehr so leicht auf die Dienstleister herausreden. Auch da war ein Umdenken nötig.
- Wir bildeten eine gemischte „Staffgruppe", die den gesamten Prozeß regelmäßig reflektierte, wenn nötig Konflikte austrug und entsprechende Interventionen setzte. Der Kreis bestand aus den Auftraggebern, also den beiden Vorständen, je einem Vertreter der Steuerer und der Dienstleister und den Beratern. In dieser Staffgruppe wurde ebenfalls der Rahmen in seinen zeitlichen, inhaltlichen und sozialen Dimensionen diskutiert und kontinuierlich weiterentwickelt, innerhalb dessen sich das Projekt eigenverantwortlich bewegte.
- Als Start wurde von den Beratern eine Diagnose erstellt, das heißt wurden breitangelegte Gruppeninterviews mit den betroffenen Mitarbeitern geführt, die die relevanten, manifesten und latenten Themen der Situation beschrieben.

Zwei – für den weiteren Verlauf des Projekts entscheidende – Ergebnisse dieser Interviews sollen hier hervorgehoben werden: Zum einen traten auch hier die bereits oben ausführlich beschriebenen, stark widersprüchlichen Grundströmungen zutage. Die Mehrheit der Mitarbeiter mißtraute dem Vorhaben. („Es soll ohnedies nur rationalisiert, Stellenabbau betrieben werden." „Die Dienstleistungsgesellschaft ist in Wahrheit eine Abwicklungsgesellschaft, eine Totgeburt." – „Es wird in Wahrheit so sein wie bei der Service-GmbH. Die wurden auch ‚outgesourced', und dann wurde ein Drittel der Leute gekündigt.") Es gab Widerstand, Wut und Enttäuschung. Am schwierigsten zu ertragen war für diese Mitarbeiter, daß – aus ihrer Perspektive – niemand Klartext mit ihnen redete.

Es gab aber auch eine Gruppe von Mitarbeitern, die trotz der offensichtlichen Gefährdung der eigenen Arbeitsplätze die Chance und Herausforderung, die diese Situation in sich barg, erkannte. Für sie war das Unterfangen geradezu ein Befreiungsschlag: die Möglichkeit, mit lang tradierten, oftmals überholten Strukturen aufzuräumen. Sie sahen es als ein Vorhaben, für das es sich lohnte, sich einzusetzen – auch wenn nicht

von vorneherein klar war, was dabei jeweils für den einzelnen konkret herauskommen würde. Diese Gruppe war anfangs deutlich in der Minderheit; deshalb galt es, sie zu stärken.
Dem stand aber – und dies war das zweite zentrale Ergebnis der Interviews – die Person des Projektleiters im Wege. Dieser hatte bei den Mitarbeitern – ob berechtigt oder nicht, bleibt dahingestellt – das Image des klassischen Sanierers. Er war geradezu die personifizierte Bestätigung aller oben beschriebenen Befürchtungen. Nach Bekanntwerden der Interviewergebnisse bat er selbst um Entlassung aus seinem Amt.

- Es gab regelmäßig alle sechs bis acht Wochen Informationsveranstaltungen für *alle* betroffenen Mitarbeiter. Hier berichteten Projektmitarbeiter und Vorstand über den aktuellen Stand der Entwicklung und stellten sich gemeinsam den Fragen der Mitarbeiter.

Trotz alledem war der Prozeß infolge der Problematik, die der Projektleiter repräsentierte, ins Stocken geraten. Es gab nur noch vereinzelt Energie, an einem Konzept „Dienstleistungsgesellschaft" zu arbeiten. Die guten Leute begannen abzuwandern. Zu diesem Zeitpunkt kamen wir in der gemeinsamen Staffrunde zu der zentralen Hypothese, daß Identifikationsfiguren nötig waren, wenn der Prozeß an Glaubwürdigkeit gewinnen sollte.

Zwei zentrale Interventionen wurden gesetzt. Zuerst eine Ausschreibung: „Wer hat Interesse, ein Dienstleistungsunternehmen zu gründen? Unternehmerisch denkende Menschen, die Probleme als Herausforderung sehen, treffen sich am 12. 2. zwischen 15 und 17 Uhr im Raum E 222 mit dem Vorstand. Dort erfolgen nähere Informationen." Trotz größter Skepsis im Umfeld meldeten sich 25 hoch motivierte Personen. Sechs wurden ausgewählt und übernahmen als „Gründerteam" das Projekt „Dienstleistungsgesellschaft". Die Kriterien für die Entscheidung waren: Motivationsstärke, Persönlichkeit, Repräsentation der verschiedenen Bereiche. Die anderen Bewerber bildeten das sogenannte „Unterstützerteam", das sich regelmäßig mit den Gründern traf, sie inhaltlich und mental unterstützte und dessen Mitglieder auf diese Weise als Multiplikatoren in der Organisation wirkten.

Die zweite Intervention bestand darin, sofort einen externen Geschäftsführer zu suchen. Die Tatsache, daß die Wahl letztendlich auf eine 33jährige Frau fiel, darf ebenfalls als äußerst deutliches Signal an die bis dato männlich dominierte Gesellschaft gewertet werden, und zwar dahingehend, daß es bei dem Projekt um grundlegende Veränderungen in den tradierten Werthaltungen ging.

Das Gründerteam präsentierte sehr bald seine Vorgehensweise, organisierte eine Großveranstaltung mit allen 200 Holdingmitarbeitern und erarbeitete ein visionäres Konzept. Die Energie stieg sprunghaft an. Die gemeinsamen Holdingtreffen auf der ersten Berichtsebene wurden beendet, und der Ausdifferenzierung in Steuerer und Dienstleister wurde Rechnung getragen.

Trotz allem war der Druck auf das Gründerteam enorm. Der Aufbau des neuen visionären Unternehmens mußte parallel zur Tagesarbeit geleistet werden. Es galt, eine vollständig neue markt- und kundenorientierte Struktur aufzubauen (Stichwort: *key accounts*), funktionsübergreifende Teams zu konzipieren – also die alten, aus der Funktionalorganisation resultierenden Bereichsmauern einzureißen –, ohne den alteingesessenen Zentralbereichsleitern zu nahe zu treten. (An diesem Punkt des Prozesses war jede sehr schnell getroffene Personalentscheidung dem Prozeß äußerst zuträglich.) Die Gründer mußten den eigenen Paradigmenstreit in sich austragen: Wieviel Selbstorganisation trauen wir uns zu, wieviel Fachberatung wollen wir in Anspruch nehmen? Und sie mußten vor allem mit der widersprüchlichen Anforderung fertig werden, motivierte Mitarbeiter zu gewinnen, obwohl die Angst vor Arbeitsplatzverlust viele von ihnen lähmte.

Für diese Angst gibt es kein Heilmittel, denn sie ist real und vor allem berechtigt. Um so wichtiger ist es, sie als Element in die Gestaltung des Prozesses mit einzubeziehen und nicht – wie so oft – zu tabuisieren. Das heißt, ganz banal, jede Gelegenheit zu nutzen, die Angst zu thematisieren, sie auszusprechen. Sie war in den Interviews präsent, auf der erwähnten Großveranstaltung wurde ihr ausführlich Zeit und Raum gewidmet, und in den regelmäßigen Informationsveranstaltungen wurde das Thema ebenfalls nie ausgeklammert. So können die Mitarbeiter über ihre Ängste sprechen, und sie fühlen sich mit einbezogen.

Trotzdem wurde das Thema „Kostenreduktion" („Wer ist denn eigentlich verantwortlich für den drohenden Arbeitsplatzabbau?" und insbesondere: „Wer kümmert sich um den Umgang mit den davon betroffenen Mitarbeitern?") wie eine heiße Kartoffel herumgereicht. Klar war, daß das Gründerteam diese Hypothek nicht auch noch tragen konnte. Wer war also zuständig? Der Vorstand, der Personalbereich, der Betriebsrat, das Projekt „Umgang mit Unsicherheit", das aus dem Changeprozeß heraus gegründet worden war, um dieses Thema grundsätzlich im Unternehmen unkonventionell anzugehen?

Wieder erwies sich der Staffkreis als unentbehrlich. Er führte alle Initiativen zusammen, brachte alle Beteiligten (Vorstand, Betriebsrat, Personalbereich, Projekt „Umgang mit Unsicherheit") zusammen an den Tisch und beauftragte sie, innerhalb eines extrem knappen Zeitlimits ein erstes Grobkonzept vorzulegen. Schließlich stellte er sicher, daß die Personalentscheidungen so schnell wie möglich getroffen werden konnten. Mit einer kleinen, überschaubaren Gruppe von betroffenen Mitarbeitern sollen nun neue Wege gegangen werden. Diese reichen von einem Übergangscoaching, dem Angebot interner Zeitarbeit, der Unterstützung bei externer Arbeitsplatzsuche bis hin zur Existenzgründungsberatung. Bei erfolgreichem Verlauf soll dieser Pilot auf alle Unternehmensbereiche ausgedehnt werden. Leitgedanke ist die Hilfe zur Selbsthilfe; Ziel ist es, betroffenen Mitarbeitern zu helfen, drohende Lethargie zu überwinden, ja sie gar nicht erst aufkommen zu lassen.

So wurden denn die Erfolgskriterien für die Dienstleistungsgesellschaft immer klarer:

- Zuallererst mußte es eine Vision geben.
- Man mußte sich kritisch mit den bisher erbrachten Leistungen und den Erwartungen der Kunden auseinandersetzen.
- Eine neue Haltung in bezug auf die grundsätzliche Qualität in der Kundenbeziehung (Prosumer-Idee, Key-account-Teams etc.) war aufzubauen.
- Traditionelle, aber nicht mehr gefragte Leistungen (zum Beispiel Monatsbilanzen) waren einzustellen.
- Neue Leistungen – oftmals bereichsübergreifend –, die einen echten Mehrwert der Dienstleistungsgesellschaft bieten konnten, galt es zu entwickeln und anzubieten.
- Die Kosten für vergleichbare Leistungen waren innerhalb von drei Jahren um 30 bis 40 Prozent zu senken.
- Es mußte permanent eine glaubwürdige Kommunikation im Unternehmen gepflegt werden, die vermitteln konnte: „Wir haben die Balance zwischen Effizienz und Solidarität gefunden."

Wie gesagt, es war ein Projekt mitten im Spannungsfeld zwischen Rationalisierung und Entwicklung und somit – wie wir glauben – repräsentativ für die meisten Veränderungsprojekte in Organisationen heutzutage.

3. Nochmals die Geschichte – im Modell beschrieben

Die folgenden Punkte beschreiben im Rahmen des Dreiecks Strategie – Struktur – Kultur das permanente Fließen des Prozesses in Entwicklungsschleifen. Es werden die weichen Faktoren benannt, die im weiteren Projektverlauf wieder in harte Fakten münden (ausgedrückt in bezifferten Prozeßstationen):

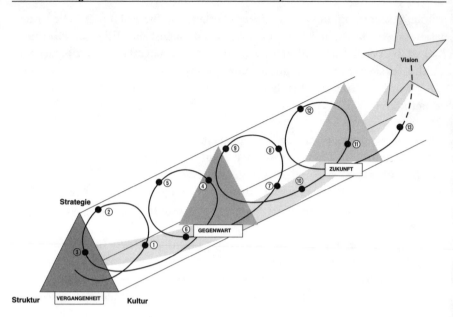

Abb. 10.2 Graphische Darstellung des SIM-Modells

Im Zuge der Deregulierung halten Marktmechanismen radikal Einzug ins Unternehmen. Es wird eine Holdingstruktur eingerichtet. Innerhalb der Holding gilt es, Steuerung und Dienstleistung genauer auszudifferenzieren. Dies soll im Rahmen von Workshops geschehen.

1. Der Prozeß stockt, der Widerstand gegen die Veränderungen im Unternehmen ist massiv. Symptom dieses Widerstands sind endlose Diskussionen über die Unterscheidung von Steuerungs- und Dienstleistungen, die nur selten zu einem Ergebnis führen. Der Vorstand beschließt die Gründung einer Dienstleistungsgesellschaft.
2. Gemeinsam wird von Vorständen und Beratern eine Grundarchitektur für das Projekt entwickelt.
3. Die Organisation reagiert überwiegend empört. Insbesondere die leitenden Angestellten der ersten Berichtsebene fühlen sich übergangen. Die Klarheit, die Zielsetzungen, insbesondere die Kosteneinsparung betreffend, ist für viele ein Schock. Aber es wird auch sehr klar, daß über die Grundentscheidung nicht mehr zu diskutieren ist. Die hohe Unsicherheit der Betroffenen führt dazu, daß Herr Winter, ein „Macher" und „Sanierer", als Projektleiter eingesetzt wird.
4. Die Berater führen breitangelegte Gruppeninterviews durch. Die Ergebnisse werden an Projektleiter, Vorstand, Staffgruppe und alle Mitarbeiter zurückgespiegelt. Dies endet mit dem Rücktritt von Herrn Winter.

5. Der Prozeß wird von Resignation und Angst blockiert. Die Ausschreibung und die Bestellung des Gründerteams, die Einsetzung des Unterstützerteams und die Suche nach einem neuen, externen Geschäftsführer, dies alles setzt neue Energie frei.
6. Diesen neuen Schwung nutzend, lädt das Gründerteam zu einer Großveranstaltung für die Mitarbeiter der Holding ein. Das zeigt Wirkung, der Funke springt – wenn auch langsam – auf die Organisation über. Erstmals war bereichsübergreifende Kommunikation in großangelegtem Stil überhaupt möglich.
7. Aus dem Prozeß der Großveranstaltung heraus, aus den verschiedenen *weichen Faktoren* – etwa der zunehmend mutigen Stimmung und der Erkenntnis, daß es darum geht, „das Schicksal selbst in die Hand zu nehmen", selbst Benchmarking zu betreiben – ergeben sich wiederum *harte Fakten*. Die Gründer laden Leute aus anderen Unternehmen ein und tauschen Erfahrungen aus, lernen und gewinnen mehr und mehr Selbstbewußtsein.
8. Das Unterstützerteam macht in gemeinsamen Workshops klar, daß mehr Mitarbeiter als pessimistischerweise ursprünglich angenommen aktiv mitarbeiten und mitgestalten wollen. Dem wird Rechnung getragen; und weitere Kreise werden systematisch einbezogen. Ein neues Faktum ist geboren.
9. Die bunte Zusammensetzung im Gründerteam, das immer engere Zusammenrücken in diesem Kreis aufgrund des äußeren Drucks, läßt Schritt für Schritt, wenn auch unter heftigsten Erschütterungen, die ehemals schier unüberwindlichen Bereichsmauern einstürzen. Man fängt an, gemeinsam Kundenbefragungen durchzuführen, es entstehen erste bereichsübergreifende Produktideen, und ein erster gemeinsamer Marktauftritt wird geplant. Die Grundhaltungen verändern sich allmählich und schlagen sich nun auch in der zukünftigen Aufbauorganisation der Dienstleistungsgesellschaft (einer radikal kundenorientierten Key-account-Struktur) nieder.
10. Die Spannungen zwischen den Beratern und die diesbezügliche Reflexion in der Staffrunde legen nahe, daß die Berater häufigere Treffen vereinbaren, um ihre Zusammenarbeit auszubalancieren.
11. Die aufgeheizte Stimmung infolge der Debatte bezüglich der sich abzeichnenden Arbeitsplatzverluste läßt den Betriebsrat stärker in Erscheinung treten: Er will dem Gründerteam beitreten. Der Diskussionsprozeß führt zu folgenden Fakten: Der Betriebsrat wird nicht Mitglied des Gründerteams, sondern vielmehr der Staffrunde. Er ist so in die Reflexion und die Meta-Entscheidungen eingebunden, nicht aber in den Gründungsprozeß selbst.

12. Der Gründungs- und Transformationsprozeß führt schließlich zu einem Entwurf der Dienstleistungsgesellschaft, der schon während der Konzeptphase Strukturen (harte Fakten) ausbildet, die schließlich den Start erleichtern.
13. Die Gründermentalität ist inzwischen so stark ausgeprägt, daß ein Gewinnbeteiligungsmodell entwickelt werden konnte, das demnächst umgesetzt werden soll.

4. Resümee, Erfolgsfaktoren

Wenn wir jetzt ein Zwischenresümee ziehen, erscheinen uns folgende Faktoren für die Erreichung des Ziels, nämlich die neue Angebotspalette der Dienstleistungsgesellschaft, die die Kunden zufriedenstellt (hartes Faktum) und für die diese auch gerne zu zahlen bereit sind, besonders wichtig:

- die Staffrunde in ihrer speziellen Zusammensetzung (Auftraggeber, Berater, Führungskräfte), ihre regelmäßige, auf kontextabhängigen Hypothesen basierende Reflexionsarbeit, die zu Interventionen führt;
- klare, verbindliche Rahmenbedingungen der Vorstände und ein sauberes Projektmanagement mit Meilensteinen und eindeutig Verantwortlichen.
- kreative Interventionen – wie der Anstoß zur Schaffung des Gründerteams oder die Durchführung von Großveranstaltungen –, die einen hohen Symbolgehalt haben. Dazu gehörte die Bereitschaft, Probleme und Ängste offen anzusprechen. Das führt zum nächsten Punkt;
- die Haltung der Beteiligten, die in diesem Prozeß eine zentrale Erfolgsvoraussetzung ist. Es sind ja nicht nur die Instrumente und Interventionen, die einen erfolgreichen Prozeß ermöglichen, sondern vor allem die Fähigkeit und die Bereitschaft, mit Widersprüchen umzugehen, der Mut, alle durch solch ein Projekt hervorgerufenen Probleme adäquat anzugehen, sie nicht unter den Teppich zu kehren (zum Beispiel Arbeitsplatzverlust, technokratisches Denken). So sind die Probleme rascher und professioneller zu bearbeiten. Entwicklung findet effizienter und nachhaltiger statt. Aus Problemen werden Lernchancen. Die Mentalität „Wir schaffen das" steckt an.
Dazu gehören auch die vertrauenstiftende Verbindlichkeit der Entscheidungen und der Mut, Betroffene zu Beteiligten zu machen, und nicht zuletzt die Sichtweise, daß *harte Fakten* und *weiche Faktoren* nicht zu trennen sind.
- Ein weiterer Erfolgsfaktor ist die Einrichtung von Plattformen zum Austragen von Konflikten, zum Bearbeiten von Widersprüchen, zum Vertre-

ten von Interessen und zur Sichtbarmachung latenter Themen. Im beschriebenen Fall sind das zum Beispiel der Staffkreis, das Gründerteam oder die Großveranstaltung.
- Als letzten Faktor wollen wir die Qualität der Beziehung zwischen Auftraggebern und Beratern (externen wie internen) hervorheben. Wir meinen, daß in angstbesetzten Situationen der Umstrukturierung nur dann erfolgreiches Navigieren möglich ist, wenn es zwischen diesen Akteuren eine Partnerschaft gibt, der ein ihnen gemeinsames Verständnis von Entwicklungsgemeinschaft zugrunde liegt, das auch gelebt wird.

11 „Sterntaler"

Zur mitarbeiterorientierten Kultur gesellt sich gewinnbringende Struktur

> *Und wie das Kind so da stand und alles gegeben hatte, fielen auf einmal die Sterne vom Himmel und waren lauter blanke Taler.*
>
> Und manchmal ist das Leben ein wahres Märchen: Vertrauen schenken und Offenheit erleben – das hilft reflexiv die Augen öffnen für manch blanken Taler, für das, was ist – und was sein könnte und sein sollte und nicht selten wie von selbst auch wird.

Eva-Maria Preier

Ausgangssituation

Unser Klient ist *Techem*, die österreichische Tochterfirma eines international tätigen Dienstleistungskonzerns; sie ist innerhalb Österreichs in eine Zentrale und regionale Niederlassungen gegliedert.

Am Beginn stand die Anfrage eines der beiden österreichischen Geschäftsführer: Man wollte ein Coaching für die Mitarbeiter einer neuen, soeben gekauften Niederlassung.

Der Ablauf

1. Anfrage
Anlaß für das Coaching waren massiv auftretende Konflikte – vor allem unter den Mitarbeitern – im Zuge der Eingliederung der Niederlassung und Widerstände der Mannschaft vor Ort bei der Implementierung der unternehmensweiten Ablaufstrukturen. Dies machte die häufige Anwesenheit der Geschäftsleitung sowie einiger Mitarbeiter der Zentrale vor Ort notwendig, und es bestanden begründete Befürchtungen, daß die internen Probleme sich auf die Kundenbeziehungen und damit auf den Geschäftserfolg negativ auswirken

und daß in der Folge möglicherweise gute Mitarbeiter das Unternehmen verlassen könnten.

Nach einigen Gesprächen und Interviews, die wir mit der österreichischen Geschäftsleitung – zwei Geschäftsführern und einem Prokuristen – zur Abklärung der Ziele und Erwartungen führten, erhielten wir den Auftrag, eine Diagnose zu erstellen, was wir als ersten Schritt empfohlen hatten.

Mit der Diagnose verfolgten wir zwei Hauptziele: erstens eine Intervention zu setzen, damit die Mitarbeiter erkennen, daß sie von der Geschäftsleitung mit ihren Problemen ernst genommen werden, daß ihre Meinung gefragt ist und daß sie einbezogen werden; und zweitens Erkenntnisse auf der manifesten und latenten Ebene über die Situation in der Niederlassung sowie über die Beziehung zwischen Zentrale und Niederlassung zu erhalten, um – darauf aufbauend – gezielte Maßnahmen zur Gestaltung der weiteren Arbeit und zukünftiger Kooperationen planen zu können. Zwei Beraterinnen und ein Berater bildeten den BGN-Diagnose-Staff.

2. Start der Unternehmensanalyse zur Erstellung der Diagnose

Den Auftraggebern war es wichtig, daß mit allen Beteiligten – den 20 Mitarbeitern der Niederlassung sowie den involvierten Mitarbeitern der österreichischen Zentrale – im Zuge der Diagnoseerstellung ausschließlich Einzelinterviews durchgeführt wurden, damit alle die Möglichkeit zur freien Meinungsäußerung hatten.

3. Auftreten des Konflikts

Während der Interviewphase brach ein bereits seit längerer Zeit latent vorhandener massiver Konflikt zwischen den beiden Geschäftsführern aus, zu dessen Lösung sie die Unterstützung der beiden Beraterinnen anforderten.

4. Konfliktlösungs-Workshop

Wir vereinbarten kurzfristig einen Termin, da uns eine Konfliktlösung noch vor Abschluß der Diagnose wichtig schien. Im Rahmen eines eintägigen Workshops arbeiteten wir nach einem sehr effizienten Konfliktlösungsmodell (vgl. Königswieser, 1994). Nach dem Aufarbeiten und Bereinigen der Vergangenheit, dem Aufbau gegenseitigen Verständnisses und dem Abklären der wechselseitigen Erwartungen wurde folgendes erkannt:

- Das rasche Wachstum und die Dynamik des Unternehmens sowie eine Kultur, in der Partnerschaftlichkeit, „Hierarchielosigkeit" und freundschaftlicher Umgang im Management wichtige Werte sind, führten dazu, daß im gesamten Unternehmen eine völlig unklare Aufgaben- und Kompetenzverteilung herrschte – was uns bereits nach den Interviews mit den

Geschäftsleitungsmitgliedern klar geworden war und auch bei kritischer Betrachtung des Organigramms auffiel.

Auf den Punkt gebracht: Das Unternehmen hatte eine stark ausgeprägte Kultur und starke Defizite in der Struktur.

Hypothese: Es besteht die latente Befürchtung, daß die „freundschaftlichen" Beziehungen untereinander nur durch „Strukturlosigkeit" aufrechterhalten werden können.

- Es bestehen Defizite auf der sozialen Ebene, die für eine stark männlich orientierte und dominierte Organisation nicht untypisch sind. Sie äußern sich unter anderem darin, daß konfliktbehaftete und kritische Situationen über lange Zeit negiert oder übergangen werden und daß es dann nicht selten zu einem Eklat kommt, der mitunter zum nahezu dramatisch ablaufenden freiwilligen oder durch Kündigung erzwungenen Ausscheiden von Mitarbeitern führt.

Hypothese: Intuitiv wußten die (männlichen) Auftraggeber um ihre Defizite auf der sozialen Ebene und forderten explizit zwei Berater*innen* für die Konfliktlösung (diesen wird Kompetenz auf der sozialen Ebene zugeschrieben).

Maßnahmen im Zuge des Konfliktlösungs-Workshops: Wir setzten erste Schritte zu einer klaren Aufgaben- und Kompetenzenverteilung innerhalb der Geschäftsführung. Darüber hinaus konnten für das laufende Jahr regelmäßige Informations- und Kommunikationsmeetings vereinbart werden, in welchen die aufgeworfenen Themen weiter diskutiert und Entscheidungen getroffen werden sollten. Voll Zuversicht und Neugierde auf die Ergebnisse der Diagnose bei den beiden Geschäftsführern konnte der Konfliktlösungs-Workshop erfolgreich abgeschlossen werden.

5. Die Diagnose

Die Interviewergebnisse wurden von uns ausgewertet und in einem Bericht festgehalten, der die Gemeinsamkeiten, Widersprüche und Unterschiede hinsichtlich der manifesten Themen wie der latenten Inhalte sowie unsere Hypothesen und Empfehlungen für die weitere Vorgehensweise umfaßte (vgl. Beitrag „Spieglein, Spieglein an der Wand"). Hier die wesentlichen Punkte:

- Die Mitarbeiter waren durchwegs motiviert und engagiert, standen dem neuen Eigentümer loyal gegenüber und sorgten sich um das Image beim Kunden.
- Eine neue Software, die vor kurzem – noch unausgereift – installiert worden war, führte zu eklatanten Fehlern, die zwischen der Zentrale und der Niederlassung hin- und hergeschoben wurden. Die Folgen waren starke Verunsicherung in der täglichen Arbeit, negative Auswirkungen auf das

Arbeitsklima und auf die Zusammenarbeit zwischen Niederlassung und Zentrale. (Aussage in den Interviews: „Die Angst vor Fehlern ist so groß, daß wir Fehler machen.")
- Die Mitarbeiter verstanden die neuen Vorgaben und die Änderungen ihrer Arbeitsabläufe nicht, weil diese für sie nicht nachvollziehbar waren. („Wir wissen nicht, was die mit uns vorhaben.")
- Die Mitarbeiter fühlten sich durch die ständige Präsenz der Zentrale vor Ort einerseits bevormundet und „overprotected", da es viele Personen gab, die sich um sie „kümmerten", andererseits gab es aber keine strukturelle beziehungsweise formale Ordnung im Sinne einer klaren Aufgaben- und Kompetenzenverteilung und auch keine konkreten Ansprechpartner. („Wir sind eine Familie ohne Eltern.")
- Der Niederlassungsleiter, der kurz zuvor angestellt worden war, wurde zwar von den Mitarbeitern informell als solcher angenommen, jedoch von der Geschäftsführung bis dahin weder formal eingesetzt noch mit den für ihn notwendigen Informationen versorgt oder mit den entsprechenden Kompetenzen versehen.

Eine zentrale Hypothese, daß sich nämlich ausgeprägte Kulturelemente wie Konfliktvermeidung und Defizite auf der Strukturebene von der Geschäftsführung bis zur Niederlassung durchziehen und daß die Niederlassung sowohl Symptomträger als auch Bühne für die dadurch entstehenden Konflikte ist, hat sich bestätigt.

6. Workshop mit der Geschäftsleitung

Einige Wochen später wurde der Bericht im Rahmen eines eintägigen Workshops an die Geschäftsleitung rückgespiegelt. Die Ergebnisse wurden unter unserer Moderation in Einzel- und Gruppenarbeiten verarbeitet. Die Geschäftsleitung nahm sich des Problems der EDV an und traf strukturelle Entscheidungen für die Niederlassung. Gemeinsam steckten wir den Rahmen für die ersten Umsetzungsschritte ab, die bereits im Workshop am folgenden Tag mit den Mitarbeitern gesetzt werden sollten.

Die stärkste Wirkung in der Rückspiegelung erzielten wir mit einem von uns geschriebenen Märchen, in dem wir die Geschäftsleitung und wesentliche Personen des Unternehmens als Tiere darstellten. In die Handlung verpackten wir die Geschichte des Unternehmens, die Rollenverteilungen, die unterschiedlichen Wichtigkeiten und die Erwartungen aneinander sowie unsere Hypothesen. Unsere Klienten erkannten in den Tiergestalten sofort sich selbst und die anderen. Damit gelang es, innerhalb der Geschäftsleitung Verständnis für die Situation und die Handlungen des jeweils anderen zu wecken.

7. Workshop mit den Mitarbeitern

Am Vormittag darauf erfolgte die Rückspiegelung der Interviewergebnisse an die Mitarbeiter, und die Geschäftsleitung präsentierte die von ihr geplanten Maßnahmen. Das Teilziel der Diagnose, eine Intervention zur Mitarbeiterpartizipation zu setzen, wurde erreicht. Nach anfangs beinahe ängstlicher Zurückhaltung gab es in der Verarbeitungsphase rege Diskussion. Zu den wichtigsten Erkenntnissen und Eindrücken zählte vermutlich die nicht wertende Haltung von uns Beratern gegenüber den unterschiedlichen Meinungen und Empfindungen, aber auch die Tatsache, daß ihre Probleme von seiten der Geschäftsleitung – die übrigens in ihrer Reaktion und Darstellung als durchaus authentisch erlebt wurde – ernst genommen wurden.

Am Nachmittag ließen wir die Mitarbeiter in Kleingruppen an konkreten Aufgabenstellungen für interne Projekte arbeiten, die sich aus der Diagnose ergeben hatten. Ziel war zum einen die gemeinsame inhaltliche Auseinandersetzung mit aktuellen Themen, und zum anderen sollten die Strukturen des Unternehmens sichtbar und erlebbar gemacht und damit ein wesentlicher Schritt zur Umsetzung im Alltag gesetzt werden. Wir bildeten bewußt einheitliche Arbeitsgruppen, um die Hierarchieebenen und Aufgabenbereiche deutlich zu machen. In mehreren Runden setzte sich anschließend je ein Berater mit den Repräsentanten der Arbeitsgruppen und dem zuständigen Manager in die Mitte des Plenums und moderierte die Diskussion der Ergebnisse und die Vereinbarungen über Aktionspläne sowie die weitere Vorgehensweise.

In einer letzten Runde – mit dem Management und der Geschäftsführung – wurden dann die notwendigen Entscheidungen getroffen. Die meisten Themen in den Arbeitsgruppen betrafen das konkrete Arbeitsumfeld der Mitarbeiter vor Ort und waren als solche nicht schwierig zu bearbeiten. Ungewohnt für dieses Unternehmen waren jedoch die strukturell sauber getrennten Diskussionsrunden sowie der „hierarchisch korrekte" Ablauf des Entscheidungsprozesses. Im Zuge dieser Arbeit wurde auch der Niederlassungsleiter als zuständige Führungskraft deutlich sicht- und spürbar und damit offiziell implementiert.

Am Ende des Tages zogen wir als Beraterstaff gemeinsam mit der Geschäftsleitung ein Resümee, das bei allen Beteiligten äußerst positiv und zufriedenstellend ausfiel.

Wir beschlossen mit dem Kunden, dieses Projekt vorerst abzuschließen, weil die wesentlichen Konflikte bereinigt, die Strukturen etabliert und notwendige Projekte aufgesetzt worden waren. Es wurde geplant, nach Ablauf eines halben Jahres eine gemeinsame Standortbestimmung – im Sinne von Bilanzziehung und Reflexion – vorzunehmen. Außerdem wurde ein „Coaching" für die Zentrale und andere Niederlassungen, wo sich ebenfalls Konflikte abzeichneten, ins Auge gefaßt.

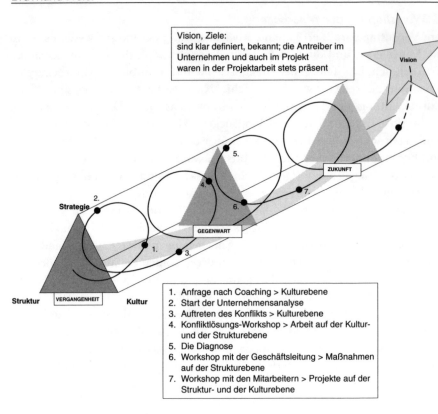

Abb. 11.1 Der Prozeß im SIM-Modell

Dimensionen der Integration

Im folgenden sind die für das Gelingen des Projekts wesentlichsten Integrationsdimensionen nach dem SIM-Modell aufgelistet und kurz dargestellt:

- Unsere Auftraggeber waren die Geschäftsführer, das heißt „die Mächtigen" im Unternehmen, die sich mit dem Projekt vollständig identifizierten, persönliche Ressourcen investierten und auch selbst höchste Lernbereitschaft zeigten.
- Welt- und Menschenbild von Berater- und Klientensystem stimmten überein.
- Berater- und Klientensystem agierten als Entwicklungsgemeinschaft. Der eingebrachte Pioniergeist fand sich in jeder Phase wieder.
- Die Integration des „Dreiecks" Strategie – Kultur – Struktur war gegeben.
- Strategie und Ziele des Unternehmens waren klar. Als Konflikte auftraten

– speziell auf der kulturellen Ebene –, wurden sie bearbeitet, wobei die Verzahnung der kulturellen und der strukturellen Ebene während des gesamten Prozesses gegeben war.

Harte beziehungsweise weiche Kultur- beziehungsweise Strukturelemente waren eng miteinander verwoben: Es gab stark ausgeprägte kulturelle Werte im Unternehmen (weich). Das führte zu Strukturdefiziten (hart), weil das Ausbalancieren zwischen den beiden Polen vorerst nicht gelang.

Als der Konflikt in der Geschäftsführung eskalierte, waren die Betroffenen – selbst mit Unterstützung von seiten der Moderatoren – nicht in der Lage, ihn zu lösen (weich).

Also holten sich die beiden Geschäftsführer (männlich) zwei Beraterinnen (weiblich), um im Zuge der gemeinsamen Reflexion der Prozesse zu klaren Strukturen zu kommen (hart).

- Eine förderliche Balance zwischen Verändern und Bewahren wurde im gesamten Projekt berücksichtigt. Einer der Geschäftsführer stand fürs Bewahren, der andere fürs Verändern. Im zu lösenden Konflikt konnte dies besprochen und nutzbar gemacht werden.
- Bei der Geschäftsleitung waren der respektvolle Umgang mit der Vergangenheit (die Vorgeschichte der dazuerworbenen Firma und die schwierige Übernahmesituation) sowie die Verantwortung für die Zukunft (Mitarbeiter halten, ihre Probleme ernst nehmen, Image beim Kunden) klar und deutlich spür- und wahrnehmbar.

Resümee und Ausblick

Das Projekt war aus Sicht des Klienten- wie auch des Beratersystems ein Erfolg. Die dabei – aus unserer Sicht – wesentlichen und ausschlaggebenden Faktoren waren:

- eine von Beginn an vertrauensvolle und offene Beziehung zwischen Auftraggeber und Projektleiterin;
- eine ausführliche Erhebung des Ist-Zustands – unter Einbeziehung der Mitarbeiter;
- eine differenzierte, sowohl die manifesten wie auch die latenten Themen betreffende Diagnose;
- die nachdrückliche Forderung der Berater, den Konflikt zwischen den beiden Geschäftsführern noch vor Abschluß der Diagnose zu bearbeiten;
- die Tatsache, daß es uns gelungen ist, dem Klientensystem Konflikte als etwas „Normales" und als Lernchance näherzubringen;

- daß im Klientensystem erkannt und praktisch erlebt wurde, daß klare Strukturen die Zusammenarbeit erleichtern und freundschaftliche Arbeitsbeziehungen nicht zwangsläufig darunter leiden müssen;
- daß wir mit einigen wenigen gezielten Interventionen Strukturen etablieren und interne Projekte initiieren konnten;
- daß wir durch intensive Reflexionsarbeit im Staff erkannt haben, daß auch wir einige der unterschiedlichen und vom Klientensystem als widersprüchlich erlebten Strömungen widerspiegeln. Der konstruktive Umgang mit dieser Erfahrung war äußerst nützlich für die Arbeit mit dem Klienten und ermöglichte die Integration vieler Dimensionen.

In der Zwischenzeit wurde mit der Zentrale und anderen Niederlassungen eine Fortsetzung unserer Beraterarbeit vereinbart; wir werden also den Entwicklungsprozeß ein weiteres Stück begleiten.

Literatur

Roswita Königswieser: „Konfliktintervention – ein Modell", in: *Hernsteiner*, 3/1994, 7. Jg., S. 16 ff.

12 „Hänsel und Gretel"

Vom hermetischen Reengineeringprojekt zum durchlässigen Entwicklungsprozeß

> *Wie er sich nun abends im Bett Gedanken machte und sich vor Sorge herumwälzte, seufzte er und sprach zu seiner Frau: „Was soll aus uns werden? Wie können wir unsere armen Kinder ernähren, da wir für uns selbst nichts mehr haben?"* – *„Weißt du was, Mann", antwortete die Frau, „ wir wollen morgen in aller Früh die Kinder hinaus in den Wald führen, wo er am dichtesten ist; dort machen wir ein Feuer an und geben jedem noch ein Stückchen Brot, dann gehen wir an unsere Arbeit und lassen sie allein. Sie finden den Weg nicht wieder nach Hause, und wir sind sie los."*
>
> Ist das nicht grausam? Von den eigenen Eltern weggeschickt in den dunklen Wald! Doch andererseits: Ist es nicht noch viel grausamer, an Unauskömmlichkeiten einfach nur festzuhalten, statt daraus Konsequenzen zu ziehen, die Chance zuzulassen, alte Ängste zu verlieren und neue Perspektiven zu entdecken? Umgang mit Unsicherheit ist dabei ein Entdeckergang besonderer Art – mitunter auch im wilden Wald.
> Das negative „Un" steht vor „-auskömmlichkeit" und „-sicherheit" und „-glück"... Dieses „Un" auf entdeckerhaften Entwicklungsreisen zu überwinden ist die märchenhafte Chance systemisch-integrativen Alltags.

Alexander Doujak

1. Die Ausgangssituation

Das österreichische Stahlunternehmen VOEST (Voest Alpine Stahl Linz) mit etwa 8000 Mitarbeitern durchlebt eine Phase gravierender Veränderung. Auslöser für diesen Wandel sind Technologieentwicklung, verstärkter Konkurrenzkampf sowie neue Besitzverhältnisse durch eine Börsennotierung, die eine neue Form des Managements und der Außenkommunikation erfordert.

Die Mitarbeiter erleben diesen Wandel persönlich durch Reorganisationen ihres Arbeitsumfelds im Zuge von Reengineeringprozessen, durch neue Formen der Zusammenarbeit im Unternehmen, neue Pflichten und Rollen im Sinne *job enrichment* oder *job enlargement*, aber auch durch Ortswechsel aufgrund von Kooperationen. Von den Mitarbeitern werden Flexibilität, lebenslanges Lernen, Zivilcourage gefordert. Über allem aber schwebt auch die Angst vor Arbeitsplatzverlust, Angst um die Existenz und vor Verlust von Identität.

Im Rahmen eines umfassenden Veränderungsprojekts, das auch eine Kulturveränderung des Unternehmens zum Ziel hat, soll sich eine Gruppe mit dem Thema „Den Wandel verarbeiten und mitgestalten" beschäftigen. Diese Gruppe ist aus Mitarbeitern aller Bereiche und Hierarchiestufen zusammengesetzt, um die Komplexität des Unternehmens auch in dieser kleinen Struktur abzubilden. Der gesamte Veränderungsprozeß wird von uns (Beratergruppe Neuwaldegg, Projektleitung: R. Königswieser) begleitet; der parallel aufgesetzte Reengineeringprozeß wird von einem „Rationalisierungs-Beratungs-Unternehmen" geleitet. Für mich als Berater bedeutete dieses Projekt eine große Herausforderung, weil es einen ersten Schritt in der konkreten Verzahnung von kultureller, struktureller und strategischer Ausrichtung des Gesamtunternehmens darstellte.

2. Ziele des Projekts

Im Rahmen eines Zielfindungsprozesses mit den Auftraggebern und den Teammitgliedern wurde ein umfangreicher Zielkatalog erstellt. Dieser wurde in einem Projekt-Auftrag dokumentiert.

PROJEKTZIELE

Die **Mitarbeiter sensibilisieren und vorbereiten,** damit
- sie erkennen können, daß Veränderungen unaufhaltsam und überlebensnotwendig sind, und sie bereit werden, den Wandel im Unternehmen und am eigenen Arbeitsplatz anzunehmen;
- sie erkennen, daß Wandel eine Chance darstellt – persönlich und für das Unternehmen;
- sie bereit sind, auch selbst Verantwortung zu tragen und den Wandel mitzugestalten;
- auch Arbeiter zu mündigen „Mit"-Arbeitern werden;
- sie erkennen, daß sie ohne persönliche Mitarbeit / persönliches Engagement sich selbst und auch das Unternehmen gefährden (stehenbleiben bedeutet zurückfallen);

- sie für sich genügend Zukunftschancen sehen – unter Umständen auch in neuen Betätigungsfeldern;
- sie lernen, mit eigenen Grenzen besser umzugehen;
- sie bereit sind, ihren Kollegen am Arbeitsplatz Unterstützung anzubieten.

Um das Projekt erfolgreich durchführen zu können, stellten wir von Beginn an klar, daß der Vorstand, die Führungskräfte und der Betriebsrat diese Initiative mittragen müssen. Das Projektteam muß die neuen Werte vorleben, das heißt, Offenheit und Ehrlichkeit in der Kommunikation im Unternehmen ist ein erster Prüfstein. Es muß auch über Ängste gesprochen werden dürfen. Die Glaubwürdigkeit und Überzeugungskraft der vermittelnden Personen ist für den Prozeß genauso entscheidend wie die Inhalte. Da mentale Veränderung aber nicht von oben verordnet werden kann, ist die Veränderungsbereitschaft aller Beteiligten, die Offenheit dafür, sich auf Prozesse auch einzulassen, eine wesentliche Vorbedingung für das Gelingen des schwierigen Vorhabens.

3. Vorgehensweise, Entwicklungswege

Das Vorgehen im Projekt war sehr prozeßhaft. Die Lösungswege wurden sequentiell erarbeitet. Die Lernergebnisse der einzelnen Phasen wurden für die jeweils nachfolgenden genutzt. Die Projektlaufzeit erstreckte sich über insgesamt eineinhalb Jahre. Die Elemente sind in der folgenden Graphik dargestellt.

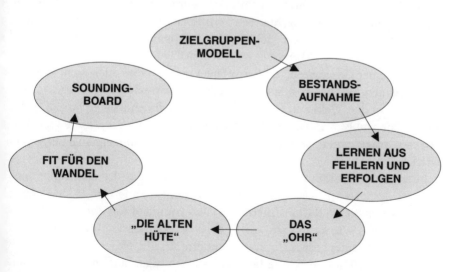

Abb. 12.1 Aktivitätsschwerpunkte der Projektarbeit

3.1 Zielgruppenmodell, Bestandsaufnahme und Lernen aus Fehlern und Erfolgen

Zuallererst wurde von uns als Schritt 1 eine Analyse gemacht: „Wer ist überhaupt von Veränderungen, Verunsicherungen betroffen?" war die Leitfrage. Erschienen auf den ersten Blick vor allem die gekündigten Mitarbeiter („die Gehenden") als Hauptbetroffene, wurde bei der tieferen Analyse klar, daß auch die in der Organisation verbleibenden Mitarbeiter („die Bleibenden") von den Veränderungen betroffen sind und daher ebenfalls Zielgruppe sein mußten. Die Veränderungen bezogen sich einerseits auf neue Arbeitsprozesse, daher auch auf völlig neue Teamstrukturen, aber auch auf Jobrotations, die neue Aufgabenstellungen mit sich brachten. Die Identität der Mitarbeiter veränderte sich – in unterschiedlichen Abstufungen. Einigen fällt dies leicht, und sie erleben es als Herausforderung, andere brauchen aktive Unterstützung. Das sogenannte *Survivor*-Syndrom macht sich auch da bemerkbar: Mitarbeiter haben Schuldgefühle gegenüber ehemaligen Kollegen, die im Zuge einer Rationalisierung gekündigt wurden. In der Diskussion bisheriger Rationalisierungs-Unterstützungen wurde auch offensichtlich, daß sich die überwiegende Anzahl der Interventionen auf die Unterstützung von Gekündigten konzentriert hatte, die verbleibenden Mitarbeiter ließ man hingegen „im Regen stehen". Zusammenfassend kann man sagen, daß wir zwar verschiedene Gruppen mit eigenen Typologien als Betroffene geortet hatten, aber niemanden, der vom Geschehen nicht berührt gewesen wäre.

Im zweiten Schritt wurden von uns alle bestehenden strukturellen Unterstützungsmaßnahmen im Rahmen einer Bestandsaufnahme gesammelt. Es zeigte sich, daß auf vielen Baustellen gleichzeitig gearbeitet wurde, jedoch niemand die Gesamtsicht hatte. Im einzelnen wurden die bestehenden Maßnahmen der Personalabteilung, der sehr erfolgreich arbeitenden Stahl-Stiftung (vgl. Beitrag „Himmel und Hölle"), der Personalentwicklung und des Betriebsrats erfaßt. Die Erkenntnis war: Wir machen vieles, nur sieht dies niemand in seiner Gesamtheit, die Betroffenen nehmen dies auch nicht so wahr. Die einzelnen Maßnahmen hatten damals auch ein schlechtes Image. („Man ist jedoch in den Wald geschickt." „Ich fühle mich dennoch verlassen.") Das Zwischenresümee war: Die Maßnahmen sind zu sehr auf die gekündigten Mitarbeiter ausgerichtet, und es kann kein Gesamtzusammenhang hergestellt werden.

Interviews mit erfahrenen Projektleitern bildeten das dritte Interventionselement der ersten Phase. Es galt, aus Erfahrungen zu lernen. In den letzten Jahren waren einige Rationalisierungswellen vor allem *top down* durchgezogen worden. „Wie kann man vorhandene Stärken stärken und Schwächen schwächen?" lautete der ressourcenorientierte Ansatz. Unsere ersten Empfehlungen für die Führungskräfte bezogen sich vor allem auf eine aktive Kommunikation und den direkten Kontakt mit den Mitarbeitern. Lange Entscheidungszeiträume, vor allem in bezug auf Personalfragen, wurden als Hauptproblem angesehen.

3.2. Der Durchbruch: „Das Ohr am Bauch" – Beobachtung und Reflexion von Reengineering-Projekten

Die Arbeit im Projektteam verlief bis zu diesem Zeitpunkt eher mühsam und zäh. Die ersten Analysen waren zwar treffend und wichtig, es hatten aber alle das Gefühl, nicht direkt am „Ort des Geschehens" zu sein.

Einen richtigen Durchbruch bedeutete dann die Entscheidung des Projektteams, aktuelle Reengineering-Projekte des Unternehmens zu beobachten, dies an die Beteiligten zurückzumelden, um dann gemeinsam Weiterentwicklungsmöglichkeiten zu erarbeiten. Als Pilotversuche wurden zwei Projekte ausgewählt, die massive Umstrukturierungen mit sich brachten. Das erste Projekt war im Arbeiterbereich angesiedelt, das zweite Projekt betraf vor allem Angestellte im Verkauf. Bis dahin waren im Unternehmen Diagnosen – vor allem heikler Projekte – von externen Beratern durchgeführt worden. Dies wurde in erster Linie mit der „Neutralität" Außenstehender und deren Prozeß-Knowhow begründet.

Der revolutionäre Ansatz, der große Resonanz im Unternehmen auslöste, bestand darin, auch die Projektteam-Mitglieder selbst aktiv mit einzubinden. Dies hatte zur Voraussetzung, daß die Teammitglieder sich in der Führung und Auswertung von qualitativen Interviews qualifizierten. Es war auch wichtig, eine Prozeßarchitektur zu schaffen, die es internen Mitarbeitern ermöglichte, Rückspiegelungen in adäquater Form zu geben. Gemeinsam mit uns, den Beratern, wurde zunächst ein Interviewleitfaden erarbeitet, der vorweg eine klare Beschreibung der Zielsetzungen und darüber hinaus einen Fragenkatalog enthielt. Die Technik der Interviewführung wurde in einem Crashkurs vermittelt. In Probeinterviews wurde das Vorgehen quasi im „Trockentraining" geübt. Das Lernmodell sah vor, daß die ersten Interviews mit den Betroffenen gemeinsam von einem Berater und einem Projektmitarbeiter durchgeführt wurden. Diese Erfahrungen wurden ausgewertet, und so gingen die Mitarbeiter sicherer in die nächsten Runden.

Danach bildeten die Mitarbeiter Interviewpaare, die eigenverantwortlich Interviews organisierten, durchführten und auswerteten. In einem Auswertungs-Workshop wurden gemeinsam mit externen Experten Hypothesen bezüglich der Situation der beobachteten Reengineering-Projekte gebildet. Diese Hypothesen wurden verdichtet und in Rückspiegelungs-Workshops, an denen auch die Teamleiter teilnahmen, vorgestellt und diskutiert. Die Resonanz war unterschiedlich. Die Führungskräfte nahmen zum Teil eine Widerstandshaltung ein, weil ihre Rolle heftig diskutiert wurde und dies von einigen unter ihnen als Angriff gewertet wurde.

Die Diskussion machte aber auch transparent, wie wichtig die Kommunikation im Rahmen der Reengineering-Projekte war. Durch diese Intervention wurde erreicht, daß die Einbindung der Mitarbeiter mehr als ein bloßes Lippenbekenntnis wurde.

Die Begegnung des Wandelprojekts mit dem Reengineering-Projekt war ausgesprochen spannend, aber auch ernüchternd. Während sich das Team, das sich um die Unsicherheiten und Ängste der Mitarbeiter kümmern wollte, erhofft hatte, zu einer engen Zusammenarbeit zu kommen, fühlte sich das Reengineering-Team kontrolliert, unter Druck gesetzt, ja gestört. Es mußte die idealen Geschäftsprozesse finden, dazu den Erfolg des Unternehmens im Sinn haben. Auf die Ängste der Mitarbeiter konnte es – selbst bei bestem Willen – keine Rücksicht nehmen. Welche Naivität! Die durch das Wandelteam initiierte erste Konfrontation zwischen diesen unterschiedlichen Perspektiven war der erste Schritt einer konkreten Verbesserung, auch wenn dieser Schritt kein für alle Beteiligten emotional einfacher war.

Die Intervention hatte aber auch eine sehr positive Rückwirkung auf unser Projektteam selbst. Die Mitglieder waren an den „Orten des Geschehens" gewesen, die Hypothesen und Ableitungen daraus waren nicht nur theoretischer Natur, sondern fußten auf konkret Erlebtem. Dadurch wurde auch die Kommunikation authentischer. Die Funktion als „Ohr am Bauch" – wie die Gruppe im Unternehmen schnell hieß – bei Reengineering-Projekten wurde nach der Projektphase als wichtiges Element des gesamten Veränderungsprozesses institutionalisiert.

3.3. Der Flop: Mitarbeit bei einer Großveranstaltung
„Wir trennen uns von alten Hüten und Zöpfen"

Im Zuge der weiteren Projektarbeit wurde eine Aktion geplant, die alle Mitarbeiter des Unternehmens für die Thematik des Wandels sensibilisieren sollte. Anlässe dafür waren die Eröffnung eines neuen Werks und der Abschluß großer Investitionsprojekte. Die Mitarbeiteraktion sollte sich zeitlich daran anschließen. Die Vorbereitungszeit war insgesamt sehr knapp, rund zehn Wochen. Von den externen Beratern, Experten für große Events, wurden mehrere Vorschläge entwickelt, zwei davon zur Realisierung aufgegriffen. Ziel war es, rund 2000 Mitarbeiter zur Teilnahme an einer Großveranstaltung zu bewegen.

Die erste Aktion hieß „Sorgenland – Hoffnungsland". In einer alternativ gestalteten Mitarbeiterumfrage sollten die größten Sorgen und Hoffnungen der Mitarbeiter eruiert werden. Die Ergebnisse sollten in eine Ausstellung umgesetzt werden. In einem „Sorgenland" sollte die Möglichkeit gegeben werden, verschiedene „Stationen" (zum Beispiel den „Kahlschlag der Rationalisierung", den „Abgrund des Arbeitsplatzverlusts") zu durchwandern. Nach der

Führung durch das Sorgenland sollte sich eine durch das Hoffnungsland anschließen (der „Park der Technologie", der „Gipfel der Chancen"). Durch die analoge Darstellung von Sorgen und Hoffnungen sollte es möglich gemacht werden, diese zu besprechen. In Diskussionsforen sollte die Gesamtthematik aufgearbeitet werden.

Die zweite vorgeschlagene Aktion hieß „Wir trennen uns von alten Hüten". Die Grundidee lag darin, „alte Hüte" – also überkommene Verhaltensweisen, unnötige Prozesse oder Strukturen – zu benennen. Ein symbolischer Akt sollte die Trennung von diesen Dingen, die einer Veränderung im Wege standen, erleichtern. Konkret sollten alle Mitarbeiter aufgefordert werden, auf einer Karte mit einem Hutsymbol ihren Beitrag zu nennen. Die Karten sollten auf Holzplatten geklebt werden, die wiederum zu einem riesigen Hut auf dem Unternehmensgelände montiert wurden. Dieser „alte Hut" sollte in einem feierlichen Akt verbrannt werden, aus dem Inneren des Hutes sollte eine eiserne Schirmkappe als Symbol für neue Werte auftauchen.

Der Lenkungskreis, der aus rund 25 Mitgliedern aus allen Bereichen und Unternehmenshierarchien zusammengesetzt war, entschied sich – entgegen dem Vorschlag – für die Realisierung nur einer Variante, nämlich der zweiten. Ein internes Projektteam teilte sich alle Aufgaben, von der Aufbereitung der Befragungskarten über die Produktion der eisernen Kappe bis hin zur feuerpolizeilichen Absicherung des Geländes und zum Catering. Der Betriebsrat war ambivalent, die Vertreter im Projektteam arbeiteten in der Kommunikation der Aktion eifrig mit, im Werk selbst gab es auch kritische Stimmen von seiten der Betriebsräte. Das Team arbeitete auf Hochtouren.

Erstes Warnsignal – das erst in der Retrospektive als solches erkennbar wurde – war die schleppende Beteiligung der Mitarbeiter an der Befragung, obwohl die Holztafeln öffentlich zugänglich in jedem Bereich aufgestellt waren. Es kam zu vielen Nachfragen und Diskussionen über den Sinn der Aktion.

Die Umsetzungsentscheidung wurde dennoch nicht in Frage gestellt, da alles schon angekündigt war und da bereits alle Vorbereitungen liefen. Am Tag nach der Eröffnung fand die Veranstaltung statt. Der Vorstand begründete die Aktion, und danach wurde in einem feierlichen Akt der rund sieben Meter hohe Hut angezündet. Die Teilnahme der Mitarbeiter war sehr schwach; mit rund 250 Mitarbeitern wurde nur etwa ein Drittel der angestrebten Anzahl erreicht.

In der Nachbereitung wurden mehrere Gründe für die mangelnde Resonanz auf diese Aktion diskutiert. Neben der knappen Vorbereitungszeit und dem ungünstigen Timing – die Veranstaltung fand an einem Samstagnachmittag bei bestem Badewetter statt – waren vor allem folgende Gründe ausschlaggebend: Erstens thematisierte die Aktion nur eine Seite des Wandels („den Abschied").

Zukunftsaspekte waren zwar in der Veranstaltung am Vortag im Rahmen der Investitionsfeier präsentiert worden, aber der enge Zusammenhang der beiden Aktionen war nicht ersichtlich. Die Botschaft war insofern mißverständlich, als sie von vielen Mitarbeitern als Abwertung der Vergangenheit und der eigenen Leistung empfunden wurde. In der Kommunikation vor Ort wurde zu wenig Raum für die Erklärung und Aufarbeitung der Aktion geschaffen, so daß diese von vielen Mitarbeitern als abgehoben und aufgesetzt erlebt wurde.

Wenngleich dieses Element der Projektarbeit als Flop angesehen wurde, war es doch ein wichtiges Lernerlebnis für die Gruppe im Umgang mit der Thematik des „Wandels".

3.4 Das Maßnahmenpaket „Fit für den Wandel"

Den Abschluß der Arbeit bildete die Ausarbeitung eines Maßnahmenpakets „Fit für den Wandel". Das Projektteam hatte bisher zahlreiche Informationen zu diesem Thema zusammengetragen, eigene Erfahrungen gesammelt und auch Interventionen im Gesamtunternehmen vorgenommen. Ziele des nächsten Schrittes waren eine Zusammenfassung der bisherigen Arbeit und die Übermittlung der Ergebnisse an die relevanten Mitarbeiter. Um einen hohen Wirkungsgrad zu erzielen, sollte die Kommunikation auf nicht alltägliche Weise erfolgen.

Die erste wesentliche Zielgruppe für diese Interventionen waren die Führungskräfte, weil sich im Verlauf der Interviews immer wieder gezeigt hatte, welche Schlüsselrolle sie in Veränderungsprozessen einnehmen. Das „Vorleben" neuer Werte, eine „emotional anfaßbare" Führung und die Selbstreflexionsfähigkeit der Führungskräfte hatten sich als wichtige Erfolgsfaktoren für das Gelingen von Wandel herauskristallisiert. Die Kommunikation sollte sich aber nicht nur auf diese Gruppe beschränken. Wir entwickelten ein Stufenmodell, in dem alle Unternehmensbereiche und Ebenen berücksichtigt waren.

Für die kommunikative Umsetzung wurde als Analogie „Fitneß-Salon" gewählt. Der Slogan „Fit für den Wandel" stand einerseits für die notwendigen Bemühungen jedes einzelnen Mitarbeiters, Fitneß für die Veränderung täglich zu trainieren und weiterzuentwickeln. Andererseits sollten aber auch Unterstützungsmöglichkeiten („Fitneß-Geräte") angeboten werden. So wurde ein Fitneß-Koffer entwickelt, der einzelne Aspekte analog abbildete. Einige Beispiele: Ein Expander („expand yourself") stand für die persönliche Weiterentwicklung der einzelnen Mitarbeiter. Als Unterstützungsinstrument dafür wurde ein Workshop zum „Umgang mit Extremsituationen" angeboten. Ein Spiegel symbolisierte die notwendige Selbstreflexion als Basis für Veränderung. Coaching – in unterschiedlichen Varianten von Gruppen- und Einzelcoaching – wurde hierfür als Unterstützung angeboten. Ein Springseil stellte die unerläßliche ständige Bewegung und Flexibilität dar, und ein neu aufgelegtes Job-rotation-Programm sollte diese unterstützen. In einem Leitfaden für die Führungskräfte („Das Trainingsprogramm") wurden die wesentlichen Thesen, die sich während der Interviews verdichtet hatten, vorgestellt und Handlungsempfehlungen präsentiert.

3.5 Kommunikation am Sounding-board: Die beiden Seiten des Wandels

Im Rahmen des Gesamtveränderungsprojekts wurden auf Unternehmensebene in regelmäßigen Abständen Großveranstaltungen, sogenannte Soundingboards, durchgeführt. An diesen nahmen alle Führungskräfte, aber auch Schlüsselpersonen aus allen Bereichen und Ebenen teil – insgesamt rund 400. Das Projektteam nutzte eine dieser Veranstaltungen zum Abschluß der Projektphase. Die weiteren Umsetzungen sollten dann in der Linie erfolgen, zum Beispiel in der Personalentwicklungsabteilung oder im Netzwerk der Meister.

Das Team gestaltete eine Ausstellung, in der die wesentlichen Etappen dargestellt waren. Der oben erwähnte Fitneß-Koffer wurde ausgestellt; auf einem Podium gab es Fitneß-Übungen mit den Fitneß-Geräten und Erklärungen dazu. Der Leitfaden wurde ausgeteilt.

Eine wesentliche Botschaft war: Wandel ist immer dialektisch, widersprüchlich. Wandel bedeutet Auseinandersetzung mit den Widersprüchen, die gleichzeitig vorhanden sind. Der richtige Umgang mit diesen Widersprüchen – zum Beispiel mit Aufbruch und Abschied, Freude und Trauer, mit harten und weichen Faktoren – stellt eine Herausforderung dar. Als Symbol dafür wurde der römische Gott Janus genommen, der doppelgesichtig zugleich in die Zukunft und in die Vergangenheit blickt. Weißgekleidete Projektmitarbeiter setzten sich Masken mit zwei Gesichtern auf und wanderten durch das Soundingboard. Sie verteilten Zettel mit Originalzitaten aus den Interviews und Hinweise auf den Ausstellungsstand des Teams. Die Resonanz der Teilnehmer war gemischt: teils Betroffenheit, teils Neugierde.

4. Thesen, Bezug zum Modell und Ausblick
Erkenntnisse, Thesen
- Die unreflektierte Ausgangshypothese des Teams lautete: Die Mitarbeiter müssen unterstützt werden. Im Laufe der Arbeit wurde deutlich, daß auch Führungskräfte Ängste und widerstrebende Gefühle gegenüber dem Wandel empfinden, aber sie glauben, diese unterdrücken zu müssen, und zwar im Sinne einer (falsch verstandenen) Vorbildwirkung („Ich muß allem positiv gegenüberstehen, stark sein").
- Wandel kann man nicht „positiv verkaufen und verordnen". Dialogpro-

zesse, in denen Raum für Auseinandersetzungen ist, schaffen die Basis für Veränderungen.
- Wandel ist immer dialektisch, widersprüchlich: Aufbruch und Abschied, Freude und Trauer zugleich. Alle Aktionen müssen diese Grundelemente widerspiegeln. Die „alten Hüte" waren diesbezüglich zu einseitig positioniert, der „Janus" drückte dies gut aus.
- Analysearbeit und Rückspiegelung können – nach einem extern gecoachten Entwicklungsprozeß – auch von internen Mitarbeitern durchgeführt werden. Eine der wesentlichen Innovationen bestand in der Einführung von „Ohr"-Teams, die die betroffenen Reengineering-Teams interviewten, diese Interviews qualitativ auswerteten und in Rückspiegelungs-Workshops kommunizierten. Diese Funktion der Reflexion hat sich nun im Unternehmen etabliert und kann für weitere Projekte übernommen werden.
- „Den Wandel unterstützen" ist keine Einzelmaßnahme, sondern eine Fülle von strukturellen, persönlich-emotionalen und inhaltlichen Angeboten, also ein Begleitprozeß für die Verarbeitung von Gefühlen.

Bezug zum Modell und Ausblick
Betrachtet man die Arbeit des Projektteams aus der Perspektive des SIM-Modells, so findet man vielfache Integrationsleistungen wieder: So konnte zum Beispiel die Integration von Struktur, Strategie und Kultur erreicht werden. Das Team startete auf der Kulturebene mit den Aktivitäten zur Ausarbeitung des Zielgruppenmodells, mit der unternehmensweiten Bestandsaufnahme der aktuellen Unterstützungsaktivitäten und mit den Interviews zu bisherigen Erfahrungen.

Die Koppelung mit den laufenden Reengineering-Projekten durch die qualitativen Interviews und deren Rückspiegelung („Das Ohr") bedeutete einen Schritt in Richtung der strukturellen Ebene. Die Aktion „Wir trennen uns von alten Hüten" hatte einen Konnex zur Unternehmensstrategie – der neuen Technologieoffensive. Das Maßnahmenpaket umfaßte Aktivitäten zu allen drei Ebenen.

"Hänsel und Gretel"

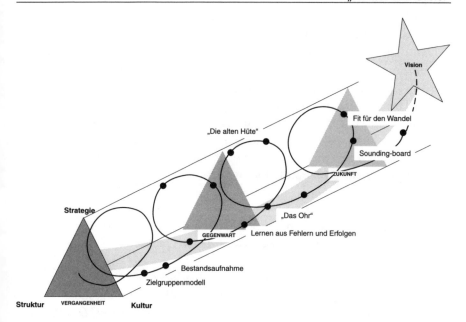

Abb. 12.2 Modell-Eingliederung

In diesem Prozeß wird besonders deutlich, wie hilfreich diese wechselseitigen Berücksichtigungen dabei sind, ein strategisch definiertes Umstrukturierungsprojekt kulturell so zu begleiten, daß die auftretenden Existenz-, Verlust- und Identitätsängste der Mitarbeiter ernst genommen werden und zu bearbeiten sind. Die Stahlstiftung (vgl. Beitrag „Himmel und Hölle") unterstützt das Projekt mit ihren Instrumenten.

Für das Management von Veränderungsprozessen im Sinne des SIM-Modells steht die Arbeit dieser Projektgruppe für das Ziel, aus dem „Kultureck" kommend, erste Integrationsschritte in Richtung Strategie- und Strukturarbeit zu setzen. Die Verzahnung im engen Sinn ist nicht geglückt, aber das Modell des begleitenden Spiegelns, der Feedback-Prozesse, der Reviews und des gemeinsamen Lernens mit den Reengineering-Verantwortlichen war der Erfolgsfaktor dieses Vorgehens. Diese Form der Reflexion bringt Weiterentwicklung.

Aber es gab noch weitere Integrationsaspekte. In allen Gesprächsforen und Diskussionen war der Widerspruch zwischen dem RE-Planungsprozeß am grünen Tisch einerseits und der Umsetzung andererseits das zentrale Thema. Was nützt es, idealtypische Geschäftsprozesse zu konzipieren, wenn die Widerstandsenergie der Betroffenen die Umsetzung boykottiert? Der Haupteffekt dieser Projektarbeit bestand darin, daß die Gefühle der Mitarbeiter öffentlich gehört und akzeptiert wurden. Schon das bewirkt mentales Durcharbeiten und Motivation für Mitgestaltung.

Natürlich wurde die neue Struktur immer wieder mit der alten verglichen. Damit transportierte man auch das eigene Vergangenheitsbild und verband es mit dem Zukunftsbild – dem eigenen und dem der Organisation. Durch die bewußte Thematisierung wurde der Übergang erleichtert, integriert. Die Intervention „Verbrennen der alten Hüte" sollte dazu dienen, ebendiesen Widerspruch zu mildern. Allerdings griff die Symbolik daneben: Die Widersprüche wurden dadurch eher verstärkt. Hier zeigt sich die fatale Wirkung, wenn statt Integration nur eine Polarität betont wird.

Viel harmonischer waren in diesem Prozeß Linie und Projekt verknüpft. Ohne die Arbeit der Projektgruppe, die sozusagen die Stimme und das Ohr der ganzen Belegschaft war, hätten die Linienvorgesetzten die Rekonstruierung mit allen Führungsproblemen niemals in dieser Qualität über die Bühne gebracht.

Als letzte Integrationsleistung möchte ich hier noch die Auflösung oder Befruchtung der Rollen der Manager, die in diesem Projekt mitgestalteten, und der Berater, die dabei vor allem nur managten, herausstreichen. Das Projektteam übernahm zunehmend mehr Verantwortung und leistete explizite Entwicklungsarbeit mit gezielten Interventionen.

Die beispielhaft angeführten Fähigkeiten des Widerspruchsmanagements, der Reflexion und Integration, die das SIM-Modell ausmachen, haben sich in dieses Unternehmen integriert.

Auch heute noch läuft unser Entwicklungsprojekt: „Erfolgsfaktor Zusammenarbeit/Phase 4". Das Topmanagement des Unternehmens, das mittlerweile zum erfolgreichsten europäischen Unternehmen seiner Branche geworden ist, meint dazu: „Ohne diese Wandelprozesse wären wir nicht dort, wo wir heute sind."

13 „Tischlein deck' dich, Goldesel und Knüppel aus dem Sack"

Vom Verpflegungsbetrieb zum Servicecenter

> *Da sagte der Jüngste zum Vater: „Seht Ihr, mit dem Knüppel habe ich das Tischlein deck' dich und den Goldesel wieder hergeschafft."*
>
> Hart und Weich gehören im Märchen wie im wahren Leben zusammen. Mit kulturgetriebenen OE-Prozessen allein – ohne klare Strategie- und harte Strukturentscheidungen – gibt es auch kein „Tischlein deck' dich": im Märchen nicht ohne „Knüppel aus dem Sack" und im wahren Leben nicht ohne harte Fakten.

Klaus Briegel, Manfred Keller

1. Das Unternehmen

Der vorgestellte Veränderungs- und Optimierungsprozeß lief und läuft noch immer im Gastronomie Service Center (GSC), Daimler Chrysler Trucks, Standort Wörth Lastkraftwagen, früher abwertend Verpflegungsbetrieb genannt. Hier sind zur Zeit 137 Mitarbeiter beschäftigt. Diese erwirtschaften einen Jahresumsatz von 17 Millionen DM. Jährlich werden 1 Million Essen ausgegeben – in zwei Mitarbeiter-Restaurants, zwei Cafés und zwei Gästerestaurants. Darüber hinaus gibt es acht Shops für Zwischendurchverpflegung und Produkte des täglichen Bedarfs, einen Partyservice für interne Veranstaltungen und einen Service für Großveranstaltungen und Events im Unternehmensbereich. Die Mitarbeiter arbeiten häufig in Teilzeit in unterschiedlichen Arbeitszeitmodellen.

2. Die Ausgangssituation

Verpflegungsbetriebe sind in Deutschland grundsätzlich Personalzusatzleistungen und arbeiten in der Regel nicht nach marktwirtschaftlichen Prinzipien, sondern sind zunächst einmal freiwillige soziale Leistungen des Arbeitgebers. Der Betrieb selbst muß nur einen Deckungsbeitrag erwirtschaften. So auch die beschriebene Unternehmenseinheit am Standort Wörth. In Zeiten knapper werdender Ressourcen und zunehmenden Kostenbewußtseins geriet der Verpflegungsbetrieb stark unter Druck, die Ergebnisse zu verbessern, das heißt, eine Reduktion des Zuschusses zu ermöglichen und den erwirtschafteten Deckungsbeitrag zu erhöhen. Zeitweise war das völlige Outsourcing der „Dienstleitung" im Gespräch.

Start des Veränderungsprozesses war schließlich 1996 ein Führungswechsel an der Spitze des Betriebs. Der neue Chef hatte die Idee, den Verpflegungsbetrieb anders zu positionieren. Er wollte weg von der reinen Versorgung der Mitarbeiter, hin zu einem „Wohlfühlbereich" am Standort. Und er ging auch gleich ans Werk: Funktionen wurden gebündelt, Verantwortungen neu geregelt, Führung aktiv wahrgenommen, und regelmäßig gab es Informationsveranstaltungen für die Mitarbeiter, um ihnen zu vermitteln, was und wie es anders werden sollte.

Am Ende des Jahres waren erste strukturelle Erfolge sichtbar, die Mitarbeiter hatten „mitgemacht", waren aber verunsichert über die Zukunft, und die wirtschaftlichen Ergebnisse hatten sich nur unwesentlich verbessert. Der Leiter war unzufrieden und kam zu der Erkenntnis: *„Nur top down funktioniert nicht."* „Ich allein schaffe es nicht."

1996	1997	1998	1999	2000
Der Start	Jahr des Aufbruchs	Geschäftsprozeß-optimierung	Umsetzung der neuen Prozesse	Konsolidierung
↳ Druck	↳ Visionsarbeit	↳ Prozeßanalyse Ist-Dokumentation mit Schwachstellen und Ineffizienz	↳ Konsequente Einbindung der Mitarbeiter	↳ Absicherung des Erreichten
↳ Kosteneinsparung	↳ Einbeziehung der Mitarbeiter	↳ Neuausrichtung neue Prozesse und Geschäftsfelder	↳ Die Mitarbeiter als verantwortliche Umsetzer	↳ Konsequente Führung über Ziele
↳ Führungswechsel	↳ neue Anforderungen		↳ Neue Führungs- und Arbeitsphilosophie Eigenverantwortlichkeit	↳ Eigenverantwortliche Mitarbeiter
↳ neuer Führungsstil	↳ Ausweitung des Geschäfts			↳ Ausbau der Geschäftsfelder
↳ erste Ideen				
Erkenntnis: „Allein schaffe ich das nicht."	*Erkenntnis: „Wir brauchen neue Prozesse."*	*Festlegen der neuen Struktur*	*Der richtige Mitarbeiter am richtigen Platz*	

Abb. 13.1 Der Veränderungsprozeß

3. Erste Versuche

Ende 1996 wurde ein Berater der internen Beratungseinheit hinzugezogen. In einem ersten Workshop fand eine Bestandsaufnahme der aktuellen Situation statt. Die Diagnose war eher ernüchternd: Der Chef hatte großartige Ideen, aber die Mitarbeiter hatten keine rechte Vorstellung davon, wie der Bereich in zwei oder drei Jahren aussehen sollte und was die strategischen Ziele nun wirklich waren. Die Anforderungen der Geschäftsführung waren bisher eher nur in Form von „Einsparpotentialen" bekannt. Darüber hinaus waren die Beschäftigten in den vergangenen zwanzig Jahren in die Zukunftsgestaltung nicht miteinbezogen gewesen; deshalb stieß ihre aktive Einbindung teilweise auf starke Irritation.

Fazit: Viele Fragen blieben unbeantwortet.

Die Idee war nun, in einem ersten Schritt die Vision und die Bereichsstrategie mit ihren Ziele und Maßnahmen unter der Berücksichtigung interner und externer Einflußfaktoren zu formulieren und hierzu alle Führungskräfte und dort, wo möglich, auch die Mitarbeiter mit einzubeziehen. In einem zweiten Schritt sollte ein umfassendes Organisationsentwicklungsprogramm die Umsetzung der Ziele unterstützen und durch die konsequente Beteiligung der Mitarbeiter die Organisationskultur nachhaltig verändern.

Der Auftakt war auch ganz vielversprechend: Von der freiwilligen sozialen Leistung „Gemeinschaftsverpflegung" hin zum „Wohlfühlbereich" am Standort sollte die Entwicklung gehen. Anstatt der mehr oder weniger tristen Kantine sollte ein Kommunikationszentrum für sämtliche Mitarbeiter und Führungskräfte entstehen: Speisen, Pausieren und Kommunizieren – in ansprechendem Ambiente – war das Motto. Über die Ausrichtung von „Events", das heißt von Großveranstaltungen im Unternehmensbereich, sollte ein weiteres Geschäftsfeld erschlossen, der Umsatz erhöht und der Gesamtdeckungsbeitrag gesteigert werden. Ziel war es, den Deckungsbeitrag insgesamt auf 50 Prozent zu erhöhen und den Umsatz um 30 Prozent zu steigern, und zwar bei gleichbleibender Mitarbeiterzahl. Wesentliche Bedeutung kam in diesem Konzept dem „Dienstleistungsverständnis" der Mitarbeiter zu. „Nicht verteilen, sondern bedienen", lautete ein Schlagwort zu dieser Zeit. In Themen-Workshops sollten die Mitarbeiter dann die Umsetzung vorantreiben. Nach einem Jahr intensiver Arbeit fiel die Bilanz der Beteiligten wieder eher nüchtern aus.

Als sehr positiv stellte sich folgendes heraus:

- Es war gut, die Mitarbeiter mit einzubeziehen. Die Sensibilität für die Problematik war geschärft, viele Mitarbeiter zeigten echte Begeisterung für das Neue und griffen eigenverantwortlich Themen auf.

- Es gab mehrere gute Ideen zur Umsetzung der Vision und zur Ertragsverbesserung.
- Die neuen Geschäftsfelder waren wirklich ertragreich.

Auftraggeber und Berater kamen aber auch zu der Einsicht, daß die Wirkung der Visionsarbeit überschätzt worden war und die Rahmenbedingungen letztlich rigider waren als zunächst angenommen:

- So konnten die neuen Geschäftsfelder (Events, Großveranstaltungen, interner Partyservice) nur unter sehr großen Anstrengungen ausgefüllt werden.
- Es war mit den bisher eingesetzten Instrumenten nicht gelungen, die Prozesse nachhaltig zu optimieren.
- Es zeigte sich darüber hinaus: So wie der Bereich jetzt strukturiert war, konnten die visionierten neuen Geschäftsfelder nicht erschlossen werden. Es fehlte an Ressourcen und an Qualifikation, aber auch an den notwendigen effizienten Prozessen.
- Schließlich die „bittere" Erkenntnis: Organisationsentwicklung und Visionsarbeit allein reichen nicht aus, um die Neupositionierung unter wirtschaftlichen Gesichtspunkten sicherzustellen.

4. Und dann ging alles ganz schnell: GPO als Turbo für die Neuausrichtung

Alle Prozesse im Unternehmen wurden auf ihre Zielgerichtetheit und auf Optimierungsmöglichkeiten hin untersucht – oftmals verbunden mit Rationalisierung und Einsparungen zugunsten schlankerer Prozesse und von der Mitarbeiterseite mit vielen Ängsten und Ressentiments besetzt. Für das GSC war dies ein Glücksfall. Mit dem Instrument der Prozeßanalyse konnten die Voraussetzungen zur Neuorientierung geschaffen werden.

Ziel war es, die Prozesse einerseits entlang der Produkte (Warmverpflegung und SB-Läden) und andererseits nach Kundengruppen (Mitarbeiter am Standort und „Externe"/Catering) zu definieren.

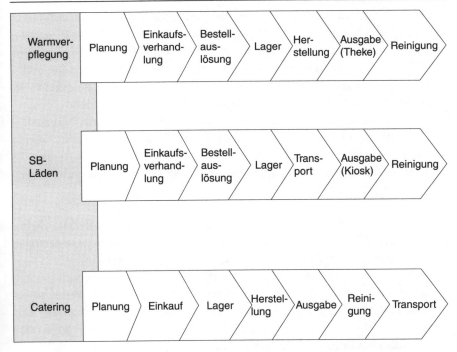

Abb. 13.2 Die in der Prozeßoptimierung identifizierten Geschäftsprozesse

Die Prozeßanalyse zeichnete sich durch den Einsatz fachfremder Projektleiter, die Einbeziehung der Fachleute vor Ort – zur Analyse und Ideengenerierung – und durch die Offenheit des Prozesses aus, bei klarer Trennung von Organisationsentwicklung und Restrukturierung. Erst erfolgte die Analyse, dann die Neudefinition der Prozesse durch die Führung und schließlich die Einbeziehung der Mitarbeiter in die Ausgestaltung der Prozesse.

5. Neue Prozesse – und dann?

Organisationsentwicklung und Personalentwicklung über die ganze Breite
Im Jahr 1999 schließlich wurden die neuen Prozesse umgesetzt und Strukturen geschaffen, die sich klar an den Prozessen orientierten. Neue Führungskräfte kamen in die Verantwortung. Kennzeichnend für die Organisation waren nun: klare Ergebnisverantwortung, Beeinflußbarkeit der Prozesse durch die Verantwortlichen und Ausgestaltung der neuen Prozesse durch die Führungskräfte und deren Mitarbeiter.

Hier setzten wir nun wieder mit dem Instrument der Organisationsentwicklung ein. Aufsetzen auf der Visionsarbeit aus dem Jahr 1998: Liegen wir mit der Vision noch richtig? Stimmen die Ziele noch? Antwort: Die Richtung stimmt; teilweise veränderte Rahmenbedingungen können in den laufenden Umsetzungsprozessen berücksichtigt werden. Die Mitarbeiter gestalteten gemeinsam mit ihren Führungskräften die Arbeitsabläufe in den neuen Strukturen. In zahlreichen Workshops wurden Zuständigkeiten geregelt, Nahtstellen geklärt und die Zusammenarbeit auf ein solides Fundament gestellt. Sowohl zwischen den Vorgesetzten der neuen Teams und dem Abteilungsleiter des GSC als auch zwischen den Teamleitern und ihren Mitarbeitern wurden Zielvereinbarungen getroffen.

Ziel war es auch, die richtigen Mitarbeiter auf den richtigen Platz zu bekommen: Qualitative Personalplanung wurde vorgenommen, alle Mitarbeiter auf ihre spezifischen Fähigkeiten hin angeschaut. Für die Schlüsselpersonen wurde qualifizierte Personalentwicklungsplanung vorgenommen.

Probleme gab es in Einzelfällen, das heißt bei Mitarbeitern, die sich mit den neuen Anforderungen schwertaten und nicht bereit waren, sich weiterzuqualifizieren. Sie konnten die neue Führungsphilosophie nicht umsetzen. Das führte dazu, daß einzelne Führungskräfte mit neuen, verantwortungsvollen „Nichtführungsaufgaben" betraut wurden.

Umfangreiche Qualifizierung: Jeder Mitarbeiter soll innerhalb der nächsten 15 Monate mindestens zwei Tage lang qualifiziert werden.

Ziel: Serviceorientierung, konsequente Ausrichtung auf die neuen Ideen.

6. Die ersten Erfolge

Ein wesentlicher Erfolg ist das klare Bekenntnis der Geschäftsführung zum GSC und zu dessen Neuausrichtung. Das Thema Outsourcing ist vom Tisch, die neuen Geschäftsfelder sind etabliert. Restaurant, Gästecasino und Cafeteria wurden neu gestaltet, und die Frequentierung durch die Mitarbeiter hat sich deutlich erhöht. Das Ergebnis hat sich spürbar verbessert: Der Umsatz in den Shops konnte verdoppelt werden, der Deckungsbeitrag wurde um mehr als 50 Prozent verbessert, der Deckungsgrad des Betriebsrestaurants um knapp 30 Prozent gesteigert. Mit einer unveränderten Anzahl von Mitarbeitern wird inzwischen ein um rund 40 Prozent höherer Umsatz erwirtschaftet als noch 1997. Die Mitarbeiter sind überwiegend mit großem Engagement dabei, sie nehmen die neue Verantwortung wahr, entwickeln eigene Ideen und stehen hinter dieser Veränderung.

Die veränderte Haltung der Mitarbeiter läßt sich anhand vieler Beispiele beobachten: So melden sich die Mitarbeiter freiwillig zu Sonderaufgaben, sie sprechen den Vorgesetzten an, wenn sie Ideen haben, oder fragen von sich aus nach Qualifizierungsmaßnahmen (was früher nie geschah). Erstaunlich gut hat sich die flexible Arbeitszeit bewährt: Die Beschäftigten teilen sich eigenverantwortlich, dem erwarteten Arbeitsanfall entsprechend, zur Schicht ein.

7. Der Bezug zum SIM-Modell:

Betrachtet man den Prozeßverlauf, so kann man wesentliche Elemente des SIM-Ansatzes erkennen:
Der systemische Ansatz: Der Changeprozeß verlief iterativ – nicht linear –, in vielen Schleifen. Aus heutiger Sicht wäre eine lineare Vorgehensweise von den Betroffenen gar nicht getragen worden und hätte letztendlich außer „künstlichem" Druck keine Wirkung gezeigt. So aber führten die Lernschleifen zu einer gewachsenen Einstellung, auf deren Basis sich der Geschäftserfolg entwickeln konnte.
Sowohl die Kundenperspektiven als auch die Miterarbeitersichtweisen waren einbezogen.
Die Veränderung wurde im Wechselspiel der gegenseitigen Abhängigkeiten von Strategie, Struktur und Kultur vorangetrieben (siehe auch Punkt 8 Projektarchitektur). Zunächst sollte eine weithin kulturell akzeptierte Strategie die Veränderung bringen, wobei aber dann die strukturellen Grenzen sichtbar wurden. Der Entwicklungspfad im Sinne des Dreiecks Strategie – Struktur – Kultur verlief zunächst entlang der Strategie und Kultur. Der GPO-Prozeß setzte dann ausschließlich an der strukturellen Seite auf. Schließlich wurden die Fäden der strategischen Arbeit wiederaufgenommen, mit den neuen Prozessen verwoben und kulturelle Fragen der Zusammenarbeit innerhalb der geänderten Rahmenbedingungen definiert. Der Entwicklungspfad bewegte sich somit näher im Zentrum des Dreiecks, wo alle drei Dimensionen gleichmäßiger integriert wurden.
Das spezielle Know-how hinsichtlich organisationsbezogener und gruppendynamischer Prozesse: Es wurde intensiv in unterschiedlichen Gruppen gearbeitet, und es gab Workshops mit ausgewählten Mitarbeitern und Führungskräften – in eher kleinem Kreis. Die Kunden waren in Einzelinterviews und an Workshops beteiligt. Schließlich fanden Großgruppen-Meetings mit 150 Mitarbeitern statt.
Das Management und die Integration von Widersprüchen: Das wesentliche Merkmal des Prozesses war die Verknüpfung der „weichen" Organisationsentwicklungsprozesse im ethischen Sinne mit den „harten" Restrukturierungsvorhaben. Es sollten ja durch die Rationalisierung die Ressourcen für

neue Geschäftsfelder zur Verfügung gestellt und gleichzeitig die Idee der Eigenverantwortlichkeit bei den Mitarbeitern verankert werden.

Die gemeinsame Reflexion und die Verzahnung von Manager- und Beratungs-Know-how:

Berater und Auftraggeber reflektierten regelmäßig den Verlauf des Prozesses und die Wirkung der verschiedenen Interventionen von Beratern und Management – unter anderem mit dem Ziel, daß das Management schrittweise Aufgaben der Berater in der Prozeßgestaltung übernehmen sollte. Dadurch sollte es befähigt werden, in Zukunft ähnliche Situationen selbst zu meistern.

8. Die Prozeßarchitektur

Grundsätzlich war der Veränderungsprozeß auf der Basis der drei Elemente Strategie, Struktur und Kultur angelegt. Immer wieder ging es dabei um Integration.

Die Architektur des Prozesses war über die nahezu fünf Jahre hinweg nicht stringent einheitlich angelegt – ganz im Gegenteil: Gestartet wurde „ohne Architektur", Gespräche zwischen Auftraggebern und Beratern waren die wesentlichen Elemente der ersten Monate.

1997, im Jahr des Aufbruchs, wurden Strukturen für einen OE-Prozeß definiert. Es erfolgte eine Diagnose mit den Führungskräften und ausgewählten Mitarbeitern; die Steuergruppe war identisch mit dem Leitungskreis; hier wurde auch die Vision formuliert und das Umfeld analysiert. In Großveranstaltungen begann man, auch die Mitarbeiter einzubinden. In einer Reihe von Subprojekten waren Mitarbeiter damit beschäftigt, Einzelthemen zu bearbeiten.

1998, das Jahr der Prozeßanalyse, war eine entscheidende Etappe und führte dazu, daß der Prozeß stärker zentralisiert wurde. Der Steuerkreis bestand nun aus dem fachfremden Leiter der Prozeßanalysegruppe und dem Auftraggeber. Der Changeberater achtete auf die Verknüpfung der unterschiedlichen Prozeßelemente. Alle Aktivitäten wurden konsequent in den Steuerkreis zurückgeführt und von diesem auch straff gesteuert. Die Mitarbeiter waren in Arbeitsgruppen inhaltlich einbezogen, und in Großveranstaltungen erfolgte auch regelmäßig Information. Der Spielraum zur freien Gestaltung war jedoch sehr gering. Die Führungskräfte, die im Jahr zuvor dem Steuerkreis angehört hatten, waren zeitweise nicht mit dabei, weil durch die Analyse auch die Strukturen grundsätzlich in Frage gestellt wurden.

An der Wende zum Jahr 1999 schließlich, als die Prozesse definiert waren, wurden die neuen Strukturen festgelegt, und man versuchte, den Anforderungen entsprechend, die richtigen Personen jeweils an die richtige Stelle zu setzen. Der Steuerkreis wurde nun wieder um die relevanten (neuen) Führungskräfte erweitert, und der Projektleiter schied aus. Zentrales Anliegen war es nun, gemeinsam mit den Mitarbeitern das neue Gebilde zum Laufen zu bringen. Das Anlegen des Designs erfolgte jetzt wieder sehr offen; schließlich ging es um die Ausgestaltung der neuen Prozesse und Strukturen.

Im Jahr 2000 schließlich waren die neuen Strukturen und Prozesse etabliert. Die Steuerung erfolgte ausschließlich im Rahmen der Linienfunktionen aller beteiligten Personen. Die Architektur ist inzwischen eher nur noch zu erahnen: In Workshops, in kleinen Diskussionsgruppen oder im persönlichen Dialog zwischen Führungskräften und Mitarbeitern erfolgt die Weiterentwicklung des jeweiligen Bereichs. Als Berater freue ich mich darüber, wie es läuft.

Das Schaubild (Abb. 13.3) zeigt nochmals deutlich: Über die Prozeßdauer hinweg standen unterschiedliche Integrationsdimensionen im Brennpunkt.

Phase 1 (Vergangenheit – Gegenwart – Zukunft, Veränderung – Bewahrung): Zum Einstieg überwog zunächst einmal das Problem, die alte Zeit (mit dem alten Chef) in die vermeintlich neue Zeit (mit den neuen Anforderungen des jungen Chefs) zu integrieren. Die Fragestellung lautete: Wie kommen wir vom „Das war schon immer so" zum „Laßt es uns noch besser machen"?

Das ging natürlich auch mit der Frage beziehungsweise Haltung einher: Warum sollen wir überhaupt etwas verändern – uns geht es doch gut! Die Bereitschaft der Mitarbeiter und der Führungskräfte, überhaupt etwas zu verändern, war gering. Der Chef war zu schnell, und alle Beteiligten waren unzufrieden.

Phase 2 (Veränderung – Bewahrung, Person – Organisation, Vision, Strategie – Struktur – Kultur): Die Mitarbeiter nahmen nur langsam die Position „Laßt es uns versuchen!" ein. Die Vision wurde geboren, die Veränderung einseitig als Kulturprojekt aufgesetzt. Schließlich kam die Erkenntnis: Wir brauchen neue Prozesse (Strukturen).

Die Verirrung war keine; die Mitarbeiter konnten sich dem Thema nähern, waren mit einbezogen, und es gelang, das Vertrauen der Mitarbeiter – ins Management und in die Vision – zu gewinnen.

Der Widerspruch zwischen Logik der Person einerseits und Logik der Organisation andererseits konnte relativiert werden.

Phase 3 (weiche Faktoren – harte Fakten, Person – Organisation, Planung und Umsetzung): Die harten Fakten standen im Brennpunkt. Neue Prozesse, freie Ressourcen, schlankere Abläufe, weniger Kosten waren Schlagworte und Untersuchungsgegenstand. Die Mitarbeiter waren wohl eingebunden, aber Strukturen und Prozesse standen im Vordergrund. Hier gab es auch immer wieder Probleme mit den unterschiedlichen Logiken der Organisation und einzelner Personen. Doch es gelang, die Menschen nicht nachhaltig zu verprellen, sondern sie für das Neue zu interessieren.

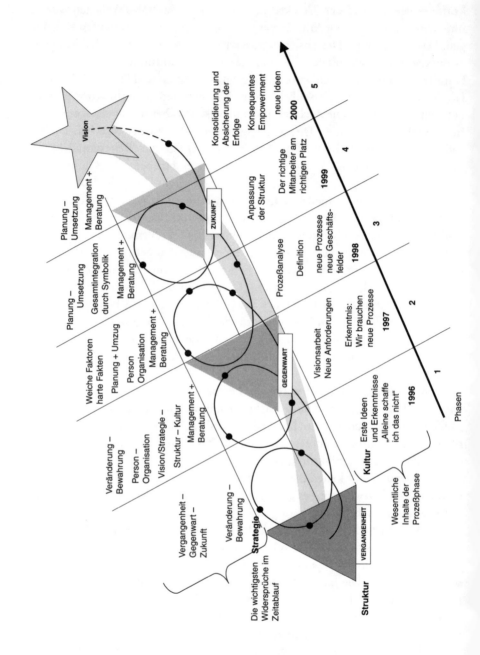

Abb. 13.3 Der Ablauf des Veränderungsprozesses im SIM-Modell

Allerdings war es eine stete Gratwanderung zwischen Verprellen und Verängstigen beziehungsweise Motivieren der Menschen. Die große Herausforderung vor diesem Hintergrund war es, die Umsetzung des bereits Erarbeiteten sicherzustellen und die Mitarbeiter sukzessive so zu beteiligen, daß sie später imstande wären, auch weitere neue Prozesse anzunehmen.

Phase 4 (Management und Beratung, Gesamtintegration durch Symbolik, Planung und Umsetzung): Management und Beratung arbeiteten anders miteinander! Die Bestandsaufnahme der bisherigen Beratungsbeziehung bildete den Auftakt zur Umsetzung der neuen Struktur. Beratung wurde neu positioniert: Es hieß nicht mehr: „Sag mir, wie es geht!" Sondern: „Schau dir bitte einmal meine Ideen an!" Der Auftraggeber hatte eine neue, autonomere Rolle gefunden. Um sicherzustellen, daß die neuen Prozesse und Strukturen von den Betroffen auch angenommen würden, wurde die symbolische „Inbesitznahme" des Neuen inszeniert. Die Mitarbeiter bekamen ihre neue Aufgabe mit allen Verantwortlichkeiten übertragen.

Phase 5 (Planung – Umsetzung, Management – Beratung): Jetzt zeigte sich, daß unsere Annahmen aus den Phasen 2 und 3 zutrafen. Ein Rückblick brachte die Erkenntnis, daß der Prozeß angemessen angelegt gewesen war, die meisten Mitarbeiter waren mitgegangen, die sofortige Umsetzung „kleiner" Veränderungen und erste schnelle Erfolge hatten sie motiviert, mitzumachen und an den Erfolg zu glauben, wie sie uns sagten. Die Beziehung zwischen Management und Beratung steht auf einem stabilen Fundament. Der Auftraggeber kann viele Elemente des Change-Managements ohne Berater einsetzen. Aufgabe des Beraters ist es inzwischen eher, Spiegel und kompetenter Gesprächspartner zu sein und bei Bedarf auch die persönliche Seite der Fragestellungen mit dem Auftraggeber zu beleuchten.

9. Fazit

Fragt man nun nach den für den Veränderungsprozeß wesentlichen Erfolgsfaktoren, so zeigt sich, daß die folgenden acht einen entscheidenden Beitrag geleistet haben:

1. Konsequente Betrachtung aller drei Ebenen: Strategie, Struktur und Kultur – und deren Ausbalancierung über den Zeitablauf hinweg.
2. Klare Vorstellungen von der Zukunft (Ziele) – in Verbindung mit einer motivierenden Vision.
3. Einbeziehung aller Beteiligten – der Kunden und der Mitarbeiter von Anfang an –, entsprechend dem Prozeßfortschritt.
4. Offene Kommunikation und keine *hidden agendas*.

5. *Konsequente Führung* im Sinne des Leitbildes und der Vision.
6. *Quick wins* haben die Mitarbeiter motiviert, an den Erfolg der Veränderung zu glauben.
7. Kein starres Festhalten an einmal definierten Prozessen, sondern flexible, angemessene Reaktionen und Aktionen infolge der sich ändernden Anforderungen und Erkenntnisse.
8. *Vertrauen* in die Mitarbeiter und ihre Fähigkeiten.

Das Beispiel zeigt aber ebenso, daß auch die Balance zwischen Strategie, Struktur und Kultur sich im Laufe eines Change-Vorhabens verlagert. Je nach Stand des Prozesses stehen andere Widersprüche im Vordergrund und müssen bearbeitet werden. Aus „hart" wird „weich", und „weich" ist ganz schön hart, weil beharrlich. Aber es zeigt sich, daß die Akteure in der Organisation lernen, mit den Widersprüchen umzugehen und ausgewogene, angemessene Lösungen zu erarbeiten.

14 „Rumpelstilzchen"

Von detailverliebten Technikern zu ganzheitlichen Problemlösern

> *Als nun das Mädchen zum König geführt wurde, geleitete er es in eine Kammer, die voll Stroh war, gab ihr Rad und Haspel und sprach: „Jetzt mache dich an die Arbeit, und wenn du bis morgen früh dieses Stroh nicht zu Gold versponnen hast, so mußt du sterben."*
>
> Die Wirklichkeit weltweiten Wirtschaftens sorgt dafür, daß „Rumpelstilzchen" vom Solopart zur Standardrolle unseres Alltags wird. Unmögliches möglich zu machen ist im Alleingang mehr und mehr unmöglich. Ein guter Freund, ein Team, das hilft, das Stroh zu Gold zu spinnen, und ist nicht nur im Märchen dieses Gold auch wert.

Rolf Kehlhofer, Roswita Königswieser

1. Ausgangssituation

In diesem Beitrag wollen wir den Organisationsentwicklungsprozeß eines Schweizer Weltunternehmens im Kraftwerksanlagenbau, der ABB, beschreiben, und zwar aus zwei Perspektiven: Die Sichtweisen des Managements (R. Kehlhofer) und der Beratung (R. Königswieser) wurden im Verlauf des zwei Jahre dauernden Prozesses immer wieder miteinander konfrontiert – zum Teil kontrovers, zumeist ergänzend, vor allem aber wechselseitig befruchtend.

Inzwischen habe ich (Kehlhofer) mit anderen ehemaligen Geschäftsführern des Konzerns die Energy Consulting Group Ltd. gegründet. Wir kooperieren mit der Beratergruppe Neuwaldegg. Ich (Königswieser) habe durch dieses Projekt wesentliche grundlegende Erfahrungen für unser SIM-Modell gewonnen. Ein eingefleischt technisch orientiertes Unternehmen zu einem wirklichen problemlösungsorientierten Unternehmen zu entwickeln, dies erschien mir als eine fast nicht zu bewältigende Aufgabe.

Für mich (Kehlhofer) gehörte es zu den schwierigsten Managementaufgaben, strategische Ideen in konkrete, meßbare Ergebnisse umzusetzen. Ich sah mich als Geschäftsführer im Kraftwerksanlagen-Baugeschäft täglich mit der Situation konfrontiert, die Ansicht zu unterstützen, daß gute Pläne zu sichtbaren Verbesserungen führen. Die Diskrepanz zur Realität ging mir besonders unter die Haut. Selbst wenn das Reporting von strategischen Projekten beachtliche Fortschritte zeigt, bedeutet dies noch lange nicht, daß die Firma sich tatsächlich verbessert. Projekt-Reporting ist allzuoft nur eine Alibi-Übung mit wenig Substanz.

Je größer ein Unternehmen, desto tiefer ist die Kluft zwischen der wunderbaren Vision, den Phrasen der oberen Leitung und der Realität, wie die Mitarbeiter an der Basis oder die Kunden sie erleben. Was am Ende zählt, sind die Zahlen. Das Schwierigste ist nach meiner Erfahrung die Implementierung.

In diesem Beitrag versuchen wir, anhand eines gemeinsamen Projekts zu beschreiben, wie die Diskrepanz zwischen Wunsch und Realität reduziert werden kann.

2. Das Unternehmen, der Markt

Das Schweizer Unternehmen liefert Produkte und Anlagen für den Elektrizitätsmarkt. Es ist eine Business-Area in einem weltweit agierenden Unternehmen. Kunden sind Stromversorgungsunternehmen, der Umsatz geht in die Milliarden Schweizer Franken, die Belegschaft zählt mehr als 4000 Personen, und die Struktur ist durch eine dreifache Matrixorganisation sehr komplex. Warum war ein Changeprozeß nötig?

Infolge der Deregulierung der Strommärkte war das Unternehmen mit völlig neuen Bedingungen konfrontiert: Das Verhalten der alten Kunden veränderte sich, und es tauchten viele neue Kunden auf. Die klaren Marktstrukturen der Vergangenheit waren aufgelöst. Kunden wurden zu Partnern oder zu Konkurrenten.

Die Mitarbeiter und Kunden waren in hohem Maß technikorientiert. Letztere hatten große Stäbe von Ingenieuren, die zum einen in der detaillierten Spezifikation der technischen Lösungen sehr aktiv waren und zum anderen auch selbst wesentliche Leistungen beim Bau von Anlagen erbrachten.

Die Lieferanten hatten oft nur die Aufgabe, wesentliche Komponenten oder Teilsysteme zu liefern. Die komplette Anlage wurde dann von den Kunden selbst oder von beauftragten Ingenieurgesellschaften geplant und ausgeführt.

Infolge der Liberalisierung des Marktes aber waren die Kunden nun plötzlich mit dem Problem konfrontiert, um ihre Endkunden kämpfen zu müssen. Neue Anbieter veränderten das Geschäft. Die Folge war, daß die technischen Details an Bedeutung verloren, weil Erfolg und Mißerfolg nun von anderen Faktoren abhingen, und zwar von solchen, die bisher vernachlässigt worden waren: In erster Linie handelte es sich dabei um Kosteneffizienz, schnelle Umsetzung, Risikoabsicherung und Kundennutzen.

Dies hatte wiederum direkten Einfluß auf die Zulieferbetriebe: Sie mußten ihr gesamtes Angebot umstrukturieren – weg von der technischen Orientierung und hin zum Offerieren von Gesamtlösungen. Dafür mußten völlig neue Kompetenzen entwickelt werden: Finanzierung, Projektentwicklung, Betrieb und Unterhalt. Die Kunden verlangten schlüsselfertige Lösungen und umfassende kommerzielle Garantien, weshalb auch das Risikomanagement zu einem zentralen Faktor wurde.

Das Technik-Know-how war nach wie vor wichtig, vielleicht sogar noch wichtiger als zuvor, aber seine Rolle hatte sich verlagert: Es war jetzt ein zentraler Faktor im Risikomanagement – läuft die Anlage nicht, so sind die finanziellen Konsequenzen verheerend.

In der folgenden Tabelle ist zusammengefaßt, wie sich in der veränderten Situation die Markterfolgsfaktoren der Firma veränderten.

Markterfolgsfaktoren	alter Markt	neuer Markt
• Preis	+	++
• Erfüllung von technischen Spezifikationen	++	0
• Anbieten von kompletten Lösungen	0	++
• Risikobereitschaft	0	++

Diese neuen Marktanforderungen hatten für alle Zulieferbetriebe sehr negative Auswirkungen. Es wurde versucht, Marktpositionen zu gewinnen und über Preise und kommerzielle Bedingungen die Konkurrenz zu schlagen. Dieser harte Krieg wirkte sich wiederum sehr negativ auf die Ergebnisse aus.

Dagegen mußte etwas unternommen werden. Wir, die Geschäftsführung, haben es auf verschiedenen Ebenen versucht:

- Es wurden neue, effizientere und kostengünstigere Produkte entwickelt.
- Das Angebot an schlüsselfertigen Anlagen wurde stark forciert.
- Es wurden zusätzliche Leistungen – wie Finanzierung, Betrieb und Unterhalt – angeboten.

3. Das Veränderungsprojekt

All das reichte aber nicht aus, um das gewünschte Ergebnis zu erzielen. Wir stellten fest, daß gute Ideen nicht reichen, wenn sie nicht in der Organisation umgesetzt werden. Also wurde beschlossen, einen umfassenden Veränderungsprozeß zu starten, der die gesamte Organisation auf den neuen Markt ausrichten soll.

Zu diesem Zweck holten wir die Beratergruppe Neuwaldegg als begleitende Berater und Supervisoren. Als allgemeiner Leitfaden für den Prozeßablauf wurde die Struktur von John P. Kotter gewählt, die sehr gut mit der Prozeßarchitektur der Neuwaldegger zusammenpaßt.

Die Initialzündung war ein Workshop mit zirka 20 oberen Kaderleuten des Unternehmens. Dabei kam vor allem zutage, wie schlimm die Situation in der Firma tatsächlich war, aber wie wenig dies der Belegschaft bewußt war. Zum damaligen Zeitpunkt hatte die Firma noch einen ansehnlichen *Backlog* an guten profitablen Projekten. Die Kehrseite dieser an und für sich erfreulichen Situation war, daß die notwendigen Maßnahmen zu spät eingeleitet wurden, weil der aktuelle Leidensdruck fehlte.

Während dieses Meetings wurden drei Beschlüsse verabschiedet:

- Es muß ein Veränderungsprozeß gestartet werden, in welchem eine neue Vision für die Firma erarbeitet und auch die konkrete Umsetzung der strategischen Verbesserungsprojekte sichergestellt wird.
- Die Führung des Prozesses muß von der gesamten sechsköpfigen Geschäftsleitung der Firma übernommen werden.
- Es sollte ein Team von einflußreichen Mitarbeitern gebildet werden, das für die gesamte Organisation repräsentativ ist. (Dieses Team – wir nannten es Team X – zählte schließlich rund 200 Mitglieder und war die Reflexions- und Resonanzgruppe des Veränderungsprozesses.)

Damit war der Anstoß für einen umfassenden Veränderungsprozeß gegeben, der nicht nur die Kultur der Firma grundlegend verändern, sondern auch die gesamte Struktur auf die neuen Marktbedürfnisse ausrichten sollte.

Wir wollen hier nicht im Detail den ganzen – spannenden – Prozeß darstellen, sondern nur einige wichtige Aspekte herausheben:

- die Architektur des Projekts,
- die Rolle und das Funktionieren der verschiedenen Gruppen,
- die Interventionen/Kommunikation,
- die Vision und die Werte,
- die strategischen Projekte,

- die Probleme,
- das Ergebnis.

Die Architektur des Projekts

Die Aufgabe, eine Prozeßarchitektur zu erstellen, war äußerst komplex, weil drei Themenkreise bearbeitet werden sollten:

- die Vision, die Gesamtstrategie,
- Sachprobleme, Strukturen und strategieunterstützende Projekte,
- Beziehungs- und Verhaltensthemen, also Fragen der Unternehmenskultur (Teamentwicklung, PE, Arbeit an Werten, Feedback-Prozesse).

Diese drei Themenkreise existieren natürlich nicht unabhängig voneinander, sondern sind interdependent. Dies wurde in der Architektur entsprechend berücksichtigt. Sie besteht aus vier zentralen Elementen:

- Geschäftsleitung,
- Steuergruppe,
- Team X,
- Querdenkergruppe.

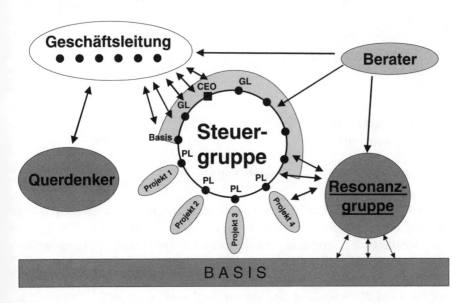

Abb. 14.1 Die Projektarchitektur – Rolle der Einheiten

Rolle der Einheiten
Die Geschäftsleitung
- ist Auftraggeber; der Projektleiter ist der CEO,
- formuliert Zielvorgaben und setzt Rahmenbedingungen,
- gibt Unterstützung,
- hat Vorbildfunktion,
- übernimmt Controlling.

Die Steuergruppe – der eigentliche Motor des Veränderungsprozesses – übt folgende Funktionen aus:
- Sie sollte neue Ideen, aber auch Probleme aufgreifen.
- Ihr obliegt die Steuerung der strategischen Verbesserungsprojekte sowie
- die Prozeßsteuerung.
- Sie ist Ansprechpartner für die Mitarbeiter.

Sie wird vom CEO (das war Rolf Kehlhofer) der Firma geleitet (Projektleitung) und besteht im weiteren aus:
- Mitgliedern des Kaders,
- Meinungsbildnern aus der Basis,
- Projektleitern der strategischen Projekte und
- den Beratern.

Die Resonanzgruppe: Das Team X stellt zum einen die Kommunikation zwischen Basis und Geschäftsleitung und zum anderen das optimale Umfeld in der Organisation sicher. Diese Resonanzgruppe besteht aus rund 200 Mitarbeitern, quer durch die ganze Firma. Im wesentlichen stammen sie aus folgenden Kreisen:

- Geschäftsleitung
- Steuergruppe
- Kader
- Jungtalente
- Gewerkschaften
- Frauenvertreterinnen

Die endgültige Zusammensetzung hat sich nach und nach ergeben und vervollständigt.

Die Querdenker waren eine kleine Gruppe von kreativen und kritischen Mitarbeitern. Diese Gruppe sollte der Geschäftsleitung neue Ideen liefern – sie hat allerdings nie richtig funktioniert, und zwar aus Gründen, die wir weiter unten noch erläutern werden.

Die Berater umfaßten in Kombination zwei Berater der Gruppe Neuwaldegg (Roswita Königswieser und Alexander Exner) und interne Berater. Sie wirkten auf verschiedenen Ebenen in verschiedenen Rollen:

- als Coach der Geschäftsleitung,
- als Mitglied der Steuergruppe,
- als Organisatoren der Team-X-Treffen,
- als Kommunikationsspezialisten,
- als Prozeß-Know-how-Träger.

Die strategischen Projekte

Ein wesentliches Ziel des Veränderungsprozesses war das effektivere Umsetzen von „harten" Verbesserungsprojekten. Es gab ein Standardisierungs-/Modularisierungsprojekt zur Reduktion der Kosten von Anlagen, gekoppelt mit *Supply Chain Management* (SCM). Das war das eigentliche Herzstück des Veränderungsprozesses, weil es die Organisation zwang, sich vom kundenspezifischen Planen und Bauen von Anlagen zu verabschieden und statt dessen an stark standardisierten Lösungen zu arbeiten. Damit wollten wir Kosten und Risiken wesentlich reduzieren.

Das Projekt SAP-R3 wurde aufgenommen, da es wesentliche Rationalisierungseffekte versprach und eine neue bereichsübergreifende Arbeitsweise verlangte. Das Thema Qualitäts-/Prozeß-Management wurde aufgegriffen, weil Qualität ein großes Problem war und bei den hohen Risiken dieser neuen Geschäftsart unbedingt verbessert werden mußte.

Zu einem späteren Zeitpunkt wurden noch zusätzliche Projektvorhaben aufgesetzt:

- Risikomanagement
- Reduktion der Betriebs- und Unterhaltskosten
- Leadership

Kommunikation/Interventionen

Es stellte sich rasch heraus, daß die Kommunikation auf allen Ebenen entscheidend für Erfolg oder Mißerfolg ist. Diese Erkenntnis ist an und für sich wenig überraschend, wenn man bedenkt, welcher Anstrengungen es bedarf, damit 4000 Personen einer Organisation eine Ahnung bekommen, was ein solcher komplexer Prozeß überhaupt soll. Und doch wird sie immer wieder vernachlässigt. Und sie wurde auch in unserem Fall, vor allem in der Anfangsphase, zu wenig gepflegt.

Wir versuchten, die Kommunikation in diesem Projekt auf verschiedenste Arten sicherzustellen, und zwar durch:

- Veranstaltungen mit dem Team X,
- Mitarbeiterinformationen durch den CEO,
- Artikel und Editorials in der Hauszeitung,

- Videos über „Werte" – mit Szenen und Interviews,
- Information durch Mitglieder der Steuergruppe in Feedback-Runden mit Basismitarbeitern,
- Information und Feedback auf Meetings zwischen Team-X- und Basismitarbeitern,
- offene Kommunikation mit dem CEO,
- Ausstellungen, die den Veränderungsprozeß und die strategischen Verbesserungsprojekte veranschaulichen sollten.

Trotz dieser Vielfalt an Kommunikationsangeboten mußten wir feststellen, daß noch nach einem Jahr erst ganz wenig wirklich bis an die Basis durchgesickert waren. Es zeigte sich, daß ein größerer Veränderungsprozeß eben Jahre dauert.

Die Vision und die Werte
Die neue Vision des Unternehmens war der Polarstern, an welchem sich dieses in seiner Gesamtheit neu orientieren sollte. Sie war entsprechend sorgfältig ausgearbeitet und formuliert. Zuerst arbeitete ein Team von Freiwilligen mit etwa 15 Mitgliedern, möglichst repräsentativ für die gesamte Organisation, verschiedene Vorschläge an die Geschäftsleitung aus. Diese Ideen wurden dann diskutiert, bevor sie schlußendlich kommuniziert wurden. So drückte sich die neue Ausrichtung der Firma als Gesamtlösungsanbieter klar aus.

Ein weiteres wichtiges Anliegen der Geschäftsleitung und der Steuergruppe war die Definition von Werten, welche die neue Orientierung der Firma unterstützen. Auch hierfür wurde ein spezielles Team gebildet. In mehreren Schritten und in enger Zusammenarbeit mit der Steuergruppe und der Geschäftsleitung wurden schließlich folgende Werte festgelegt:

- Kundenorientierung
- Zielorientierung
- Verbindlichkeit
- Offenheit
- Vertrauen
- Veränderungsbereitschaft

Diese Werte berücksichtigten einerseits die Komplexität dieses Anlagegeschäfts und andererseits die neue Marktorientierung.

Alle Mitarbeiter waren mit der Auswahl der Themen, die angegangen werden sollten, einverstanden. Es war einsichtig, daß sie die anstehenden Probleme nur lösen und die Strategie nur umsetzen konnten, wenn sich die Struktur veränderte und die Führungskräfte neues Verhalten lernten. Viele Mitarbeiter waren in die Projekte eingebunden; man begann mitzudenken, obwohl man der ständigen Restrukturierungen schon müde war.

4. Die Probleme

Natürlich ging nicht alles glatt. Das gravierendste Problem war sicherlich, daß in der Geschäftsleitung keine einhellige Meinung herrschte. Sie war mehr oder weniger in zwei Lager gespalten: Das eine war vom Veränderungsprozeß überzeugt und strahlte generell Optimismus aus, das andere war viel skeptischer und vertrat die Meinung, es gäbe viel Dringenderes zu tun. Das Geschäft selbst sei in einer schwierigen Phase und solle oberste Priorität haben.

Es war immer wieder die Aufgabe der Berater, in den Geschäftsleitungs-Coachings zu versuchen, die beiden Lager zusammenzubringen, denn die Anliegen beider waren berechtigt: Das Tagesgeschäft und die langfristige strategische Ausrichtung der Firma waren gleich wichtig. Das eine zu tun, ohne das andere zu lassen, war das Gebot. Es war natürlich wichtig, daß diese Differenzen in der Organisation nicht zu stark spürbar wurden – andernfalls wäre es illusorisch gewesen, eine neue Ausrichtung der ganzen Organisation bewirken zu wollen.

Auch die Rolle der Geschäftsleitung gab Anlaß zu größeren Diskussionen. Traditionell waren die Geschäftsleitungsmitglieder sehr operationell, sie trafen sehr viele Entscheidungen, das tägliche Geschäft betreffend. Man stellte aber fest, daß diese Aktionen nicht nur oft die Mitarbeiter entmachteten, sondern daß die Geschäftsleitung damit über Gebühr beschäftigt war und folglich keine Zeit für strategische Fragen hatte. Also wurde beschlossen, das Projekt „Leadership" zu starten, in dessen Verlauf die Rollen der verschiedenen Hierarchiestufen geklärt werden sollten: Es wurde klar ersichtlich, daß sich die Geschäftsleitung wesentlich mehr auf die Definition von Richtlinien und Spielregeln konzentrieren und weniger selbst operativ entscheiden sollte.

Die Geschäftsleitung war es also nicht gewohnt, außerhalb des operativen Geschäfts zu reflektieren, in strategischen Dimensionen und Kategorien beziehungsweise auf einer Meta-Ebene zu denken. Die Gruppe war ursprünglich auch gegen offene Feedback-Prozesse – auch hier war die technische Grundhaltung zu spüren. Für latente, kollektive Themen gab es wenig Sensibilität.

Die Grundwerte der Mitglieder der Geschäftsführung waren sehr unterschiedlich. Die diesbezügliche Arbeit stellte sich als zentrale Intervention heraus. Es erwies sich als Fehler, daß nicht die gesamte Geschäftsleitung (GL) über die Zusammensetzung der Steuergruppe entschieden hatte, weil somit das Vertrauen nicht groß genug war, ja noch schlimmer, die GL die Steuergruppe als Konkurrenz erlebte. Sie wollte selbst den Prozeß steuern. Erst eine enge Kommunikationsarchitektur zwischen den beiden Gruppen stellte ein wirkliches Miteinander her.

Ein weiteres Problem bestand darin, daß die Basis des Teams X dem Prozeß am Anfang kaum Akzeptanz entgegenbrachte. Es wurde bereits gesagt, daß zu viele Mitglieder des Teams X zur alten Garde gehörten, welche die Probleme verursachte. Um mehr Akzeptanz zu erreichen, wurden neue Mitglieder, zum Beispiel Jungtalente, Frauen und andere integriert. Da sie in der Vergangenheit keine wichtige Rolle gespielt hatten, waren sie ohne hinderliche Vorurteile. Die Einrichtung einer Querdenkergruppe war, wie gesagt, ein Mißerfolg. Die Idee scheiterte an der zu wenig offenen Kultur des Managements, dem diese Gruppe angst machte – also wurde sie wieder aufgegeben.

Auch hier gilt, daß die Idee zu sehr von oben aufgesetzt und nicht Resultat eines von vielen getragenen Prozesses war. Hätte die Steuergruppe diese Idee initiiert und mit der GL abgestimmt, so hätte diese an sich große Gruppe mehr Chancen gehabt.

Bei den Zwischenreflexionen wurde uns auch bewußt, daß es zu wenig spürbare und sichtbare Konsequenzen gab: Erwünschtes Verhalten wurde von den Führungskräften zu wenig belohnt oder unerwünschtes nicht sanktioniert. Es gab auch kaum Personalentscheidungen, die deutlich gemacht hätten, welche Haltungen oder Werte zählten.

Zuletzt soll noch erwähnt werden, daß zu wenig Anstrengungen unternommen wurden, um diesen Prozeß außerhalb der Gesellschaft im Konzern zu erklären. Alles war mit einem gewissen Mißbehagen, vielleicht sogar voll Angst beobachtet worden. Dies führte immer wieder zu Reibungsverlust und verhinderte auch auf der Geschäftsebene, daß gewisse Personalentscheidungen, die offensichtlich dringend erforderlich gewesen wären, rasch getroffen wurden. Dieser letzte Punkt war vielleicht sogar das größte Problem.

Die Konzernkultur war als Kontext des Veränderungsprozesses unterschätzt worden.

Das war auch einer der Gründe, warum Herr Rolf Kehlhofer schließlich in die Beratung ging.

5. Das Ergebnis

Rückblickend kann festgestellt werden, daß dieses Projekt trotz aller Schwierigkeiten ein Erfolg war. Das Verständnis für die neuen Bedürfnisse der Kunden wurde in der gesamten Organisation wesentlich erhöht. Das „Silodenken" konnte weitgehend abgebaut werden, und vor allem wurde der Gedanke der Standardisierung durchgesetzt. Seitdem werden in erster Linie standardisierte Anlagen verkauft, die nur wenn nötig den Kundenbedürfnissen angepaßt werden. Diese Praxis wäre vor vier oder fünf Jahren noch völlig unvorstellbar gewesen. Damit konnten die Kosten, Durchlaufzeiten und Risiken wesentlich reduziert werden, was schließlich für den Endkunden geringere Stromkosten bedeutete und ihn somit in seinem Markt wiederum konkurrenzfähiger machte.

Was waren die Erfolgsfaktoren?
Obwohl ein Veränderungsprozeß dieser Art sehr komplex ist, sind die Faktoren beziehungsweise Maßnahmen, die am Ende zum Erfolg führen, im Grunde genommen wenig spektakulär – retrospektiv beziehungsweise von außen betrachtet, mögen sie einem sogar als nahezu selbstverständlich erscheinen, wäre da nicht der alles entscheidende Aspekt: Konsequenz. Das beste Rezept ist hinfällig, wenn die Durchführung nicht im Bewußtsein des Unternehmens verankert ist. Dieses internalisierte neue Verständnis ist dann die Basis für weitere Veränderung und Entwicklung.

Was uns in diesem Prozeß unentbehrlich scheint:

- ein Geschäftsführer (CEO), der von der Notwendigkeit der Veränderung überzeugt ist und auch die Verantwortung und Gesamtsteuerung übernimmt;
- eine gute Projektarchitektur, die harte Fakten und weiche Faktoren verbindet;
- eine klare und überzeugende Vision;
- umfassende Kommunikation innerhalb der gesamten Organisation, aber auch mit relevanten Personen außerhalb dieser;
- Mitarbeiter, die mit einbezogen werden und die mitgestalten;
- eine Kultur der Innovation und Offenheit, des Feedbacks und der Reflexion;
- Konsequenzen, die den erwünschten Weg untermauern und Glaubwürdigkeit bringen;
- das Miteinbeziehen der Schlüsselpersonen;
- eine erfahrene Gruppe von Beratern, deren Ansatz es ist, den Prozeß zu unterstützen und, wenn notwendig, anzupassen, die aber inhaltlich nicht die Führung übernehmen.

Ist all dies gegeben und kommt es auch konsequent zum Einsatz, so kann innerhalb von zwei bis drei Jahren in jedem Unternehmen eine völlig neue Ausrichtung der gesamten Organisation erreicht werden.

6. Die Resümees

Resümee Rolf Kehlhofer:
Was ist das Problem? Woran scheitern gutgemeinte Verbesserungsvorschläge so oft? Aus welchen Gründen ist es oft nahezu unmöglich, eine Organisation auf einen neuen Kurs zu bringen? Die wahren Ursachen zu finden ist eine sehr komplexe Angelegenheit. Mit Sicherheit kann aber gesagt werden, daß sie im Menschen zu suchen sind und daß wahrscheinlich eines häufig in Vergessenheit gerät: Jede Organisation ist eine Ansammlung von Menschen, die Emotionen, also auch Ängste haben. Daraus resultiert, was man heutzutage als Unternehmenskultur bezeichnet. Vergißt man bei Vorhaben, die eine größere Veränderung bedeuten, die involvierten Menschen und die Kultur, so ist das Scheitern geradezu vorprogrammiert.

Dazu kommt, daß eine moderne größere Organisation ein komplexes Gebilde darstellt, dessen Verhalten – wie das der Systemansatz auf einleuchtende Art darstellt – bei größeren Veränderungen und Störungen schwer bis gar nicht abschätzbar und vor allem nicht wirklich steuerbar ist.

Zusammenfassend kann ich sagen, daß nachhaltig erfolgreiche Veränderungen in erster Linie folgender Voraussetzungen bedürfen:

- Verständnis von seiten der Manager für Menschen und ihr Verhalten,
- Verständnis bezüglich der Unternehmenskulturen,
- Verständnis hinsichtlich komplexer Systeme und ihres Verhaltens,
- klare und verständliche Kommunikation.

All das erfordert Fähigkeiten, die nicht unbedingt – zumindest nicht generell – zu den Stärken moderner Manager gehören.

Wie kann man das besser machen? Der von uns vorgeschlagene Ansatz ist ganzheitlich, das heißt, die Problematik wird in ihrer ganzen Komplexität betrachtet: Das Marktumfeld, die Organisation und der Mensch werden berücksichtigt. Negiert man nämlich die Komplexität der Problematik, so werden oft unrealistische Strategien oder Aktionen gestartet, die nicht den erwarteten Nutzen bringen.

Im Grunde genommen ist es wie in der Wissenschaft: Wenn zu früh im Verlauf einer Problemanalyse Vereinfachungen gemacht werden, läuft man Gefahr, zu falschen Schlußfolgerungen zu kommen. Man kann in diesem Zusammenhang von eindimensionalen Projekten reden. Ein eindimensionales Modell zur Simulierung eines komplexen physischen Vorgangs führt zu falschen Ergebnissen. Das gilt auch für die Unternehmenswelt.

Das Wesentliche in unserem Ansatz ist die Einbindung des Managements der Firma. Die Berater sind da, um den Prozeß zu steuern und zielgerichtet zu führen, nicht um die eigentliche Arbeit zu machen. Es muß eine Vision und in der Folge eine Strategie entstehen, die dem Management-Team „gehört". In vielen Strategieprozessen entsteht eine „Beraterstrategie", das heißt, sie wird vom Beraterteam konzipiert und dann zu wenig oder gar nicht von der Organisation sich angeeignet. Damit sind Probleme in der Umsetzung vorprogrammiert. Denn: Wie kann man etwas implementieren, wenn man es nicht wirklich verinnerlicht hat? Die Umsetzung einer neuen Strategie ist etwas Tiefgreifendes und nur möglich, wenn das Führungsteam voll und ganz dahintersteht. Es muß eine Kraft entfaltet werden, die imstande ist, die großen Schwierigkeiten, die dem Erfolg im Weg stehen, zu beseitigen.

Konkret heißt das, daß man sehr wohl vom Markt ausgehen, aber gleichzeitig die Organisation mit ihren Stärken und Schwächen, ihre Kultur und ihre Erwartungen mit einbeziehen muß. Durch sorgfältige Analyse sowohl der Außenwelt als auch des Innern einer Organisation sollte sichergestellt werden, daß Vision und Strategie auch umsetzbar sind. Falls der Istzustand einer Organisation vom Sollzustand, der notwendig ist, um eine Vision zu realisieren, zu weit entfernt ist, wird es kaum möglich sein, dieses Ziel zu erreichen. Oder mathematisch ausgedrückt: Wenn alle Vektoren (Mitarbeiter) in der Organisation erst um 180 Grad gedreht werden müssen, kann man vermutlich das Ziel vergessen. Das bedeutet aber, daß die Menschen in der Organisation, ihre Gefühle und Ängste verstanden und berücksichtigt werden müssen. Mit anderen Worten: Die Softfaktoren müssen beachtet werden. Weil das nur zu oft von sogenannten harten Managern negiert wird, erleiden so viele Strategien oder Verbesserungsprojekte Schiffbruch.

Resümee Roswita Königswieser:
In diesem Veränderungsprozeß ist es uns gelungen, die harten und die weichen Faktoren zu verbinden. Es ging einerseits um eine neue Art, Geschäfte zu machen und Einsparungen zu erzielen, andererseits um eine neue Einstellung, um Wertewandel. Diese Verbindung spiegelte sich im Vorgehen, in der Projektarchitektur wider. Die Dimensionen Strategie, Struktur und Kultur wurden als interdependent behandelt.

Der Prozeß und die Zusammenarbeit von Auftraggebern, Steuergruppe und Beratern wurden regelmäßig reflektiert und in der Folge passende Interventionen abgeleitet.

Die auftretenden Widersprüche und Konflikte wurden ernst genommen, und es wurde versucht, sie zu integrieren: Die stark konkurrierenden Tendenzen in Richtung Bewahrung (Ältere) beziehungsweise Veränderung (Jüngere), die quer durchs Unternehmen gingen, wurden immer wieder bearbeitet. Die Konzernkultur war eigentlich gegen den Changeprozeß. Der Widerspruch zwischen Projekt und Linie war in diesem Prozeß kein großes Thema, weil die wichtigsten Linienmanager mit eingebunden waren. Der Dimension „Planung und Umsetzung" wurde ein sehr hoher Stellenwert zugemessen. Der Schwerpunkt lag von Anfang an auf der Implementierung.

Der Widerspruch Person – politisches Umfeld spiegelte sich hier nicht in Ängsten vor Arbeitsplatzverlust wider – das war am Schweizer Arbeitsmarkt kein Thema –, dafür aber in der Überforderung durch die Veränderungsgeschwindigkeit und die Komplexität des global agierenden Unternehmens. Die Mitarbeiter selbst hatten Mühe, die dreifache Matrix zu verstehen, die Zuständigkeiten und die Konzernspiele zu durchschauen und damit umzugehen.

Obwohl das Projekt schließlich durch den Konzern gestoppt wurde, war der *turn around*, der innerhalb von zwei Jahren erreicht worden war, nicht mehr rückgängig zu machen. Über den gesamten Prozeß hinweg wurde die Zusammenarbeit zwischen Managern und Beratern immer enger und integrierter. Jetzt sind wir ja Kollegen!

15 „Rotkäppchen"

Das Verhängnis unreflektierter Einverleibungen

> *„Aber, Großmutter, was hast du für ein entsetzlich großes Maul!"* – *„Daß ich dich besser fressen kann."*
>
> Wenn die Augen größer sind als der Mund, wenn mehr Wasser einverleibt wird, als der Magen dann verkraftet – dann hat nicht nur der Wolf namens Großmutter im Märchen Identitätsprobleme. Kooperativ zu wachsen, statt konzentriert zu fressen, ist nicht nur gesünder, sondern allemal auch nachhaltiger.

Alexander Exner, Eva-Maria Preier

Ausgangssituation

Es geht hier um die Geschichte zweier Unternehmen, die beschlossen haben, sich zu einem zusammenzuschließen, um in der „Weltrangliste" ihrer Branche unter die Top 3 zu gelangen.

Berichte über Fusionen und Merger werden in den Medien mit Spannung verfolgt, Untersuchungen über Erfolge und Mißerfolge sowie über langfristige Folgen – positive wie negative – werden in Wirtschaftszeitschriften veröffentlicht (vgl. Beitrag „Spieglein, Spieglein an der Wand").

Hintergrund dieses Artikels ist der 1999 durchgeführte Merger zweier internationaler, global agierender Wirtschaftsberatungsunternehmen. Das „neue" Unternehmen ist jetzt nach unterschiedlichen Sparten und Ländern organisiert und beschäftigt insgesamt rund 100 000 Mitarbeiter. Der Auftrag an uns erging aus einer Unternehmenssparte in einem mitteleuropäischen Land, die aus den ursprünglich zwei Firmen mit 500 beziehungsweise 2500 Mitarbeitern hervorgegangen war.

Das Modell lebt

Im Kontext unseres Modells stellt sich der Ablauf unseres eineinhalb Jahre dauernden Beratungsprojekts folgendermaßen dar:

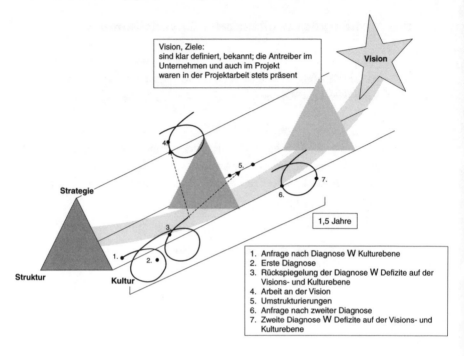

Abb. 15.1 Der Prozeß im SIM-Modell

Der Ablauf

1. Anfrage nach Diagnose
Kurz nach dem Merger wurden wir beauftragt, eine Unternehmensdiagnose zu erstellen. Ziel dieser Diagnose war es, konkrete Ansatzpunkte für begleitende Maßnahmen hinsichtlich der *post merger integration* zu erhalten. Der Auftraggeber war durch ein fünfköpfiges Team aus dem mittleren Management repräsentiert, das quasi als Spezialeinheit *(task force)* die „post merger"-Phase unternehmensintern steuern sollte. Für die Erstellung der Diagnose wurde von uns ein Staff aus sechs Beratern eingerichtet.

2. Erste Diagnose
Im Vorfeld erarbeitete der Staff einen allgemeinen Interviewleitfaden und die Auswertungskriterien. Landesweit wurden insgesamt 15 2stündige Gruppen-

interviews mit je rund fünf bis zehn Mitarbeitern, die sozusagen einen repräsentativen Querschnitt durchs Unternehmen boten, geführt. Die Interviews wurden von je einem Berater geführt und auf Band aufgenommen. Die anschließende Auswertung wurde von zwei getrennt arbeitenden Beraterstaffs vorgenommen, wobei einer das Hauptaugenmerk auf die manifesten, der andere auf die latenten Inhalte der Interviews legte. Die Ergebnisse beider Auswertungen wurden abgeglichen, zusammengetragen und in zwei Berichten dargestellt.

3. Rückspiegelung der Diagnose
Die Ergebnisse der Diagnose wurden von uns dem Klientensystem *(task force)*, der Unternehmensleitung und den Interviewten rückgespiegelt. Hier die wichtigsten Ergebnisse der ersten Diagnose:

- Zwei Unternehmenskulturen, die als völlig unterschiedliche, getrennte Welten erlebt wurden, prallten aufeinander: Eine stark regional organisierte und „familiäre" (europäische) Kultur steht einer international organisierten und „einzelkämpferisch" orientierten (amerikanischen) Kultur gegenüber.
- Die Mitarbeiter waren stolz auf die „Welten", aus denen sie gekommen waren. So präsentierte sich zum Beispiel in der Vorstellungsrunde bei den Interviews jeder mit den Worten: „Ich bin aus Ex . . . " Sie konnten sich mit dem neuen Unternehmen nicht identifizieren.
- Der Merger war für die meisten zwar logisch verständlich, emotional jedoch nicht nachvollziehbar.
- Die meisten Mitarbeiter und viele Manager sind überhaupt erst durch die Medien über den Merger informiert worden.
- Es gab keinerlei Vision für das neuentstandene Unternehmen.
- Es war keine strategische Gesamtorientierung erkennbar.
- Die neue Unternehmensleitung wurde als abgekoppelt und schwach erlebt, und die Repräsentanten der ehemaligen Unternehmensleitung fühlten sich entmachtet.

Aus dieser Diagnose ergab sich der weitere Ablauf.

4. Arbeit an der Vision
Die *task force* beauftragte zwei Mitglieder des Beraterstaffs, ein begleitendes Coaching durchzuführen, in dessen Verlauf ein Visionsprojekt gestartet wurde. Im Rahmen dieses Projekts wurden vorerst von der Unternehmensleitung erste Vorschläge zur Vision entwickelt. Dieser Entwurf wurde im Rahmen einer Großveranstaltung „gesoundet" und – auf Basis der dabei erhaltenen Impulse – von einer Gruppe fertiggestellt, die aus Delegierten der

Unternehmensleitung und der Führungskräfte bestand. Anschließend wurde in einem sehr aufwendig gestalteten *roll out* die Vision im gesamten Unternehmen vorgestellt und bearbeitet.

5. Umstrukturierungen
- Das Unternehmen veränderte im Laufe des folgenden Jahres zweimal seine Struktur.
- Neue, einheitliche Unternehmensführungs- und Steuerungssysteme wurden eingeführt.

6. Anfrage nach einer zweiten Diagnose
Im Herbst 1999 wurde uns der Auftrag für eine zweite Diagnose erteilt, die wie die erste gestaltet wurde. Diese Diagnose sollte als eine Art „Fusionsbarometer" Rückmeldungen über die Auswirkungen des Mergers und der damit einhergehenden Neuerungen und Veränderungen auf der Kultur-, der Struktur- und der Strategieebene aufzeigen.

Damit eine neutrale Sichtweise der Interviewer gewährleistet blieb, wurden die Interviews sowie deren Auswertung nur von Beratern, die in der Zwischenzeit nicht im Unternehmen tätig waren, geführt. Offizieller Auftraggeber waren diesmal die für *human resources* Zuständigen.

7. Zweite Diagnose
Hier die wichtigsten Ergebnisse:

- Einheitlicher Tenor: „Merger" ist gleichbedeutend mit der Erfahrung „Plötzlich war Chaos".
- Die Unternehmensleitung wird jetzt zwar als stark, aber in noch höherem Maß als früher als von den Mitarbeitern abgekoppelt erlebt. Viele Mitarbeiter wissen nicht genau, wer eigentlich ihr Unternehmen steuert.
- Die Leitung versucht, mit viel Bürokratie und Administration das Unternehmen unter Kontrolle zu bekommen; diverse Systeme und Instrumente werden eingeführt und nach einigen Tagen wieder geändert. Die Mitarbeiter erleben das als nicht nachvollziehbaren Aktionismus.
- Die Fluktuation dürfte stark gestiegen sein; es gibt viele Gerüchte, aber keine konkreten Zahlen. Vor allem wichtige Schlüsselpersonen mit langjährigem Know-how und akquisitionsstarke Manager verlassen das Unternehmen.
- Die erarbeitete Vision wurde zwar im Rahmen eines aufwendigen *roll out* vorgestellt, aber von den Mitarbeitern weder inhaltlich verstanden noch emotional erfaßt. (Typischer Kommentar: „Weißt *du* vielleicht, was die uns sagen wollten?")

- Es wurde zu einem Tabu, über die ursprünglichen Unternehmen und den Merger zu sprechen.
- Die Mitarbeiter sorgen sich um die Zukunft des Unternehmens, weil sie keinerlei Strategie für neue Geschäftsfelder erkennen und sich nach wie vor nicht mit dem Unternehmen identifizieren.

Die Ergebnisse der zweiten Diagnose sollten wie die der ersten von uns an die verschiedenen Gruppierungen des Unternehmens rückgespiegelt werden. Nach der Präsentation an die Leitungsgruppe wurden kurzfristig alle geplanten weiteren Präsentationen abgesagt – mit der Begründung, man habe hierfür nicht genügend Zeit. Diese Unternehmenssparte unseres Klienten ist derzeit weltweit auf der Suche nach einem neuen starken Partner. Das heißt: Der nächste Merger steht ins Haus.

Reflexion aus Beratersicht

Das Ergebnis dieses Beratungsprozesses ist paradox: Wir wurden geholt, um das Kulturthema anzugehen, und erzielten in diesem Bereich nur sehr wenig Wirkung, jedoch starke Wirkung im Struktur- wie auch im Strategiebereich.

Aus unserer jetzigen Sicht waren die größten Stolpersteine und Hindernisse in folgenden Tatsachen begründet:

- Das Klientensystem (KS) und das Beratersystem (BS) waren zu lose gekoppelt, und daher entstand ein Berater-Klienten-System (BKS), das zu wenig Energie hatte, den Gesamtprozeß zu verantworten:

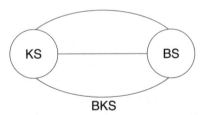

- Die Auftraggeber waren sowohl bei der ersten Diagnose *(task force)* als auch bei der zweiten Diagnose *(human resources)*, was ihre Machtposition beziehungsweise Bedeutung im Unternehmen anbelangte, zu schwach besetzt.
- Die Integration der Ebenen Strategie, Struktur und Kultur war nicht ausreichend beziehungsweise gar nicht gegeben.

- Es gab keine Steuergruppe, die den gesamten Prozeß in allen drei Dimensionen hätte koordinieren können.
- Die *task force* hatte ihre Aufgaben in harte (neues Entlohnungssystem, neue Administration) und weiche (Subprojekt Kultur) Projekte aufgesplittet.
- Das Welt- und Menschenbild von BS und KS klafften auseinander. Das BS war „nur" partiell (bei einigen wenigen Mächtigen) anschlußfähig.
- Die Integration von Linie und Projekt geschah nur lose und impulsiv.
- Prozeßdenken war im Unternehmen kaum vorhanden.
- Pioniergeist war zwar gegeben, doch mangelte es an
- Balance zwischen Verändern und Bewahren – letzteres war kein Thema.

Hier im Rückblick unsere wichtigsten Hypothesen zum Auftrag:

- Hidden agenda: Die Beratergruppe Neuwaldegg wurde engagiert, um intern einige aufgeregte Mitarbeiter und Manager zu beruhigen.
- Das Unternehmen schummelte sich um die Kulturecke herum und engagierte uns, um dieses Defizit abzudecken: „Wir als BS dürfen daran kitzeln."
- Die Rückspiegelung der Ergebnisse der zweiten Diagnose wurde verhindert, weil bereits der nächste Merger vorbereitet wurde und man für diese „Zwischenphase" keine Energie mehr aufbringen konnte oder wollte.
- Die Schwierigkeit, zwei unterschiedliche Unternehmenskulturen in ein neues Ganzes zu integrieren, spiegelte sich auch in den beiden schwer miteinander zu koppelnden Kulturen von Berater- und Klientensystem wider.

Resümee

Die zentrale Frage, die nach einem Merger gestellt wird – nämlich, ob dieser gelungen ist –, muß differenziert beantwortet werden. Betrachtet man die derzeitigen Unternehmenskennzahlen, ist sie klar mit Ja zu beantworten: Das neue Unternehmen existiert, es hat sich innerhalb des Marktes positioniert und etabliert, und es verzeichnet Wachstumsraten. Richtet man das Auge auf *human resources*, Kultur, Vision und Zukunftsstrategien, muß man, zumindest aus heutiger Sicht, Zweifel über den Erfolg des Mergers äußern. Die meisten Mitarbeiter äußern große Sorge um die Zukunft, erleben die Fluktuation als bedrohlich, die neuen Steuerungssysteme und -instrumente als belastend und verwirrend und sehen kein Ziel am Horizont. Sie haben sich mit dem neuen Unternehmen noch nicht identifiziert. Zugleich wissen sie, daß auch dieses Unternehmen in kürzester Zeit nicht mehr in derselben Form existieren wird, weil bereits der nächste Merger vor der Tür steht.

Wir als Berater bleiben nach der Arbeit in dieser Firma mit einem schalen Gefühl zurück. Einerseits haben wir nach unserem Verständnis von Beratung und Professionalität gute Arbeit geleistet, andererseits ist es uns nicht gelungen, bei den „Mächtigen" im Unternehmen Verständnis für die gesamtheitliche Natur des Prozesses (siehe „Reflexion aus Beratersicht") zu wecken. Obwohl sich also unsere Theorien wieder einmal in der Praxis als richtig erwiesen hatten, erfüllte uns das – da es sich um ein „Negativbeispiel" handelte – nicht mit Genugtuung, sondern eher mit einem Gefühl der Frustration.

Teil IV

Instrumente im Einsatz

16 „Spieglein, Spieglein an der Wand" (Schneewittchen)

Kulturanalyse und -diagnose als SIM-Instrumente

Elisabeth Ferrari, Roswita Königswieser

1. Einleitung

Folgt man dem Grundgedanken des Systemischen IntegrationsManagements bei Entwicklungsprozessen und Entscheidungen, nämlich die Integration als Leitprinzip ernst zu nehmen, kommt man sehr rasch zur Idee, auch im Falle von Akquisitions- und Merger-Prozessen ein entsprechendes Vorgehen zu entwickeln. Das bedeutet, daß in der Pre-Merger-Phase die *financial due diligence* um die *cultural due diligence* erweitert werden muß und die harten und weichen Faktoren gemeinsam berücksichtigt werden. Grundsätzlich sollte die gewissenhafte Bestandsaufnahme und Diagnose der Organisationskultur nicht als rein technisches Instrument gesehen werden, weil bereits das Verfahren als solches verschiedenste Widersprüche zu integrieren imstande ist und somit in besonderer Weise dazu beiträgt, das Unternehmen weiterzuentwickeln.

Das gilt nicht nur für das Verbinden von Strategie – Struktur – Kultur, sondern auch für das Verzahnen von harten und weichen Faktoren, das Verweben von Planung und Umsetzung, von verändernden und bewahrenden Strömungen und von Vergangenheit und Zukunft.

Für uns bedeutet das Instrument Organisationsdiagnose in der *cultural due diligence* die Anwendung des SIM-Modells auf Akquisitions- und Merger-Prozesse. Der folgende Beitrag soll das beschreiben. Wir, die Autorinnen, haben in unterschiedlichen Branchen mit unseren Expertenteams diese Art von Diagnose durchgeführt und erfahren, welch wertvollen Beitrag sie zu qualifizierten Entscheidungen einerseits und zu Entwicklungsprozessen andererseits leisten kann.

Wir wollen aber auch zeigen, wie schwierig es ist, mit einem integrierenden Modell die Anschlußfähigkeit an alle Akteure, zum Beispiel an die Finanzwelt, nicht zu verlieren.

Gerade der Kontext von Mergers und Akquisitionen macht besonders deutlich, wie fatal Einseitigkeit ist und wie negativ es sich auswirkt, wenn die „weichen" Themen zu kurz kommen.

2. Die Härte der weichen Faktoren in Merger-Prozessen

Diese Formulierung von Jansen (2000) trifft den Kern: Die weichen Faktoren erweisen sich in Merger-Prozessen als ziemlich hart. Und dies führt zu erheblichen Problemen, insbesondere wenn man die steigenden Merger-Zahlen bedenkt. Fast täglich wird in der Wirtschaftspresse von Fusionsabsichten oder Unternehmenskäufen berichtet. Der Markt ist in Bewegung: Hier wird gekauft, dort verkauft, heute wird fusioniert, und morgen trennt man sich wieder und sucht neue Partner. Die Zahl der Transaktionen hat sich seit 1996 weltweit mehr als verdreifacht. Dabei stieg das Transaktionsvolumen auf mehr als das Neunfache an; der Umfang der einzelnen Transaktionen nimmt also ebenfalls zu.

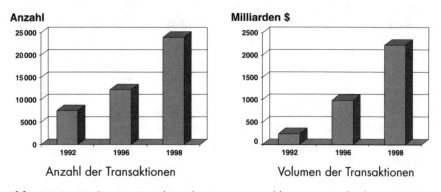

Abb. 16.1, 16.2   Die Zunahme der Zusammenschlüsse im Vergleich von 1992 bis 1998. Quelle: S. A. Jansen (1999a).

Wer im internationalen Wettbewerb überleben will, so ein Argument der Unternehmer, muß eine bestimmte Größe aufweisen und über genügend Potenz verfügen, um nicht selbst geschluckt zu werden. Der Logik von Unternehmenszusammenschlüssen scheint daher auf den ersten Blick eine einfache Rechnung zugrunde zu liegen: 1 + 1 = 3. Zusammenschluß bedeutet Synergieeffekte: Bündelung von Einkaufsmacht, Abbau redundanter Organisationseinheiten, bessere Kontrolle der relevanten Märkte, Rationalisierungseffekte, die durch optimal verzahnte und zentralisierte Prozeßabläufe entstehen.

Betriebswirtschaftlich wird der Trend zu immer größeren Fusionen und Unternehmenskäufen mit schnellem, dynamischem Wachstum, *economies of scale*, globaler Präsenz in turbulenten Märkten und mit den Erwartungen von Anteilseignern auf dem Kapitalmarkt begründet. Folgt man den Prognosen verantwortlicher Manager und Investmentbanker, könnte man meinen, daß Fusionen und Unternehmenskäufe tatsächlich einen Königsweg zu grenzenlosem Wachstum und Wohlstand darstellen.

Was in der Theorie und in den Vorstellungen und Erwartungen der beteiligten Manager und Unternehmensberater so klar und nachvollziehbar klingt, wird allerdings von der Wirklichkeit auf eine harte Probe gestellt. Empirische Untersuchungen weisen eindeutig auf niedrige Erfolgsaussichten hin. Bei aller Unterschiedlichkeit der Bewertung und der Untersuchungsmethoden kristallisiert sich als Ergebnis heraus, daß branchenübergreifend in nur etwa 40 Prozent der untersuchten Fälle eine Fusion als erfolgreich bezeichnet werden kann.

Dies heißt im Klartext, daß in 60 Prozent der Fälle die fusionierten Unternehmen auch nach einer längeren Phase des Zusammenwachsens weniger rentabel waren als die entsprechenden Einzelunternehmen vor dem Zusammenschluß. Im Bankensektor liegt die Mißerfolgsquote sogar bei 85 Prozent. Statt 1+1 = 3 ergibt die Mathematik der Fusionen also meist nur 1+1 < 2. Die Rentabilität danach ist also geringer als die der früheren Einzelunternehmen zusammengenommen. Hierfür einige eindrückliche Beispiele (vgl. Jansen, 1999b):

- 61 Prozent aller fusionierten Unternehmen wurden nach fünf Jahren wieder getrennt.
- Der durchschnittliche Verlust nach Fusionen betrug für die Aktionäre amerikanischer Unternehmen im Zeitraum 1955–1987 10,26 Prozent nach fünf Jahren.
- Die Vermögensverluste nach gescheiterten Fusionen in den achtziger Jahren werden auf 300 bis 500 Milliarden DM geschätzt.
- Wird die Börsenwertsteigerung als Erfolgskriterium gesetzt, scheitern zwei Drittel bis drei Viertel aller Fusionen.

Trotz dieser Ergebnisse hält der Trend zu Unternehmenszusammenschlüssen weiter an. Die Fälle, in denen *Mergers & Acquisitions* (M & A) positiv verliefen, zeigen ja, daß auch Erfolg möglich ist. Und wie Erfinder, die sich bei dem Versuch, endlich ein Fluggerät zu bauen, immer wieder die Beine brechen, versuchen es die verantwortlichen Manager auch immer wieder – unterstützt von einem Heer von Beratern mit betriebs- und finanzwirtschaftlicher Kompetenz. Doch solange die Gründe für das Scheitern nicht gefunden sind, gibt es auch kein Rezept für das Gelingen.

Vor jedem Unternehmenszusammenschluß werden üblicherweise gründliche Unternehmens- und Marktanalysen vorgenommen. Warum aber lassen sich die prognostizierten Erfolge so selten realisieren? Werden durch Fusionen falsche Erwartungen geweckt, oder wurden bei den Planungen Faktoren, die das Ergebnis von Fusionsprozessen nachhaltig beeinträchtigen, nicht ausreichend berücksichtigt? Letzteres scheint der Fall zu sein. Picot (1999) nennt als die vier wesentlichen Mißerfolgsfaktoren:

- unsystematische und inkonsistente Akquisitionsstrategie,
- ungenügende Ermittlung und ebensolche Umsetzung der Entscheidungsgrundlagen,
- Kommunikationsdefizite,
- Schwierigkeiten bei der Integration der verschiedenen Unternehmen und Unternehmenskulturen.

Eine unsystematische Akquisitionsstrategie und eine nicht ausreichend gründliche Ermittlung der Entscheidungsgrundlagen deuten darauf hin, daß auch das inzwischen reichlich vorhandene betriebs- und finanzwirtschaftliche Know-how nicht immer genutzt beziehungsweise nicht bewußt im Sinne eines ordentlich gestalteten Prozesses eingesetzt wird. Nur in jeder achten Transaktion wird eine *due diligence* durchgeführt. Im Vertrauen auf die eigene Kompetenz wird zu rasch und eher intuitiv entschieden. Die von Porter (1997) beschriebene unprofessionelle Abwicklung der *due diligence* und die von Roll (1996) analysierte Selbstüberschätzung des Managements bei der Einschätzung der eigenen Integrations- und Konfliktlösungskompetenz im Rahmen von M & A sind also Mißerfolgsfaktoren, die bis heute nicht behoben wurden.

In kaum einer Transaktion werden bisher die Faktoren betrachtet, die sich einer „harten" betriebswirtschaftlichen Betrachtung entziehen: Die Frage der Unternehmenskulturen wird selten systematisch bewertet. Dies erklärt die beiden anderen Mißerfolgsfaktoren, die Picot nennt: Kommunikationsdefizite und Schwierigkeiten bei der Integration. Sie sind es, die jeden noch so gut vorbereiteten und noch so sorgfältigen Firmenzusammenschluß zu Fall bringen können, weil Mißverständnisse, die sich aus unterschiedlichen Kulturen ergeben, Identitätsbindungen an das bisherige Unternehmen und die bisherigen Unternehmensziele und Irritationen, die bei den Mitarbeitern und Führungskräften durch den M & A-Prozeß an sich und durch das Aufeinanderprallen von Unterschiedlichkeiten entstehen, nicht ausreichend beachtet werden.

Jeder Merger-Prozeß erfordert es, die unterschiedlichen Unternehmenskulturen in der einen oder anderen Weise zusammenzuführen oder zu vernetzen. Hierfür hat sich in den letzten Jahren der Begriff „Post Merger Integration Management" etabliert. Im Post-Merger-Prozeß arbeiten meist Projektteams auf den verschiedenen Ebenen, um die im Zuge der Unternehmensbewertung errechneten Synergie- und Wachstumseffekte zu realisieren. In diesen Projekten arbeiten dann Personen aus den ursprünglich zwei Unternehmen zusammen, deren Auftrag es ist, das Zusammenwachsen zu einem Unternehmen zu fördern, und deren Interesse es ist, dabei möglichst viel von dem zu bewahren, was ihnen aus ihrer bisherigen Unternehmenskultur vertraut ist und mit dem sie sich bisher identifiziert haben. Zwei Kulturen mit ihren Ähnlichkeiten und Unterschieden treffen aufeinander. Und hier entstehen dann oft Emotionen, Animositäten und Verhinderungstendenzen, die jeden Projektleiter, jeden Manager zur Verzweiflung bringen können. Die Härte der weichen Faktoren schlägt zu.

Paul Achleitner (Finanzchef Allianz) kommentiert die gescheiterte Fusion von Deutscher Bank und Dresdner Bank: „Es menschelt halt; nicht bei der Durchführung, aber bei der Umsetzung. So ist das halt." (Zitat aus „DIE ZEIT", 19. 4. 2000; S. 25)

Die Reaktionen vollziehen sich unbewußt, weil die Kulturunterschiede zwar erlebt und deutlich gespürt, aber nicht reflektiert werden. Die Folgen sind vielschichtig und teuer. Für die Mitarbeiter der fusionierten oder aufgekauften Unternehmen wächst der Streß, und die Unsicherheit bezüglich der eigenen Position und der Zukunft des Unternehmens nimmt zu. Die Bindung an das eigene Unternehmen wird schwächer, gute Mitarbeiter verlassen es. Die Motivation und die Moral der Bleibenden werden auf eine harte Probe gestellt. Enttäuschung macht sich breit, und die sozialen Kosten gefährden zunehmend den betriebswirtschaftlichen Vorteil. Durch Irritation der Kunden und Zulieferer, Reputationsverlust und Markengefährdung entstehen weitere Kosten. Der steigende Aufwand bei der Integration von Unternehmen läßt Synergieeffekte dahinschmelzen. Je mehr Energie nach innen gebunden ist, desto weniger Energie steht für den Markt zur Verfügung.

Die Bedeutung und die Wirksamkeit der sogenannten „weichen" Faktoren ist inzwischen auch betriebswirtschaftlich anerkannt, hat sich jedoch dort methodisch noch nicht niedergeschlagen. Schließlich werden „weiche" Faktoren auch in unserem Kontext deshalb als weich bezeichnet, weil sie nicht eindeutig in „harten" Zahlen ausgedrückt werden können – es gibt für sie keine Meßwerte wie etwa die vermeintlich aussagekräftigen Kennzahlen finanz- und betriebswirtschaftlicher Erfolgsbilanzen – und weil bei ihnen keine eindeutigen Ursache-Wirkungs-Zusammenhänge ausgemacht werden können.

Auch das Thema *kultureller Fit*, also das Zusammenpassen der Unternehmenskulturen, wird von den Akteuren theoretisch wohl als relevant angesehen, aber es wird nicht danach gehandelt. Es „reichen" die eigenen Beobachtungen. Ein Investmentbanker drückte das so aus: „Ich gehe ins Unternehmen, sehe das Gebäude, spreche mit den Menschen und mache mir mein Bild vom Zusammenpassen der Unternehmen – das genügt." Die Erfahrung zeigt, daß das zu wenig ist.

Das Zusammenpassen der Kulturen stellt, neben den strategisch-kulturellen Voraussetzungen, in Merger-Prozessen einen zentralen Erfolgsfaktor dar. Die Unternehmenskultur bestimmt das Leben in Organisationen: Sie definiert, was geboten und verboten ist, welches Verhalten belohnt oder bestraft wird, was der Norm entspricht, das heißt, was normal ist, selbstverständlich ist. Sie wirkt sich auf das Selbstverständnis der Führung aus, auf die Art der Kommunikation im Unternehmen, mit Partnern, Lieferanten und Kunden. Die Werthaltungen im Unternehmen stellen unsichtbare Weichen für die Lernfähigkeit, den Umgang mit Unsicherheiten oder Risiko. Die Denkmuster des Unternehmens beeinflussen die Art und Weise von Problemlösungen. Die Unternehmenskultur ist das A und O für die Umsetzung von Entscheidungen, für die Zusammenarbeit zwischen Partnern. Dabei spielt die Tatsache eine zentrale Rolle, daß all das, was die Kultur ausmacht, zum großen Teil unbewußt ist, daher besonders schwer faßbar und genauso schwer kalkulierbar ist. Aus ebendiesen Gründen ist eine Veränderung beziehungsweise eine Beeinflussung der Unternehmenskultur, der mentalen Ebene, der Einstellung und Haltung von Menschen enorm schwierig.

3. Cultural due diligence als Entscheidungshilfe bei der Partnersuche

Vorweg wollen wir noch die Unterscheidung zwischen Organisations- und Kulturanalyse definieren. Organisationsdiagnosen umfassen die gesamte Identität der Organisation als dynamisches soziales System. Dazu gehören ihre Sinnkategorien, ihre relevanten Umwelten, ihre Strukturen und Prozesse (vgl. Exner, 1992). Die Kulturanalyse baut auf der Organisationsdiagnose auf und fokussiert die kulturellen Charakteristika. Das Instrument der Organisationsdiagnose erfaßt besonders die latenten, unbewußten Denk- und Wahrnehmungsmuster eines Systems.

Das Verfahren vereint in sich Methoden der qualitativen Sozialforschung und der systemischen Organisationslehre (vgl. Froschauer/Lueger, 1992), wobei die konstruktiv-hermeneutische Interpretationsmethode eines der Basiselemente darstellt. Im Rahmen von Beratungsprozessen und wissenschaftlichen Arbeiten wird es von uns und anderen seit Jahren erfolgreich eingesetzt. Eine Diagnose hilft, ein Unternehmen nicht nur oberflächlich zu verstehen, das heißt, tiefer in die Zusammenhänge und Abläufe einzudringen und dazu passende, maßgeschneiderte Interventionen zu entwickeln (vgl. Königswieser/Exner, 1998).

Das Instrument *cultural due diligence* stellt also eine Weiterentwicklung des *due diligence*-Verfahrens dar. Es beschreibt Unternehmenskulturen nicht nur im Sinne eines statischen Analyseinstruments, sondern es ist gleichzeitig, wenn es entsprechend gehandhabt wird, ein dynamisches Gestaltungs-, Entwicklungs- und Integrationselement. Diese Grundthese entspricht unseren Erfahrungen und soll nun konzeptionell und später in einem Beispiel dargestellt werden.

Die Methode ist übrigens auch für Evaluationsverfahren ideal geeignet, weil mit ihrer Hilfe Veränderungen in der mentalen Einstellung gemessen werden können (vgl. Froschauer, 2000) und somit der Erfolg oder Mißerfolg von Veränderungsprozessen beschrieben werden kann.

Zur Erläuterung: *Due diligence* bedeutet, wörtlich übersetzt, eine Prüfung, die mit angemessener Sorgfalt durchgeführt wird. Eine *due diligence* in einem M & A-Geschäft ist also eine sorgfältige Analyse, Prüfung und Bewertung eines Unternehmens, das ganz oder in Teilen verkauft werden soll. Im wesentlichen geht es um die Beschaffung und Aufarbeitung von Informationen – mit dem Ziel, das zum Verkauf anstehende Unternehmen auf verborgene Chancen und Risiken hin zu durchleuchten, um seinen Wert im Hinblick auf künftig zu erwartende Zahlungsströme besser einschätzen zu können.

Eine *due diligence* besteht meist aus folgenden Teilprüfungen:

- *financial due diligence*
- *commercial due diligence* (Markt, Mitbewerber, Produkte)
- *legal due diligence* (rechtliche Analyse)
- *environmental due diligence* (Umweltfragen)

Die *due diligence* wird im Regelfall von Mitarbeitern des Käuferunternehmens und externen Beratern – vorzugsweise von Wirtschaftsprüfungsunternehmen, Banken und Rechtsanwälten – durchgeführt.

Die bisherigen Versuche, auch die Kultur sorgfältig zu prüfen, haben sich zum einen als sehr zeitaufwendig, zum anderen aber auch als unbefriedigend erwiesen. In dem hilflosen Versuch, Nicht-Meßbares auswertbar zu machen, wurden Hierarchieebenen gezählt, Personalakten ausgewertet und Gespräche beobachtet, wobei die Häufigkeit bestimmter Themen oder Redewendungen festgehalten wurde. Nicht selten orientiert man sich bei der Suche nach prägenden Kulturelementen an bestimmten, vorab definierten Kulturtypen (vgl. Nahmer, 2000).

Die Organisations- oder Kulturdiagnosen selbst müssen in einen bewußten Kommunikationsprozeß eingebettet sein, um ihre volle Wirkung entfalten zu können. Jeder Prozeßschritt bietet dabei spezifische Entwicklungsimpulse.

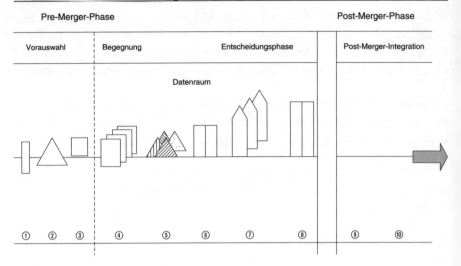

Abb. 16.3 Der *cultural due diligence*-Prozeß

1. Auftrag
2. Diagnose beim Auftraggebersystem
3. Festlegung der Bewertungskriterien
4. Beobachtung der Managementpräsentationen
5. Diagnose bei den potentiellen Partnersystemen
6. Gesamtauswertung und Bericht
7. Ergänzende Analyse der Angebote
8. Gesamtpräsentation bei den Auftraggebern
9. Präsentation bei den Partnerunternehmen
10. Post-Merger-Integrationsprozeß

Im folgenden beschreiben wir die Prozeßschritte im einzelnen.

1. Auftrag
Die Auftragsspezifikation zwischen Beratern und Auftraggebern impliziert bereits die Beschreibung des Instruments, das ja in den Pre-Merger-Prozeß eingebettet ist. Dabei wird das Bewußtsein für den kulturellen Aspekt und die Funktionen des Instruments im Auftragssystem geschärft. Voraussetzung dafür ist allerdings, daß im Klientensystem bereits ein Minimum an diesbezüglichem Bewußtsein vorhanden ist, denn sonst kommt es gar nicht erst zu einem Auftrag dieser Art. Meist kaufen die Kunden das Instrument aus Vertrauen. Die Auswirkungen werden oft erst im nachhinein erkannt. Schon in der Vertragsphase muß dem Klienten klar sein, daß alle Akteure informiert werden müssen, damit es nicht zu Blockaden kommt. Das gilt insbesondere

für die verantwortlichen Projektleiter der Investmentbanker, da sie in einer anderen Logik agieren.

2. Diagnose beim Auftraggebersystem

Die Diagnose bezüglich des auftraggebenden Unternehmens steht zu Beginn der *cultural due diligence*. Sie bildet den Bezugsrahmen für die vergleichenden Analysen der anderen Unternehmen und kann schon frühzeitig, also vor Beginn der heißen Phase, erstellt werden. Hier werden die wesentlichen Muster des Unternehmens aufgezeigt und zu dessen Zielen in Bezug gesetzt, speziell zu denen, die durch die Unternehmenszusammenführung erreicht werden sollen. Wird zum Beispiel Wachstum in unsicheren Märkten angestrebt, oder sind eher Synergieeffekte in einem geschlossenen Markt angesagt? Diese unterschiedlichen Ziele erfordern auch eine jeweils andere Haltung – zum Beispiel den Umgang mit Unsicherheit oder die Schnelligkeit der Reaktion auf sich wandelnde Märkte betreffend.

Das zentrale Element der Diagnose sind Gruppeninterviews, die wir deshalb bevorzugen, weil dabei nicht nur die Erzählungen und Beschreibungen der Personen Informations- und Interpretationsmaterial liefern, sondern auch die Dynamik der Gruppe an sich schon aufschlußreich ist. (Geht es laut oder leise zu? Besteht Interesse aneinander? Stellen sich Konkurrenzmuster ein?)

Mit dem Auftraggeber gemeinsam werden sorgfältig die Interviewgruppen zusammengestellt, und zwar so, daß möglichst die Hauptströmungen des Unternehmens erfaßt sind. Die Interviews dauern 1 1/2 bis 2 Stunden. Sie werden auf Tonband aufgenommen und danach (wörtlich) schriftlich festgehalten. Die Gespräche werden „qualitativ" geführt, also ohne festen Fragenkatalog. Da es nicht einfach ist, über die Organisation zu sprechen, von der man ja als Mitarbeiter selbst ein Teil ist, liegt es an der Professionalität der Interviewer, die Gruppe in Richtung „Selbstbeobachtung" zu führen. Es werden alle Themen berührt, die für die Organisationsdiagnose oder die Kulturdiagnose, die ja deren Vertiefung in einer Dimension ist, relevant sind: Wie werden Entscheidungen getroffen? Welche Vision hat das Unternehmen? Was erleben die Mitarbeiter als Sonnen- beziehungsweise Schattenseiten ihrer Arbeit, ihrer Rollen, der Prozesse, die im Unternehmen laufen? Was wird hier belohnt beziehungsweise bestraft? Gibt es Tabus? Wie sehen die Beziehungen zu den relevanten Umwelten aus? Welchen Stellenwert haben Zukunftsthemen? Wie wird das Klima erlebt? Welche drei Wünsche hätte man an eine Fee? Welches Bild, welche Metapher fällt einem zum Unternehmen ein?

Ist das Interview gut geführt, so erleben die Interviewten das Gespräch als Bereicherung. Durch die Selbstbeschreibung werden Zusammenhänge klarer. Die kollektive Gruppenreflexion setzt unerwartete Entwicklungsimpulse, die wir im folgenden noch beschreiben werden.

Das Fragen nach Bildern, Analogien und Metaphern (möglichst gegen Ende des Gesprächs) ermöglicht in sehr eleganter Weise die Einsicht in latente, unbewußte Ebenen, weil die bildhaften Antworten Gefühle und Werte, die schwer in Worte zu fassen sind, veranschaulichen können. („Eine alte, ehrwürdige Burg muß umgebaut werden." "Die Brunnen trocknen aus. Wir müssen in andere Gebiete ziehen, wo Wasser vorhanden ist." „Wir sind ein gesunder Baum mit einem morschen Ast." „Ich fühle mich wie beim Raub der Sabinerinnen – weggeschleppt, vergewaltigt.")

Neben dem Material aus den Interviews werden auch andere Daten aufgenommen und interpretiert: Das sind neben Zahlenmaterial zum Beispiel Broschüren, Ausschreibungstexte, Internetseiten, Symbole wie die Kleidung der Mitarbeiter, die Art und Weise der Büroeinrichtungen. Wesentliche Informationen werden über die Art der Kommunikation mit uns beziehungsweise den Experten transportiert. (Kommen die Interviewten pünktlich? Welche Vorinformationen haben sie? Wie geht man mit uns um?) Wir beobachten oft auch Besprechungen und nehmen an Projektgruppen teil. All das liefert Stoff zur Interpretation.

Sowohl die Interviews als auch deren Auswertung müssen von externen Experten durchgeführt werden. Interne haben – als Teil des Systems – zu große blinde Flecken.

Nach der Datenaufnahme erfolgt die systematische Interpretation nach der „konstruktiv-hermeneutischen" Methode. Die Texte werden in Sinneinheiten zerlegt und in Auswertungsteams auf ihre latenten Aussagen hin gedeutet. (Was wird zwischen den Zeilen gesagt? Was schwingt mit? Was wird gar nicht erwähnt? Wie gehen die Mitglieder der Interviewgruppe miteinander um? Welches Bild von der Organisation ergibt sich? Welche Kultur hat das Unternehmen? Welche grundsätzlichen Strömungen und mentalen Haltungen sind zu orten?) Je nach Kontrakt wird ein kurzer oder umfassenderer Bericht verfaßt und später dem Klientensystem zurückgespiegelt.

3. Festlegung der Bewertungskriterien
Auf Basis der Organisationsdiagnose hinsichtlich des auftraggebenden Unternehmens und aufgrund der Ziele des Mergers erfolgt die Festlegung der Kriterien, die man zur Bewertung des potentiellen Partners und zum Vergleich mit diesem heranziehen möchte. Es ist ratsam, nicht mehr als zehn zu definieren – das Ganze wird sonst meist zu unübersichtlich.

Je nach Strategie und Erwartungen an den künftigen Partner rücken ganz unterschiedliche Fähigkeiten in den Vordergrund. Diese sind kontextabhängig und setzen klare Vorstellungen davon, was man mit der Partnerschaft erreichen möchte, voraus.

So wie das harmonische Zusammenspiel zweier Menschen – zum Beispiel nach einer Eheschließung oder in einer geschäftlichen Partnerschaft – nicht nur von ihrem Charakter abhängt, sondern auch von der Situation, in der sie leben beziehungsweise arbeiten, und davon, was sie miteinander in Zukunft vorhaben und wie rasch beziehungsweise stark sich ihr Umfeld verändert, so spielen auch unterschiedliche Faktoren für einen gemeinsamen Erfolg in der Partnerschaft eine Rolle.

Bei Akquisitionen ist das genauso. Bei strategischen Partnern erwartet man zum Beispiel Stärke, Zukunftsorientierung, bei Übernahmekandidaten Fügsamkeit.

Es wird beim Festlegungsprozeß klar, daß der *fit*, das Zusammenpassen, nicht durch Ähnlichkeit, sondern meist durch Komplementarität, also einander ergänzende Unterschiede, gegeben ist. Konkurrenzierende Vergleiche reduzieren das Gesamtergebnis. Die Unterschiede hingegen bereichern. Beim Festlegen der Kriterien wird bewußt, daß es die Idealkultur nicht gibt, sondern nur zueinander passende oder weniger gut passende Kulturen. Es wird klar, wo Komplementarität in Unverträglichkeit umschlägt.

4. Beobachtung der Managementpräsentationen

Das ist ein ungewöhnlicher Prozeßschritt, der nach unserer bisherigen Erfahrung besonders bei Investmentbankern, die üblicherweise den Ablauf steuern, zu Irritationen führen kann. Es paßt nicht in ihr Schema, daß Beobachter anwesend sind. Für uns aber ist das Beobachten einer ersten Begegnung wertvollstes Material. (Wie werden die Unternehmen dargestellt? Selbstbewußt, mit Understatement? Präsentiert die ganze Gruppe oder nur der Vorstandsvorsitzende, nur der Berater? Spürt man Anziehung oder Abneigung zwischen den Repräsentanten der partnersuchenden Unternehmen beim „Beschnuppern"?)

Nach unserer Erfahrung bewährt es sich, wenn wir als Beobachter am Ende der Präsentation ein kurzes Feedback geben, den gewonnenen Eindruck in drei bis fünf Minuten zurückspiegeln. Denn stumme Menschen im Raum verunsichern. Das Feedback sollte wertschätzend sein und die wechselseitigen Optionen betonen. Keinesfalls darf im Raum ein Gefühl von Abwertung aufkommen. Das systemische Interventionsrepertoire ist hier sicher hilfreich, denn die Situation ist heiß. Die Qualität der Rückmeldung fällt ja auf das Auftraggebersystem zurück – so oder so.

5. Diagnose bei den potentiellen Partnern

Auch hier muß feinfühlig vorgegangen werden. Die Partnerunternehmen dürfen sich nicht „geprüft" fühlen, die Interviewten dürfen nicht „gebrieft" sein. Die Vorgehensweise muß mit dem jeweiligen Ansprechpartner situationsadäquat überlegt werden. Bisher ist das immer gelungen. Es kommt auch vor, daß sich ein Unternehmen weigert, sich einer Kulturanalyse zu unterziehen. Es braucht nicht betont zu werden, daß auch das eine gewichtige Information ist, die interpretierbar ist. Grundsätzlich ist das Vorgehen so, wie in Punkt 2 beschrieben.

6. Gesamtauswertung und Bericht

Bei der Gesamtauswertung kommen zu den einzelnen Diagnosen noch Querbezüge, Analyse der Kriterien für optimales Zusammenpassen und Einschätzung der Wahrscheinlichkeit, die vorhandenen Potentiale noch zu erhöhen, dazu. Hier findet ein Herzstück der *cultural due diligence* statt. Aus der Diagnose leiten wir Empfehlungen ab. Diese beziehen sich einmal auf den potentiellen Partner und seine jeweiligen Vor- und Nachteile, aber auch auf die Chancen, Risiken und wahrscheinlichen Kosten im Falle eines Zusammengehens.

Im Sinne des SIM-Anspruchs werden die qualitativen Aussagen in Zahlen, Graphiken und Balkendiagrammen dargestellt, damit die Verbindung der harten Fakten, der Zahlen, mit den weichen Faktoren, der Kultur, hergestellt wird. Die Übersetzungsarbeit ist keineswegs trivial und erfordert Sorgfalt sowie ein integriertes Denken in beiden Logiken. Es muß eine Sprache und Darstellungsform gefunden werden, die der Charakteristik und den spezifischen Wahrnehmungskategorien der verschiedenen Kulturen entspricht und infolgedessen auch angenommen werden kann. Als Beispiel zeigt die folgende Graphik, wie in einer *cultural due diligence* zusammenfassend der Integrationswert der potentiellen Partner zahlenorientiert beschrieben werden kann. Dieser wird dabei aus dem Vergleich der Einzelergebnisse der Organisationsdiagnose ermittelt und zeigt im Sinne eines erweiterten Notensystems, welche Chancen und Risiken die jeweilige Partnerschaft mit sich bringen wird.

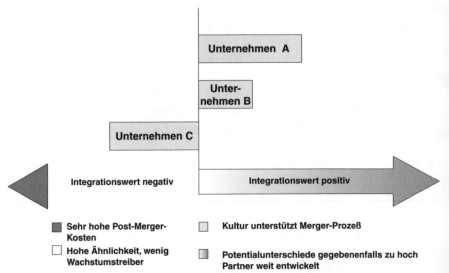

Abb. 16.4 Darstellung des Integrationswerts potentieller Partner

Über die Darstellung in Zahlen hinaus arbeiten wir an einer Übersetzung der qualitativen Ergebnisse in quantitative Kostenschätzungen. Die intuitiv angestellten Rechnungen sollen in eine nachvollziehbare Aufwands- und Kostenstruktur gebracht werden.

Es zeigt sich, daß neben den Graphiken das Aufnehmen und Verarbeiten der von den Mitarbeitern erstellten Bilder (Metaphern, Analogien) in den Bericht ein Königsweg ist, um die Augen und Ohren der Leser und Zuhörer zu öffnen.

7. Analyse der Angebotspapiere der Partnerunternehmen

Diese Analyse umfaßt einerseits ein nochmaliges Checken der Organisationsdiagnosen, bedeutet aber auch eine Verstärkung der Brücke zwischen den betriebswirtschaftlichen und den kulturellen Kategorien. Wir haben beinahe regelmäßig erlebt, daß die Angebote die Kultur widerspiegelten und umgekehrt. Hier erkennt man zum Beispiel Perfektionismus, Großzügigkeit oder Professionalität. Die Ergebnisse werden dann noch in die Gesamtdiagnose eingearbeitet.

8. Gesamtpräsentation der cultural due diligence *bei den Auftraggebern*

Die Auftraggeber entscheiden, wann für sie der beste Zeitpunkt für die Präsentation ist und wer die Ergebnisse hören sollte. Die Präsentation kann am Anfang der Meinungsbildung stehen oder etwas später. So wie in allen Entscheidungen findet man die Muster der Kultur hier wieder. Die *cultural due diligence* stellt neben den anderen Kriterien – wie Kaufpreis, strategische Ausrichtung, Auswirkungen im politischen Umfeld – ein weiteres Element der Letztentscheidung dar.

9. Präsentation bei den Partnerunternehmen

Es versteht sich von selbst, daß das Angebot, jeweils die Ergebnisse der Diagnose, die die eigene Organisation betreffen, zurückgespiegelt zu bekommen, nicht angenommen werden muß. Nur bei Freiwilligkeit wird das Organisations-Feedback aufgenommen und stellt einen Entwicklungsimpuls dar. Sowohl die Teilnehmer (Topmanagement oder alle Interviewten) als auch der Zeitpunkt und die Dauer werden vom Unternehmen selbst bestimmt. Die Präsentation machen jene Personen, die auch die Interviews durchgeführt haben, denen also mit großer Wahrscheinlichkeit Vertrauen entgegengebracht wird. Besonders bei den Unternehmen, mit denen es zu keiner Partnerschaft kam, ist Feingefühl angebracht, damit nicht der Eindruck, abgewertet zu werden, aufkommen kann. Normalerweise bezahlt das Unternehmen 50 Prozent der Rückspiegelungskosten.

10. Post-Merger-Prozeß

Infolge des geschilderten Pre-Merger-Prozesses hat die Integration ja bereits begonnen. Die heiklen Punkte sind erkannt, die mutmaßlichen Hebel für gemeinsame Entwicklung geortet.

Die *cultural due diligence* ist abgeschlossen.

Es gibt für uns klare *Erfolgsfaktoren* für diese Art der *cultural due diligence*:

- Das Instrument der Diagnose ist in einen bewußt gestalteten Prozeß eingebettet, den Auftraggeber und Berater gemeinsam verantworten.
- Die Methoden der qualitativen, offenen Interviews und der Interpretationsmethode (zum Beispiel Sequenzanalyse) garantieren das Erfassen der latenten, unbewußten Tiefendimensionen. Dazu gehören auch professionelle Interviewer und Interpreten, die in der Muttersprache des jeweiligen Systems sprechen.
- Sensibilität ist bei den Präsentationen der Ergebnisse erforderlich, denn diese stellen massive Interventionen dar.

Organisationsdiagnosen mit dem Schwerpunkt Kulturanalyse erfüllen also mehrere *Funktionen* im Pre-Merger-Prozeß.

- Sie stellen eine Entscheidungshilfe dar.
- Bereits vor Abschluß eines Vertrags können somit folgende Fragen geprüft werden: Passen die Unternehmenskulturen überhaupt zusammen? Oder – bei mehreren potentiellen Partnern: Welches Unternehmen unterstützt den beabsichtigten Kurs am besten? Welcher Aufwand entsteht, wenn diese beiden Kulturen aufeinander und auf die angestrebten Ziele abgestimmt werden müssen?
- Somit helfen sie, die Quellen des Mißerfolgs bei M & A zu orten und die Gefahren zu reduzieren. Sie zeigen aber auch Potentiale auf und geben Anregungen, wie diese noch erhöht werden könnten. In diesem Sinne könnte man sie auch als
- Potentialanalysen von Systemen bezeichnen. Potentiale werden dabei nicht linear aufgelistet, sondern im Zusammenhang mit der Beziehungsdynamik zwischen den Organisationen dargestellt und bewertet. Einschätzungen, Fremd- und Selbstbilder geraten auf diese Weise realistischer, prozeßbezogener und differenzierter. Das führt uns zur nächsten Funktion.
- Sie stellen eine Hilfe zur Planung des Integrationsprozesses dar. Nur auf Basis der Analysen können Vorschläge für den Post-Merger-Prozeß gemacht werden, die auf folgende Fragen eingehen: Wie können Synergien gehoben und gleichzeitig Wachstums- und Entwicklungsprozesse einge-

leitet werden? Welche Architektur paßt? Wer sind die Schlüsselpersonen, die einbezogen werden müssen? Wo liegen die Stolpersteine? Welche Ängste sind zu berücksichtigen, damit sie den Integrationsprozeß nicht blockieren?
- Eine der wichtigsten Funktionen liegt aber auf einer noch grundsätzlicheren Ebene: Organisationsdiagnosen erhöhen die Selbststeuerungsfähigkeit von Systemen. Dieser Punkt wird näher ausgeführt, weil er für das SIM-Modell signifikant ist.

Wie oben ausgeführt, steuert sich ein System selbst, indem es Beobachtungen über sich selbst austauscht. Durch *cultural due diligence*, wie wir sie hier beschrieben haben, werden in allen Ablaufschritten Erkenntnisprozesse produziert. Das System begreift seine eigenen Gesetzmäßigkeiten, Grenzen, Bedingungen und Muster. Es lernt, zu sich selbst in Distanz zu gehen, zu analysieren, sich selbst zu thematisieren und mit anderen zu vergleichen, weniger auf Personen als auf Strukturen und Kontexte bezogen zu denken. Das beginnt beim Auftrag, bei dem entschieden wird, sich auf solch einen Reflexionsprozeß einzulassen, auch wenn man nicht voraussehen kann, was alles er auslösen wird. Auch beim Festlegen der Kriterien entsteht automatisch ein differenziertes Bild bezüglich der eigenen Absichten, Erfolgskriterien und Werte. Meist findet in der Projekt- beziehungsweise Entscheidungsgruppe eine Auseinandersetzung statt, die auch wieder Auswirkungen hat: Sich über Erwartungen klar zu werden vermindert das Enttäuschungsrisiko. Durch das Feedback nach den Managementpräsentationen, die wieder starke Entwicklungsimpulse bringen, werden die nächsten Präsentationen verbessert.

Die Interviews, die im Rahmen der Diagnose durchgeführt werden, sind eine mächtige Intervention ins System. Das gemeinsame Nachdenken löst Gemeinschaftsgefühle aus, das Austauschen der verschiedenen Sichtweisen gibt Orientierung, das Sprechen über Eindrücke und Gefühle bringt Entlastung. Der einzelne findet Erklärungen für Unverständliches, die kollektive Betrachtung trägt zu einer differenzierten Wahrnehmung bei, das heißt, sie wirkt nahezu aufklärend. Wird nach Visionen und Wünschen gefragt und werden die mentalen Bilder herausgeholt, so „kommt man dem eigenen Traum einen Schritt näher", wie ein Teilnehmer das einmal formulierte.

Konstruktive Gespräche mobilisieren auch viel positive Energie. Wir haben schon erlebt, daß Interviewteilnehmer nach dem Gespräch individuell oder gemeinsam Probleme einfach angingen. Peter Heintel formuliert das so: „Geteiltes Leid ist halbes Leid, geteiltes Glück ist doppeltes Glück."

Auch bei der Rückspiegelung der Diagnose werden ähnliche Erkenntnisprozesse initiiert, wenn sie anschlußfähig gebracht werden. Sogar das kollektiv Unbewußte kann auf diese Weise bewußtgemacht werden, wenn die Rückspiegelung entsprechend verarbeitet wird. Je größer die Gruppen sind, desto größer ist die Wirkung, aber desto sorgfältiger muß das Design gemacht sein. Durch die Rückspiegelung werden Gruppenreflexionen zu öffentlichen Informationen und entfalten so ihre spezifische Qualität: Die Selbstbilder des Systems können in einer neuen Tiefe begriffen, aus der Latenz herausgeholt und bearbeitet werden. Feedback-Prozesse bewirken Weiterentwicklung.

All die angedeuteten Lernimpulse helfen beim Post-Merger-Prozeß: Auch auf der Ebene der Integration von Widersprüchen leistet das Instrument viel – was bereits direkt oder implizit dargestellt wurde. Durch die relative Anschlußfähigkeit an die Welt der Zahlen, der Ökonomie, wird eine Brücke zwischen Hart und Weich gebaut. Es hilft auch, die Vergangenheit zurückzulassen, sich intensiver der Zukunft, also der Vision, zu widmen. Vergangenheit und Zukunft werden integriert.

Infolge der Befragungen sowie deren Auswertung und Rückspiegelung verbinden sich Innen- und Außenperspektive – zum einen durch die Berater, zum andern aber auch durch die bewußte Aufnahme der Außensicht der Partnerunternehmen. Bei dieser Form der schrittweisen Prozeßgestaltung wird auch die Arbeit der Manager mit der der Berater in besonderer Weise verwoben. Es ist das gemeinsame Prozeßverständnis, das die Qualität der Ergebnisse maßgeblich mitbestimmt.

Anhand eines Beispiels soll das Instrument nochmals eindrücklich dargestellt werden.

4. Ein Fallbeispiel

„Die Prinzessin prüft ihre Freier" – *die swb^{AG} sucht einen strategischen Partner*
Wir haben Organisationsdiagnosen in verschiedenen Unternehmen durchgeführt: zum Beispiel im Telekommunikationsbereich, bei Banken, im kommunalen Bereich. Hier wollen wir das Beispiel der swb^{AG} in Bremen bringen, weil in diesem Prozeß durch die Anwendung des SIM-Modells zum ersten Mal die bisherigen Organisationsdiagnosen verfeinert und bewußt integriert gestaltet wurden.

Ausgangssituation
Als norddeutsches Energieunternehmen (etwa 4500 Mitarbeiter) in einem deregulierten Markt möchte die swb^{AG} – in Absprache mit den zwei Hauptanteilseigentümern – zwischen 40 und 51 Prozent Anteile verkaufen, um einen wachstumstreibenden strategischen Partner zu erhalten.

Das Unternehmen ist Veränderungen gewohnt. Es hat sich von einem Monopolunternehmen zu einem privatwirtschaftlichen entwickelt. Die Neustrukturierung als Holding – im Verlauf dieser Entwicklung – erforderte eine Neudefinition der Zusammenarbeit der Töchter, die raschen Veränderungsprozesse systematisches Lernen und die neue Form der Unternehmenssteuerung auch ein neues Führungsverhalten. In einem konsequenten Entwicklungsprozeß wurden in diesen drei Jahren Vision, Strategie, Struktur und Kultur parallel entwickelt und den neuen Marktbedingungen angepaßt (vgl. Beitrag „Aschenputtel").

Zum Start dieses Entwicklungsprozesses wurde eine Organisationsdiagnose erstellt. Nach eineinhalb Jahren erfolgte eine Evaluation des Prozesses durch eine weitere Organisationsdiagnose. Entwicklungsfortschritte wurden festgehalten, der weitere Veränderungsbedarf ermittelt. Die nun anstehende Suche nach einem strategischen Partner war Anlaß für die dritte Organisationsdiagnose: Dabei wurden die Basiswerte für den Kulturvergleich ermittelt, und gleichzeitig wurde der Stand des Veränderungsprojekts „Kultureller Wandel" evaluiert.

Die Diagnose zeigte, daß die swb^{AG} ihren Weg vom Monopol- zum marktorientierten Unternehmen weitestgehend bewältigt hat. Grundsätzliche Einstellungen und Haltungen, die für ein Bestehen auf dem Markt notwendig sind, sind ins Bewußtsein der swb^{AG} integriert. („Wir stellen uns dem Markt. Wir orientieren uns am Kunden. Wir sind flexibel in unseren Produkten. Wir gestalten.") Insbesondere Kundenorientierung, Teamfähigkeit und Veränderungsbereitschaft gehören zu den Eigenschaften des extrem geforderten Unternehmens. Diese Strömung ist noch jung, aber auf der latenten Ebene eindeutig verankert.

Das Auswertungsteam kam zu folgendem Bild: „Die swb^{AG} ist wie ein Organismus, der bisher in einem tiefen Gewässer lebte, das nun austrocknet. Der Organismus nutzt die letzten Pfützen zum Überdauern. In einem dramatischen Überlebenskampf ist er gezwungen, eine Mutation durchzumachen, die ihn befähigt, auch ohne Wasser, an Land, zu leben. Es wachsen ihm Beine und Arme, die Kiemen bilden sich zurück, die Lunge entwickelt sich. Das Wesen beginnt, sich an die neuen Verhältnisse anzupassen. Seine Bewegungen sind vorerst noch ungelenk, aber voll Energie und Überlebenswillen."

In der nächsten Phase geht es darum, den erreichten Stand mit Hilfe entsprechender betriebswirtschaftlicher Instrumente zu festigen und zu einem marktfähigen Unternehmen auszubauen. Es gilt, Sicherheit und Erfahrung im neuen Umgang mit Markt und Kunden zu gewinnen. Der neue strategische Partner soll die swb^{AG} in diesem Prozeß unterstützen, ihren Schwung nutzen und keinesfalls bremsen. Er soll also die Chancen des liberalisierten Markts nutzen und offensiv gestalten können. Nach einem längeren, von den Veräußerern swb^{AG} und Freie Hansestadt Bremen mit einer Investmentbank verantwortlich geleiteten Akquisitionsprozeß wurden sechs Unternehmen in die engere Wahl aufgenommen, von denen dann am Ende drei zu einer Management-Präsentation eingeladen wurden: eine englische, eine niederländische und eine amerikanische Firma.

Die Auswahlkriterien hinsichtlich des neuen Partners bezogen sich auf die Unterstützung der eigenen Vision, des Multi-Utility-Ansatzes zur Kundenorientierung, auf die Möglichkeit, schnell Kooperationsprojekte angehen und gemeinsam neue Produkte entwickeln zu können. Angestrebt wurde eine gleichberechtigte partnerschaftliche Kooperationsform, in der, so formulierte es der Vorstandsvorsitzende, beide Partner „Subjekt und nicht Objekt" sind. Gemeinsam soll der norddeutsche Markt erobert werden.

Ziele und Verfahrensschritte
Vor Beginn des Suchprozesses wurden von der swb^{AG} gemeinsam mit der Freien Hansestadt Bremen als Hauptanteilseigner folgende Auswahlkriterien für den neuen Anteilseigner festgelegt:

- Kaufpreis,
- strategischer Portfolio-Fit,
- strategische und operative Unterstützung der Wachstumsbestrebungen,
- kultureller Fit,
- komplementäre Beiträge (Marketing/Innovation, Handel, Erzeugung),
- Unterstützung einer nachhaltigen unternehmerischen Eigenständigkeit,
- regionalwirtschaftliche Vorteile.

In der *cultural due diligence* zur Bestimmung des *cultural fit* wurden insbesondere zu folgenden Bereichen Aussagen gewünscht:

- Fähigkeit, mit marktwirtschaftlichen Gegebenheiten umzugehen (Beziehungen zu/Haltung gegenüber Kunden, Markt, Anteilseignern);
- Zukunftsorientierung, Führungsphilosophie, -verhalten, Verankerung der Schritte zur Umsetzung der Vision/Strategie im praktischen Handeln;
- Innovationskraft und innere Haltung im Hinblick auf die Fähigkeit, Veränderungsprozesse effektiv und innovativ einzuleiten und durchzuführen.

Zunächst wurde also für die swb^{AG} die Organisationsdiagnose erstellt und die folgenden neun Bewertungskriterien aus den oben angeführten Aussagen herausgefiltert und festgelegt.

Zukunftsorientierung	Vision vorhanden, Handlungsoptionen im Blick; insgesamt vorwärts gerichtet
Strategie	Vision und Ziele im Handeln verankert; strategisches Controlling mit wirkungsvollen Kennzahlen; Gesamtsteuerung der Holding zielorientiert geregelt
Innovation	Aktiv Einfluß nehmen, gestalten; hohe Wahrnehmungsfähigkeit; Parallelität von Zielorientierung und Prozeßdenken
Veränderungsfähigkeit	Reflektierter Umgang mit Veränderungsprozessen (insbesondere Auswertung von Erfahrungen, Erfolgen, Fehlern, Irrwegen, Scheitern); im Umgang mit Unsicherheiten und Irritationen geübt; ausgewogenes Verhältnis von Stabilität und Veränderung; schnelles Lernen
Führung	Umsetzungsunterstützung und Orientierung; klare Entscheidungs- und Entscheidungsfindungsstrukturen; hohe Motivation auf der Mitarbeiterebene; gelungene Delegationsmodelle und Kooperationsformen (Teamorientierung, Projektarbeit)
Kommunikation	Effizienter Umgang mit Informationen; Transparenz; funktionierender Austausch zwischen Hierarchieebenen, mit den Kunden, innerhalb der Belegschaft; lösungsorientierter und offener Umgang mit Konflikten und Problemen; Konsensfähigkeit
Kunde	Wertschätzende Kundenorientierung; differenzierte Sicht auf einzelne Kunden und Kundengruppen; zur Strategie und Vision passendes Auftreten (PR-Materialien, Produkte)
Markt	Realistische Wahrnehmung und Einschätzung sowohl der eigenen als auch der Marktposition der Mitbewerber; Souveränität im Umgang mit der Dynamik des Marktes
Anteilseigner	Synergetische Relation zwischen Anteilseigner und Unternehmen

Tab. 16.1 Bewertungskriterien zur Bestimmung des *cultural fit*

Wegen der Neuartigkeit und Kurzfristigkeit des Vorhabens – auch für die beteiligte Investmentbank – war die Vereinbarung der *cultural due diligence* mit den beteiligten Partnerunternehmen vor den Management-Präsentationen nicht möglich, also wurde das Anliegen während dieser vorgetragen. Die Anregung, eine Kulturdiagnose zu erstellen, wurde von den drei potentiellen Partnerunternehmen aufgenommen, und bei allen konnten innerhalb von zwei Wochen die erforderlichen Gruppeninterviews durchgeführt und ausgewertet werden. Nach insgesamt drei Wochen lagen alle Diagnosen vor, und die Bewertung der Ergebnisse nach den vorgegebenen Kategorien konnte erfolgen.

Die einzelnen Aussagen wurden mit der Kultur der swb[AG] verglichen, Unterschiede und Ähnlichkeiten festgestellt. Übereinstimmungen wurden dabei nicht immer als gut bewertet und Unterschiede nicht immer als schlecht, sondern jeweils vor dem Hintergrund ihres spezifischen Kontexts und der mit dem neuen Partner angestrebten Ziele beurteilt. Große Ähnlichkeit bedeutet sicherlich immer, schnell aufeinander zugehen zu können, rasch eine effektive Kommunikationsbasis zu finden. Sie verführt jedoch auch dazu, stehenzubleiben und sich nicht weiterzuentwickeln, weil keiner der Partner den anderen „antreibt", wenn es an Unterschieden mangelt, die ein wichtiger Motor sein können. Das Merkmal „bedächtiges Vorgehen" zum Beispiel ist für ein wachstumsorientiertes Unternehmen erst recht hinderlich, wenn auch der neue Partner ähnlich strukturiert ist.

Die Ergebnisse der Diagnosen waren eindeutig: Obwohl alle potentiellen Partner bezüglich ihrer Markt- und Kundensituation große Ähnlichkeit aufwiesen – alle waren in ihren jeweiligen Märkten sehr erfolgreich –, zeigten sich in ihrer Kultur erhebliche Unterschiede, und zwar sowohl in den Führungs- und internen Kommunikationsstrukturen als auch im Umgang mit Markt und Kunden – wobei sich überraschenderweise der länderspezifische Hintergrund als weniger prägend erwies als angenommen.

Ermittlung der Wachstumspotentiale

Die Ergebnisse der *cultural due diligence* sollten sich, entsprechend den Zielen des Auftraggebers, in einer eindeutigen Aussage zu folgenden Fragen abbilden lassen: Wie stark unterstützt beziehungsweise fördert die Partnerschaft das Wachstum? Welche Risiken und Chancen beinhaltet das Zusammengehen im Hinblick auf dieses Ziel?

Im Hinblick auf diese Anforderung definierten wir die Meßkategorie „Wachstumstreiber", die das Wachstumspotential jeder Kategorie abbildet und beschreibt, inwieweit der neue Partner als „Wachstumstreiber" gelten kann und welchen Mehrwert die Partnerschaft in der Folge bringen würde.

Die Kategorie „Wachstumstreiber" wurde folgendermaßen definiert:

- Ein hoher positiver „Wachstumstreiber"-Wert als Bewertungskategorie bedeutet, daß die Kulturen synergetisch ähnlich sind, der potentielle Partner jedoch – bezogen auf die gemeinsamen Ziele – bereits weiter entwickelt ist als das Referenzunternehmen. Daher kann der potentielle Partner das Unternehmen in dieser Dimension unterstützen oder anleiten; er wird das qualitative Wachstum der swb^{AG} beschleunigen beziehungsweise vorantreiben. Ein sehr hoher Wert in dieser Kategorie kann aber auch Risiken beinhalten, weil das für eine erfolgreiche Kooperation notwendige Tempo der gegenseitigen Anpassung beide Unternehmen überfordern könnte.
- Ist der Wert gleich Null, bedeutet dies eine hohe Ähnlichkeit der Kulturen. Eine schnelle und reibungslose Kommunikation ist möglich. Allerdings fehlen damit auch die speziellen treibenden Kräfte, die sich aus den Unterschieden ergeben.
- Ein negativer Wert weist darauf hin, daß der potentielle Partner in dieser Kategorie Eigenschaften aufweist, die nicht angestrebt werden, ja sogar Störfaktoren bilden.

In jedem dieser Punkte wurde nun der „Wachstumstreiber"-Wert ermittelt. Die Summe der Einzelwerte pro Unternehmen ergab jeweils eine Gesamtbewertung und damit eine eindeutige Aussage, welche Chancen und Risiken der jeweilige potentielle Partner für das Wachstum der swb^{AG} darstellt.

Partnerauswahl und Post-Merger-Integration

Die Ergebnisse der *cultural due diligence* wurden nun – um den „Wachstumstreiber"-Wert ergänzt – gewichtet. Aus Gründen der Vertraulichkeit können die Ergebnisse der einzelnen Unternehmen nicht dargestellt werden.

Die Entscheidung fiel für das niederländische Unternehmen Essent. *Essent N.V.* entstand in den letzten Jahren in mehreren Fusionsschritten aus 38 Stadtwerken und 10 Regionalversorgern und ist heute mit rund 10 000 Mitarbeitern der größte Energieversorger der Niederlande. Mit dem Engagement in Deutschland bereitet sich Essent unter anderem auf die Liberalisierung des Konsumentenmarkts in den Niederlanden ab dem Jahr 2004 vor.

Beide Unternehmen haben den Übergang in den liberalisierten Markt bisher erfolgreich bewältigt. Die swb^{AG} ist den Prozeß des „kulturellen Wandels" darüber hinaus sehr bewußt angegangen. Sie verfügt also über eine Menge Erfahrungen im bewußten Umgang mit Unsicherheiten und mit dem Wettbewerb im deregulierten Markt.

Die Ergebnisse der Grunddiagnose der swb^{AG} und des ausgewählten Partnerunternehmens Essent sind jetzt Grundlage für den Post-Merger-Prozeß. Bei der zur Zeit stattfindenden Kooperationsplanung wird Integration im Sinne des SIM-Modells als Ausbalancieren von unterschiedlichen Logiken bei der Steuerung und Entwicklung der neuen Partnerschaft gesehen. Ziel ist also nicht die kulturelle Verschmelzung, sondern vielmehr ein Management der Grenzen und der Widersprüche.

Diese jetzt anstehende Phase ist für die weitere (wertorientierte) Entwicklung des Unternehmens entscheidend. Die Funktionen des Instruments scheinen erfüllt. Es war Entscheidungshilfe, Potentialanalyse, Planungshilfe, und es trug zu größerer Bewußtheit bei. Durch die Reviews, die wir nach Abschluß solcher Projekte immer machen, ist eine ständige Weiterentwicklung des Instruments sichergestellt.

Literatur

Alexander Exner: „Unternehmensidentität", in: R. Königswieser/Ch. Lutz (Hrsg.): *Das systemisch-evolutionäre Management*, Wien: Orac Verlag 1992.

Ulrike Froschauer: „Qualitative Evaluation von Beratungsprozessen aus sozialkonstruktionistischer Perspektive", in: K. G. Deissler/S. McNamee (Hrsg.): *Phil und Sophie auf der Couch. Die soziale Poesie therapeutischer Gespräche*. Heidelberg: Carl Auer Systeme 2000, S. 174-190.

U. Froschauer/M. Lueger: *Das qualitative Interview*, Wien: WUV 1992.

Stephan A. Jansen: „Mergers and Acquisitions", Wiesbaden: Gabler 1999a.

–: „Post Merger Integration", Vortragsunterlagen bei Daimler Chrysler AG, Stuttgart 1999b.

–: „10 Thesen gegen Post Merger Integration Management", in: *Organisationsentwicklung*, 1/2000, S. 35 ff.

Roswita Königswieser/Alexander Exner: *Systemische Intervention*, Stuttgart: Klett-Cotta 1998, 3. Auflage 2000.

Roswita Königswieser/Gerhard Jochum: „Die Vertreibung aus dem Paradies", in: ZOE, 1/2000, S. 48.

A. Nahmer (2000): http:\\www.hausarbeiten.de\archiv\bwl\bwl\bwl-cultural.shtml

G. Picot: „Fusionseuphorie oder Überlebensstrategie", in: *Handelsblatt*, Broschüre: Merger & Akquisition, Düsseldorf: Eigenverlag d. Handelsblatts 1999.

M. Porter: „From Competitive Advantage to Corporate Strategy", in: *Harvard Business Review*, 6/1997, S. 43–59.

R. Roll: „The Hybris Hypothesis of Corporate Takeovers", in: *Journal of Business*, 1996, S. 197–216.

W. Ruigrok: „Komplimentaritäten: Eine neue Sichtweise beim organisatorischen Fit", in: *GDI-Impuls*, 2/2000, S. 49 ff.

17 „Die zwei Brüder"

Gelebte Partnerschaft im Fusions- und Beratungsprozeß

> *Es waren einmal zwei Brüder, ein reicher und ein armer. Der reiche war ein Goldschmied und bös von Herzen; der arme nährte sich davon, daß er Besen band, und war gut und redlich.*
>
> Eins sein in zwei Welten: Die zwei Brüder, arm und reich, gut und böse, die für das Zweierlei von Hart und Weich stehen. Jedes und jeder für sich allein bleibt widersprüchlich, unversöhnt und einsam. Gemeinsam aus dem Widerspruch eine neue Einheit schaffen, die Widersprüche integrieren, auch weil sie sie zuläßt, ist das Thema systemisch-integrierten Managements. So wie die Fusion der beiden Firmen zu einem neuen Unternehmen, so wie die Fusion von Prozeß- und Fach- zu einer integrierten Beratung, so wie die Vereinigung der beiden Brüder im Sinne einer familiär-individuellen Identität.

Ulrich Königswieser, Ebru Sonuç

1. Ausgangssituation

Der erfolgreiche österreichische Markierungshersteller Trodat – er produziert zum Beispiel Stempel – ist im Zuge seiner Wachstumsstrategie verstärkt auf globale Märkte ausgerichtet. Trodat übernahm im Frühling 2000 den britischen Konkurrenten Dormy, der – obwohl ein kleineres Unternehmen – auf der Insel eine dominante Marktstellung einnimmt. Im Zuge der Fusionsgespräche wurde der Übernahmekandidat hinsichtlich des strategischen Fits untersucht, und es wurde eine Architektur geschaffen, die den Merger-Prozeß unterstützen sollte.

Das österreichische Unternehmen engagierte hierfür einen erfahrenen Fachberater von Ernst & Young Unternehmensberatung. Dieser machte die Verantwortlichen darauf aufmerksam, daß neben der strategischen, rechtlichen und strukturell-ökonomischen Bewertung eine Analyse der beiden Management-Kulturen einen wesentlichen Faktor zum Gelingen des Vorhabens darstellt. Er schlug hierfür die Beratergruppe Neuwaldegg vor. Trodat griff diese Anregung auf, weil nicht allzulang zuvor Übernahmeerfahrungen mit einer deutschen Firma aufgrund massiver Unterschiede zwischen den beiden Unternehmenskulturen große Enttäuschungen verursacht hatten. „Diese Erfahrung hat uns gebrandmarkt. Wir wollen diesmal keine Fehler machen." Der Kollege von Ernst & Young und ich, U. Königswieser, hatten seit Jahren eine vertrauensvolle, gute Beziehung in der Zusammenarbeit.

2. Die Methode

Die Zielsetzung für die *cultural due diligence* bestand darin, Chancen, Risiken, Stärken und Schwächen zu identifizieren, die sich aus einer Zusammenarbeit im Fusionsprozeß aufgrund der Unterschiedlichkeiten der beiden (Unternehmens-)Kulturen ergeben könnten. Darüber hinaus sollten konkrete Handlungsempfehlungen gegeben werden, die im weiteren Fusionsprozeß zu beachten wären, damit die Umsetzung des Vorhabens von beiden Unternehmen auf allen Ebenen getragen würde.

Die Erstellung der Kulturdiagnose erfolgte mit Hilfe qualitativer Interviews und einer speziellen Interpretationsmethode (vgl. Beitrag „Spieglein, Spieglein an der Wand"). Dieses Verfahren ermöglichte es den Beratern, die latenten Themen und Problemstellungen, die die Mitarbeiter eines Unternehmens als Kollektiv beschäftigen, zu erheben und die Relevanz dieser Themen für die Gestaltung der Arbeitsprozesse und der zwischenmenschlichen Beziehungen zu charakterisieren. Bei der Interpretation werden vor allem die visuellen Symbole und die Metaphern, die in den Interviews auftauchen, näher betrachtet. Setzt man die jeweiligen Zitate in Beziehung zueinander, ergibt sich ein Abbild der internen Dynamiken und Kommunikationsabläufe.

Die Kulturdiagnosen bei beiden Firmen sollten noch vor Vertragsabschluß erstellt werden, damit sie zusammen mit den Ergebnissen der anderen Voruntersuchungen kurz nach der Unterzeichnung beiden Managementteams, die in den Fusionsprozeß involviert waren, vorgestellt werden konnten.

In der Konzeptions- und Analysephase gab es eine enge Zusammenarbeit zwischen dem Fachberater, dem internen Projektleiter und der Beratergruppe Neuwaldegg. Pro Unternehmen wurden etwa sieben bis zehn qualitative Einzel- und zum Teil auch Gruppeninterviews durchgeführt.

Alle Interviews bezogen sich neben der Erhebung der Gesamtsituation auf folgende Themenfelder:

Führung
Normen
Innovation und Proaktivität
Umgang mit Konflikten
Teamarbeit
Kundenorientierung
Erfahrungen aus dem laufenden Fusionsprozeß
Veränderungsfähigkeit
Kommunikation
Entscheidungsfindung
Erwartungen und Befürchtungen hinsichtlich der Fusion
Motivation und Erfolgspotential
Fremd- und Selbstbild
Bilder und Metaphern zum Prozeß

Die Gespräche wurden erst beim österreichischen (A) und dann beim englischen Unternehmen (UK) durchgeführt. A diente hierzu als Referenzorganisation beziehungsweise -kultur. Die ersten Ergebnisse wurden – noch vor dem ersten offiziellen Zusammentreffen der beiden Managementteams nach der Vertragsunterzeichnung (der „1st Convention") – einem engen Kreis von A vorgestellt und in diesem diskutiert. Eine komprimierte Version sollte dann im ersten Teil der 1st Convention vorgestellt werden, wobei die Ergebnisse gemeinsam diskutiert und reflektiert werden sollten. Bei solchen Rückspiegelungen von Ergebnissen geht es um die Enttabuisierung von Themen, die insgeheim alle Beteiligten des Systems beschäftigen, aber nie offen besprochen werden. Die Bilder und Zitate aus den Interviews werden – anonymisiert – als Aussagen aus dem System den Beteiligten präsentiert und mit diesen in der Großgruppe besprochen. Das bewirkt einen Effekt des Wiedererkennens – was das Unternehmen, aber auch die eigene Person betrifft. Und das wiederum erzeugt ein starkes Wir-Gefühl und ein offenes Gesprächsklima, das neben den Erfolgsthemen auch die konfliktträchtigen besprechbar macht.

3. Was im Projekt geschah – der Prozeß

Deutlich spürten wir, die Autoren, als Interviewer, daß der Fusionsprozeß das zu übernehmende Unternehmen um vieles mehr beschäftigte als den österreichischen Übernehmer, für den die Fusion nur einen Teilaspekt seiner Gesamtsituation darstellte. Nach unserem Eindruck glaubten die Österreicher, kaum mit massiven Identitätsveränderungen rechnen zu müssen.

Am Tag der 1ˢᵗ Convention bildeten wir je zwei Teams, jeweils mit Mitgliedern der beiden Nationen Österreich und England gemischt. Die erste Aufgabe bestand darin, die mutmaßlichen Vorurteile der jeweils anderen Gruppe durch die Fremdbilder gegenüber der eigenen Gruppe aufzulisten. Die Ergebnisse wurden wechselweise präsentiert und diskutiert; dieser Schritt half, einige latente, aber auch offene Konfliktpotentiale anzusprechen und die Bedeutung kultureller Unterschiede für die weitere Zusammenarbeit deutlich zu machen. So flossen zum Beispiel Erfahrungen aus früheren Übernahmen, bei denen vieles mißlungen war, als abschreckendes Beispiel in die Firmengeschichte ein und konnten als potentieller Hemmschuh für dieses Vorhaben besprechbar und als Lernpotential nutzbar gemacht werden.

Danach wurden die Ergebnisse der Diagnose vorgestellt. Diese lösten bei den Betroffenen starke Reaktionen aus. Vor allem die plastisch-bildhaften Darstellungen aus den Interviews, mit denen wir unsere Diagnoseaussagen unterstrichen, waren Anlaß zu heftigsten Diskussionen und Emotionen. Die größte Betroffenheit lösten die Ängste aus, die vom englischen Unternehmen aus den phantasierten Beziehungssymbolen sprachen. Zwei Beispiele: „Wir sind wie ein gejagtes Reh, das gerade gefallen ist und die Zähne des Wolfs an der Kehle spürt." Oder: „Wir sind wie ein Baby, das eine gute Mutter sucht und eine böse Stiefmutter bekommt." Gerade diese kontrovers, aber konstruktiv geführte Diskussion ermöglichte dann im weiteren Verlauf eine fruchtbare Auseinandersetzung mit den mentalen Bildern der Teammitglieder. Dieser Bewußtseinsprozeß aber – und vor allem das Durcharbeiten der Ängste – bildete eine wichtige Vertrauensbasis für das geplante gemeinsame Vorhaben.

Am zweiten Tag wurden gemischte Teams gebildet, die für die Übergangsphase mit funktionalen Aufgaben betraut werden sollten. Diese Projektteams bildeten somit den Grundstein für die künftige Zusammenarbeit der beiden Unternehmen.

Auch wenn die Konfliktpotentiale in der Diagnose aufgezeigt und bearbeitet wurden, so ist dennoch anzunehmen, daß die Teams im Zuge der operativen Zusammenarbeit genau an den aufgezeigten Problempunkten auf Schwierigkeiten stoßen werden. Für den weiteren Fusionsprozeß empfahlen wir Maßnahmen, von denen wir annahmen, daß sie den Umgang mit den Unterschieden erleichtern könnten. Einige davon seien hier angeführt. Wir empfahlen,

- eine gemischten Steuergruppe einzurichten: Sie identifiziert Handlungsfelder, reflektiert den Fusionsprozeß und koordiniert die Managementaktivitäten in den Kategorien Strategie, Struktur und Kultur;
- die Schlüsselpositionen mit den besten Leuten zu besetzen, ohne Strukturen um Personen herumzubauen;

- Teamentwicklung: Workshops zur Verbesserung der Zusammenarbeit der beiden Unternehmen hinsichtlich gemeinsamer Spielregeln, Kommunikation, Weiterentwicklung und Umgang mit Konflikten durchzuführen;
- Strategiearbeit: regelmäßig die strategische Stoßrichtung zur Gewährleistung der größtmöglichen Orientierung des Managements anzupassen;
- Resonanzplattformen durchzuführen: Das sind Großgruppenveranstaltungen mit Schlüsselpersonen, die der Information und Diskussion über den Fusionsprozeß dienen.

Alle diese Architekturelemente waren für das Management völlig neu, wurden aber vom Beratersystem, das ja aus Fach- und Prozeßberatern bestand, gemeinsam empfohlen und auch aufgenommen.

4. Wichtige Erfolgsfaktoren des Projekts

Integration innerhalb des Beratersystems
Nach unserer Meinung war der wichtigste Faktor das gemeinsame Auftreten der unterschiedlichen Berater. Die am Prozeß beteiligten Beratungsfirmen gingen allerdings von zwei unterschiedlichen Beratungsansätzen aus: Ernst & Young hatten die Rolle der „Fachberatung", die Beratergruppe Neuwaldegg war in der Rolle der verhaltensorientierten Prozeßberatung und -begleitung angefragt. Dies ermöglichte es, den laufenden Fusionsprozeß aus zwei unterschiedlichen Perspektiven zu beleuchten, was entscheidend zur Erstellung eines vollständigen Bildes der Situation beitrug und eine gesamtheitliche Gestaltung des Prozesses erleichterte.

In vergleichbaren Kooperationssituationen scheitert eine gemeinsame Arbeit meist an Kompetenzunklarheiten und -konkurrenzen, weil mindestens einer der Beteiligten (Fachberater und/oder Klient) den Mehrwert eines integrativen Ansatzes nicht wahrnimmt. Neben der positiven Beziehung zwischen den Beratern war die gemeinsame Staffarbeit, das gemeinsame Reflektieren, Hypothesenbilden und Planen von Interventionen, etwa das Designen, eine Voraussetzung für ein integriertes Auftreten dem Kunden gegenüber.

Die Ausrichtung des Fusionsprozesses
Sie verlief von der Strategie in Richtung Struktur und wurde mit der *cultural due diligence* um die Kulturdimension ergänzt. Wir meinen, daß das ein weiterer Erfolgsfaktor war. Trotz festgesetzter Rahmenbedingungen für die Fusion und die Funktion von UK wurde das Management der UK-Organisation vorab in die strategische Entwicklung einbezogen. Dadurch konnten die Ziele besser nachvollzogen und getragen werden. Die Projektorganisation wurde

gemäß den funktionalen Aufgaben aufgesetzt. Zuletzt wurden kritische Aspekte der Zusammenarbeit aufgezeigt und diskutiert. Von einer nachhaltigen Wirkung des Miteinbeziehens der kulturellen Dimension wird man aber erst dann sprechen können, wenn die Maßnahmen hinsichtlich eines besseren Umgangs mit Unterschieden im weiteren Fusionsprozeß wirklich umgesetzt werden.

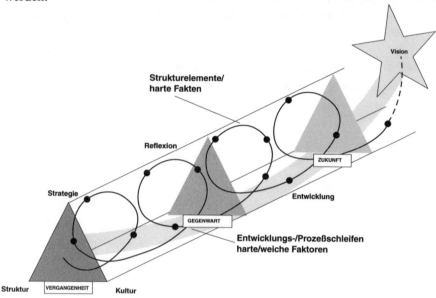

Abb. 17.1 Die Anwendung im SIM-Modell

Durch die implizite Anwendung des SIM-Modells wurde eine ganzheitliche Vorgehensweise gewählt. Als *Vision* steht hier das Bestreben, die globale Vormachtstellung von A auszubauen. Diese Vision wird die Akquisition weiterer Organisationen mit sich bringen.

Struktur
Die Vision (weich) kann als Beispiel für einen *Faktor* – neben anderen – gesehen werden, der zur Entscheidung (Faktum) geführt hat, nämlich den Deal einzugehen. Daraus entstehen auch die harten Fakten, sich von bestimmten Schlüsselpersonen zu trennen (*hart* aus persönlicher Sicht und *hart* als strukturelle Entscheidung).

Kultur und Reflexion
Die schlechten Erfahrungen aus vorangegangenen Mergers, in denen A, ohne die eigenen Strukturen anzupassen, die übernommene Organisation gewalt-

sam „eingegliedert" hatte, hatten die Sensibilität gegenüber falschen Fusionierungsmaßnahmen bereits merklich erhöht. Die schlechten Erfahrungen allein hätten jedoch leicht nur zu großer Verunsicherung und Lähmung der Organisation Trodat führen können, wären sie nicht mit Dormy thematisiert worden und hätte das nicht Energie für die künftige gemeinsame Arbeit freigesetzt. Die Voraussetzung für diesen Prozeß war aber wieder der Auftrag an uns gewesen.

Die *Reflexion* der unterschiedlichen Unternehmenskulturen löste nicht nur im neuen System Trodat und Dormy Lernimpulse aus, sondern auch in der jeweiligen Gesellschaft, unabhängig von der Fusionsdynamik.

In und infolge der Reflexion wurden zentrale Fragen bewußt behandelt: Worauf müssen wir im Fusionsprozeß gemeinsam achten, und welche Themen müssen wir jeweils selbst – aufgrund unserer spezifischen Geschichte – bearbeiten? Was können wir daraus an Erkenntnissen und Maßnahmen für die gemeinsame Zukunft ableiten?

Die Organisation A erkannte, daß eine Fusion als *veränderte Struktur* markante Auswirkungen auf die Kultur und damit Identität beider Unternehmen mit sich bringen muß, wenn die Integration gelingen soll.

Die empfohlenen *Maßnahmen* wurden so ausgerichtet, daß im Steuerungsteam sowohl strategische und strukturelle als auch kulturelle Themen koordiniert, integriert und verantwortet werden. Dieser integrative Ansatz drückt sich in entsprechenden Architekturelementen – wie einer Resonanzplattform, Teamentwicklung oder Arbeit an der Strategie – aus.

5. Fazit

In diesem spannenden Prozeß haben wir erlebt, welch hoher Anspruch es ist, die auftretenden Unterschiede und Widersprüche zu integrieren. Was wir als Erfolgsfaktoren dieser Pre-Merger-Phase bestätigt gefunden haben, war nicht nur die schon erwähnte, gelungene Integration der drei Dimensionen Strategie, Struktur, Kultur und der Bezug der Visionsarbeit zur Realität, sondern vor allem war es die gute Zusammenarbeit im Beratersystem, in dem sich die Widersprüche des Mergers abbildeten, aber bearbeitbar waren: hart – weich, Kostendenken – Prozeßdenken, rasche Entscheidungen treffen und sich doch Zeit für Reflexion nehmen, die Märkte und Produkte als zentrales Ziel sehen, ohne die emotional belastenden Themen aus den Augen zu verlieren.

Das erste Stück Integration hat schon vielversprechend begonnen. Das Resonanzenphänomen im Beratersystem war befriedigend bearbeitbar.

18 „Die Bremer Stadtmusikanten"

Unternehmenssteuerung im SIM-Modell

> *Da berieten die Tiere, wie sie es anfangen müßten, um die Räuber hinauszujagen, und fanden endlich ein Mittel. Der Esel mußte sich mit den Vorderfüßen auf das Fenster stellen, der Hund auf des Esels Rücken springen, die Katze auf den Hund klettern, und endlich flog der Hahn hinauf und setzte sich der Katze auf den Kopf.*
> *Dann fingen sie an, Musik zu machen: der Esel schrie, der Hund bellte, die Katze miaute und der Hahn krähte*
>
> Nicht nur Esel wissen, daß in der Gemeinsamkeit viel Stärke liegt. Die wahre Stärke aber geht weit hinaus über simple Addition: Die Unterschiedlichkeiten selbstbewußt und kreativ zu kombinieren, Mut zum kulturell Neuen zu haben – in der Strategie des Stücks und im Prozeß des Auftritts –, das macht die wahre Stärke aus. Im Team der Handelnden die Angst zu verlieren, im Kombinieren der Beiträge die Komplexität zu bewältigen – das ist das systemisch integrierende Märchen der Bremer Stadtmusikanten.

Sabine Löbbe, Alexandra Wendorff,
Alexander Doujak, Uwe Cichy

1. Ausgangssituation

1.1 Das Unternehmen

Die swb^{AG}, ein ehemaliger Energie- und Wasserversorger, stellt sich dem liberalisierten Markt, diversifiziert, richtet sich neu auf den Markt aus. Heute, nach fünf Jahren, sind wir eine Unternehmensgruppe mit vor einem Jahr eingeführter Holding-Struktur, die über die Beteiligungsgesellschaften Strom und Fernwärme erzeugt und vermarktet, Gas, Wasser, Gebäudemanagement- und Telekommunikationsdienstleistungen vertreibt, Abwasser und Abfall entsorgt und innovative, integrierte Infrastruktur-Dienstleistungen vermarktet. Der Umsatz der Unternehmensgruppe ist durch Akquisitionen und Beteiligungen in den letzten zwei Jahren um 50 Prozent unkonsolidiert gewachsen. Der von starken Konzentrationserscheinungen geprägte Markt mahnt zur Eile. Alte Verhaltensmuster aus der Monopolzeit sind zu durchbrechen, neue Regeln der Zusammenarbeit müssen gefunden werden, und das Rollenverhalten zwischen Holding und Töchtern ist erst einmal auszubilden.

Die zunehmende Eigenständigkeit der operativen Unternehmen stellt eine enorme Herausforderung für die neu geformte Holding dar; die Töchter stöhnen unter dem Druck der mit der Holding abzustimmenden Erfordernisse. Auf allen Ebenen gilt es zu lernen, mit Widersprüchen umzugehen, sie zu akzeptieren und auszubalancieren. Wie weit gehen dezentrale Entscheidungsbefugnisse, und ab wann sind die eigenen Interessen einem übergeordneten Gruppeninteresse unterzuordnen?

An diesem Grundwiderspruch – einem typischen Merkmal einer Unternehmensgruppe in einer Holdingstruktur – gilt es, in unzähligen Facetten zu arbeiten. Mehr und mehr nähert sich die Gruppe dem Ziel an, ein Netzwerk von kooperierenden Unternehmen zu sein.

Hier ein beispielhaftes Dilemma aus dem „Steuerungsalltag": In der *Balanced Scorecard* eines Beteiligungsunternehmens ist ein bestimmtes Vertriebsgebiet vereinbart. Die Tochter entwickelt Produkte und baut Vertriebsstrukturen auf. Eine mögliche Gelegenheit tut sich auf, aber der erste wesentliche (potentielle) Kunde liegt außerhalb des Vertriebsgebiets, übersteigt die angestrebte Größe und birgt entsprechende Risiken in sich. Handelt die Organisation streng nach Zielvereinbarung, oder entwickelt sie den neuen Weg? Wenn sie die Chance aufgreift, muß sie die Zielvereinbarung entweder ändern oder aber umgehen. Dies ist eines der Spannungsfelder oder einer der Widersprüche, in denen Unternehmenssteuerung stattfindet.

Als Ausdruck der massiven Veränderungen entstehen in der Holding und den Organisationseinheiten Projekte in beträchtlicher Anzahl. Mitarbeiter wie Führungskräfte aller Ebenen entwickeln Ideen für Projekte, die die Veränderungsprozesse unterstützen sollen. Dies ist einerseits Ausdruck von Motivation, Engagement und dem Verständnis für eine „neue Zeitrechnung", andererseits liegt dem aber auch das Streben nach Prestige und Anerkennung zugrunde, die sich vielfach aus dem Leiten von beziehungsweise Mitwirken an Projekten ableiten.

Das Resultat: In der gesamten Unternehmensgruppe schießen Projekte wie Pilze aus dem Boden. Dies geschieht nicht nach einer einheitlichen Logik oder nach einem vereinbarten Ablauf. Auch die Rückkopplung beziehungsweise der Abgleich mit anderen Projekten oder beispielsweise die Überprüfung der Schnittstellen zum Strategisch-operativen Planungs- und Steuerungssystem (SOPSS) (vgl. 2.1, S. 211–215) bleiben überwiegend aus. Insbesondere letzteres führt dazu, daß der Beitrag diverser Projekte zur Erreichung der strategischen Ziele unklar ist. Wenn überhaupt bekannt ist, daß bestimmte Projekte existieren, so ist wenig bekannt über deren aktuellen Stand und Dauer. Die Priorisierung von Themen, Aufgaben oder auch Projekten fällt schwer – alles ist wichtig, nichts soll zurückgestellt werden. Die relevanten Umwelten drängen. Unversehens führt diese Situation nicht nur zur Unübersichtlichkeit der Projektlandschaft, sondern auch zur ständigen Überlastung von Führungskräften und Mitarbeitern. Das Spannungsfeld zwischen Linien- und Projektarbeit wirkt sich zunehmend belastend aus.

1.2 Erfahrungen hinsichtlich der „Gesetzmäßigkeiten" des Steuerns

Wimmer/Nagel (2000) beschreiben zusammenfassend dieses zentrale Organisationsdilemma: Mangelnde Kalkulierbarkeit, komplexe Entscheidungsprozesse, bei gleichzeitig notwendigen zukunftsweisenden und längerfristig wirksamen Weichenstellungen, führen lineare Steuerungssysteme ins Scheitern. Dies gilt um so mehr, je mehr Optionen die (technische wie organisatorische) Virtualisierung von Organisationen eröffnet (vgl. Littmann/Jansen, 2000). Unterschiedliche Steuerungsmedien (also direkte und indirekte Wege der Steuerung) und -instrumente entstehen parallel, ermöglichen den Akteuren, sich aus einer Reihe von Optionen der Steuerung die jeweils „passende" auszuwählen. Dies erfordert Flexibilität – im Sinne des Sich-Einstellens auf unterschiedliche Steuerungsmedien und -instrumente – und Grenzmanagement zwischen den Medien und Instrumenten.

Jedes Mitglied der Organisation nutzt die Steuerungsinstrumente und Begründungsmuster (formale, informelle, personenbezogene oder an *hard facts* orientierte), die dazu beitragen, seine Ziele zu erreichen, und nutzt die Steuerungsmedien, die Erfolg erwarten lassen; dies ist das Situative am Steuern. Schließlich begegnen sich bei solchen Gelegenheiten auch unterschiedliche Denk- und Werthaltungen (zum Beispiel analytisch/kennzahlenorientiert versus intuitiv/auf Vertrauen aufbauend), woraus Steuerungs-Subkulturen erwachsen.

Steuern ist eben nichts Lineares. In diesem Sinne ist beispielsweise Steuerung über Hierarchien notwendig, aber nicht ausreichend und häufig nicht faktisch. Steuerung funktioniert über Personen, die letztlich aus dem kulturellen und strukturellen Kontext ihrer Unternehmensumwelt heraus agieren (vgl. Ulrich, 1999, S. 124 ff.). Das Verweben von *soft facts*, wie etwa Normen und Verhaltensweisen, und *hard facts*, zum Beispiel kennzahlenorientierte Steuerung, ist in zunehmend komplexen Führungssituationen erfolgskritisch. Die jeweilige kulturelle Ausgangssituation ist wesentliche Basis für die Wahl der Steuerungsinstrumente, gleichzeitig beeinflussen eingesetzte Steuerungsinstrumente die Normen und Verhaltensweisen der Beteiligten.

1.3 Ein Leitbild von Strategieentwicklung und Steuerung

In jedem Unternehmen, das die Steuerungs- beziehungsweise Führungssysteme umstellt, spielt die Historie eine Rolle bei der Neukonzeption. In dem hier betrachteten Unternehmen wurde Strategieentwicklung bis vor fünf Jahren implizit in sehr engem Rahmen betrieben (politische, institutionelle Vorgaben, intuitive Entscheidungsfindung) (vgl. Wimmer/Nagel, 2000). Seit etwa fünf Jahren wird ein expliziter Prozeß der Strategiefindung betrieben, der zunächst von externen Beratern unterstützt und (mit) erarbeitet wurde.

Heute wird die Unternehmensstrategie – als gemeinsame Leistung von Stab (Unternehmensentwicklung/Controlling) und Linie zwischen Holding und Beteiligungsgesellschaften – im wesentlichen intern erarbeitet. Rekursive Strategiereflexion als gemeinschaftliche Führungsleistung ist das Ziel. Das Leitbild ist eine nachhaltige, die Eigenverantwortlichkeit der (zentralen und dezentralen) Entscheidungsträger fordernde beziehungsweise unterstützende Strategieentwicklung, um eine Basis für Unternehmenssteuerung zu haben, die von allen getragen wird. *Nachhaltig* heißt dabei:

- größtmögliche Kongruenz zwischen Tagesgeschäft und Steuerungssystemen, auch und gerade angesichts der oben geschilderten Widersprüche, um die Verbindlichkeit von Steuerung zu stützen;
- die Netzwerkbildung in der Unternehmensgruppe zu forcieren, was ebenfalls Widersprüche von Eigenständigkeit und Gemeinsamkeit explizit zu verarbeiten hilft;
- die Unterschiedlichkeit in der Steuerung der einzelnen Beteiligungsgesellschaften – basierend auf der Unterschiedlichkeit der einzelnen Unternehmens- und Bereichskulturen – zu berücksichtigen.

In diesem Sinne müssen die Unterschiedlichkeit und die Widersprüche in der Steuerung der einzelnen Beteiligungsgesellschaften von einer gemeinsam getragenen Klammer auf der Sinn- (einschließlich der unternehmerischen Vision) beziehungsweise Werteebene begleitet werden. Wäre dies nicht der Fall, müßte sich die Frage nach Sinn und Zweck der Unternehmensgruppe stellen. In dem hier beschriebenen Beispiel wird diese Klammer über das Zusammenspiel der drei Bausteine

- Strategisches und operatives Planungs- und Steuerungssystem (SOPSS),
- Projektportfolio-Management (PPM) und
- Führen mit Zielvereinbarungen (FmZ)

sichergestellt, die sich alle drei an der übergeordneten Vision des integrierten Infrastrukturdienstleisters auszurichten haben.

Im folgenden werden diese drei Bausteine und ihr jeweiliger Beitrag für die Unternehmensentwicklung und -steuerung näher beschrieben. Wir, daß sind Sabine Löbbe, Leiterin der Unternehmensentwicklung der swb[AG], und Alexandra Wendorff, Referentin des Vorstandsvorsitzenden, sowie Alexander Doujak und Uwe Cichy von der Beratergruppe Neuwaldegg, Wien. Wir bilden gemeinsam mit weiteren Kollegen eine Entwicklungsgemeinschaft zwischen Management und Beratung (vgl. Beitrag „Dornröschen"), die diese Prozesse vorantreibt.

2. Die drei Bausteine der Unternehmenssteuerung

2.1 Strategisches und operatives Planungs- und Steuerungssystem (SOPSS)

Ziele

Ausgehend von der oben genannten Strategieentwicklung vor fünf Jahren, wurde 1999 das Strategische und operative Planungs- und Steuerungssystem (Projekt SOPSS) entwickelt. Aus der Umfeldentwicklung und der veränderten Unternehmensstruktur resultierten neue Anforderungen an das Planungs- und Steuerungssystem.

Ziel war es daher,

- die Strategie der Unternehmensgruppe weiterzuentwickeln und damit korrespondierende Strategien für jedes Tochterunternehmen zu erarbeiten;
- ein Planungsinstrument als Basis für die Steuerung zu entwickeln, das einerseits die Eigenständigkeit der Beteiligungsunternehmen unterstützt und andererseits den Mehrwert der Unternehmensgruppe explizit verarbeitet – in diesem Sinne ist ein Vereinbarungsprozeß in Schleifen Grundgedanke für Architektur und Design von SOPSS;
- eine bessere Verzahnung der strategischen und der operativen Planung zu schaffen und dadurch die Verbindlichkeit der Planung und die Umsetzungsorientierung der Strategie zu erhöhen.

Die Scharnierfunktion zwischen strategischer und operativer Planung hat bei diesem Ansatz die *Balanced Scorecard* (BSC). Damit verbunden war eine gezielte Erweiterung der Perspektiven des auf rein finanzwirtschaftliche Größen ausgerichteten Planungs- und Steuerungssystems um die Dimensionen Kunden, Kooperationen, Prozesse und Potentiale sowie um nichtmonetäre Steuerungsgrößen.

SOPSS orientiert sich bewußt an der hierarchischen Struktur der Unternehmensgruppe und bildet eine inhaltliche Basis für Zielvereinbarungen. Dementsprechend liegt hier die Verknüpfung mit dem System „Führen mit Zielvereinbarungen" (vgl. 2.3, S. 220 ff.). Direkt im Anschluß an die Strategieentwicklung für die Gesellschaften werden systematisch Ziele und Maßnahmen für die Bereichsebene abgeleitet, auf denen ein entsprechendes Zielvereinbarungssystem aufbaut.

Wesentliche Inhalte
Im Rahmen des SOPSS-Prozesses werden folgende Fragen beantwortet (vgl. Horvath & Partner, 2000):

- Wie stehen die strategischen Geschäftsfelder im Markt? Welche Trends und Zukunftsszenarien beeinflussen die Position im Markt?
- Welche Stärken und Schwächen hat das Unternehmen/die Unternehmensgruppe?
- Wie soll die strategische Zielpositionierung aussehen?
- Welche strategischen Ziele verfolgen wir für die einzelnen BSC-Perspektiven?
- Wie läßt sich das Ausmaß der Zielerreichung messen? Wie hoch liegt die Meßlatte?
- Welche Maßnahmen ergreifen wir, um die Ziele zu erreichen?

Ein wesentlicher Meilenstein dabei ist die Erarbeitung der Ursache-Wirkungs-Kette, bezogen auf die strategischen Ziele. Dies sei hier am Beispiel eines Auszugs der Ursache-Wirkungs-Kette der Unternehmensgruppe veranschaulicht:

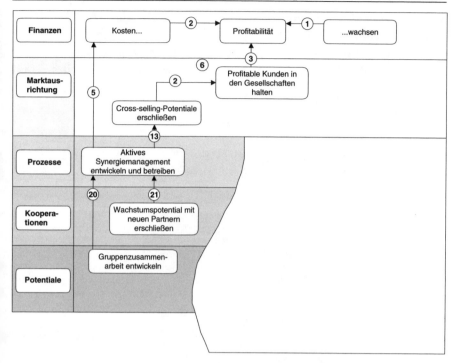

Abb. 18.1 Die Ursache-Wirkungs-Kette in der Unternehmensgruppe

Architektur, Vorgehensweise
SOPSS wurde zunächst für die Unternehmensgruppe und für wesentliche Töchter auch im Sinne einer Pilotierung erarbeitet. Die Bearbeitung für die Gruppe und die Gesellschaften wurde dabei zeitlich so abgestimmt, daß die Ziele der einzelnen Töchter an den Zielen der gesamten Gruppe ausgerichtet werden konnten und gleichzeitig Schleifen zum Abgleich der Strategien, Ziele und Maßnahmen unter den einzelnen Gesellschaften sowie zwischen ihnen und der Holding erreicht wurden.

Die Erarbeitung wesentlicher Inhalte geschah in Workshops – gemeinsam mit dem Topmanagement (Geschäftsführung oder Vorstand). Die Vor- und Nachbereitung erfolgte in Arbeitsgruppen, die von Controlling und Unternehmensentwicklung aus der jeweiligen Gesellschaft und der Holding besetzt waren.

Ein Lenkungsausschuß wurde zur Begleitung und gegebenenfalls zur Entscheidungsfindung eingesetzt (Teilnehmer: Vorstand, Betriebsrat), ein Kernteam stellte Transparenz und Erfahrungsaustausch sicher (Teilnehmer: Geschäftsführer der involvierten Gesellschaften). Erfahrungsaustausch-, Evaluations- und Informationsveranstaltungen ergänzten die Kommunikation und die fortlaufende Weiterentwicklung und Anpassung des Prozesses.

Der mittlerweile entwickelte Planungsprozeß geht von einer stark am Dialog zwischen den Entscheidern orientierten Entwicklung von Strategie und Planung aus:

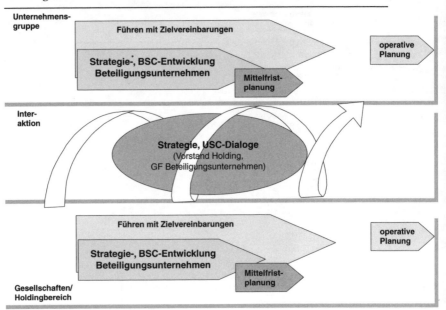

Abb. 18.2 Strategische Planung im Zusammenspiel mit operativer Planung u. Zielvereinbarungen

Was sich jetzt hier so einfach und selbstverständlich beschreiben läßt, ist dennoch das Ergebnis eines phasenweise durchaus auch mühsamen Lernprozesses, dessen Schleifen sich nicht immer reibungslos aneinanderreihten. Zunächst wurde der Prozeß selbst teilweise als umständlich und zeitraubend empfunden, ein Umstand, der durch die allgemeine zeitlich Überforderungssituation im Unternehmen noch verstärkt wurde. Ein bereits vorhandener Perfektionsdrang wird durch das Instrument deutlich unterstützt. War die Scorecard schließlich erarbeitet, wurde sie jedoch allgemein als hilfreich erlebt, insbesondere die dadurch in den Workshops entstehenden Diskussionen um Strategie, Maßnahmen und Prioritäten.

Mit der *Balanced Scorecard* wird der Zielerreichungsdruck *top-down* heruntergebrochen. Dabei werden Ziele aus der Finanzperspektive in aller Regel schneller und deutlicher kommuniziert und für die unteren Ebenen abgeleitet, weil die Meßbarkeit dieser Größen schneller und einfacher zu gewährleisten ist. Entsprechend fühlen sich die untersten (Führungs-)Ebenen oftmals als diejenigen, die „das Ganze ausbaden" müssen (ein Effekt, der sicher auch bei konventionellen GuV- oder kostenbasierten Steuerungssystemen eintritt). Um so wichtiger ist der Dialog zwischen den beteiligten Führungsebenen und eine grundlegende Haltung der *Vereinbarungen* als Regel, im Unterschied zur *Vorgabe*, die in Einzelfällen aber sicherlich ebenfalls ihre Berechtigung besitzt.

Unterstützende Systeme
Nach der Startphase begleitet nun ein Umsetzungscontrolling die Realisierung der Strategie und der *Balanced Scorecards*. Das Management als „Eigentümer" der jeweiligen BSC ist für die Verfolgung der Zielerreichung verantwortlich, und für vierteljährliche Management-Meetings mit der hierarchisch nächsthöheren Ebene werden Auswertungen entwickelt. Die Verbindlichkeit und der Erfolg dieses Steuerungsinstruments stehen und fallen mit den Verhaltensweisen der Führungskräfte. Entstehen Entscheidungen „am System vorbei", auf dem kleinen Dienstweg, so bleibt eine *Balanced Scorecard* technokratische Zeitverschwendung. Mit diesem Thema beschäftigen sich auch die sogenannten BSC-Verantwortlichen der Gesellschaften und der Holding. Sie nutzen ein gemeinsames Auswertungssystem und tauschen regelmäßig Erfahrungen aus, um Lernerfolge in die Praxis umsetzen zu können. Datenbasis des Systems sind die jeweils funktionalen Management-Informations-Subsysteme, die für Soll-Ist-Vergleiche von Meßgrößen und Zielwerten herangezogen werden.

2.2 Projektportfolio-Management (PPM)

Ziele
Die Flut von Projekten, die Unübersichtlichkeit, die Schwierigkeit der Prioritätenfestlegung und das Spannungsfeld zwischen Linien- und Projektarbeit (vgl. 1.) machen deutlich, wie notwendig die Einführung des Projektportfolio-Managements als solches ist, und führen vor Augen, welche Ziele dieses im einzelnen verfolgen soll.

- PPM bildet – über die BSCs hinaus – die Grundlage für die ganzheitliche Steuerung der gruppenweiten Projekte der Holding und ist damit ein Baustein zur Steuerung der Unternehmensgruppe.
- Im Rahmen des PPM wird das Hauptaugenmerk auf die wesentlichen Projekte mit strategischer Bedeutung beziehungsweise Hebelwirkung gelegt. Das führt zwangsläufig zu einer Priorisierung von Projekten entlang klarer Kriterien und damit zu einer überschaubaren und handhabbaren Anzahl von Projekten.

- Die Schaffung von Transparenz sowohl des Gesamtsystems PPM als auch einzelner Projekte innerhalb des Portfolios soll über die Gestaltung des Gesamtsystems und insbesondere durch die Fokussierung und Priorisierung von Projekten erreicht werden.
- Die Projekte im Portfolio sollen die Verzahnung von harten und weichen Projekten widerspiegeln und umzusetzen helfen.
- Philosophie, Architektur und Ausgestaltung des Projektportfolios der Holding sollen Maßgabe und Leitlinie für die Gesellschaften der Gruppe sein, ihr eigenes Portfolio von Projekten in vergleichbarer Logik zu entwickeln – im Sinne eines kaskadenartigen Systems zur Gesamtsteuerung.

Wesentliche Inhalte
Im Sinne der Klarheit von PPM ist zunächst zu definieren, wodurch ein PPM-Projekt der Holding charakterisiert werden soll.
  Allgemein gilt:

- Ein Projekt ist zeitlich begrenzt und in seinem Verlauf klar strukturiert (Anfang, Meilensteine, Ende).
- Es ist sowohl von den finanziellen als auch von den kapazitativen Ressourcen begrenzt.
- Das Projekt befaßt sich mit einem inhaltlich und/oder sozial komplexen Thema.

Insbesondere für das Projektportfolio der Gruppe gilt vertiefend:

- Ein PPM-Projekt bearbeitet – aus Gruppen- beziehungsweise Konzernsicht – strategisch wichtige, risikobehaftete Themen (Kriterien dafür sind zum Beispiel Ergebniswirksamkeit, Marktrelevanz, Beitrag zur qualitativen Unternehmensentwicklung).
- Es hat einen gruppen- beziehungsweise konzernübergreifenden Charakter, zumindest in der Auswirkung. Mindestens drei Gesellschaften sollten betroffen sein.

Beispiele für derartige Projekte sind im folgenden als qualitativer Auszug aus der Projektliste dargestellt:

Nr.	Projektname	Projektleiter	Auftraggeber	Status/ Projektfortschritt
1	Gründung einer neuen Gesellschaft	J. W.	V. K.	Im Prozeß, 80 – 85 %, Meilensteine 1 – 5 abgeschlossen, im Plan
2	Akquisition einer Unternehmens-beteiligung	D. B.	V. K.	Im Prozeß, 30 %, Meilensteine 1 und 2 abgeschlossen, 3 Wochen Verzögerung
3	Integration mit einem neuen strategischen Partner	S. L.	V. K.	Abschluß zum 1.7.2000, planmäßig
4	Entwicklung eines E-Commerce-Konzepts für die Unternehmensgruppe	C. S.	V. T.	Kick-off am 1.7.2000
5	Weiterentwicklung des kulturellen Unternehmenswandels	A. G.	V. K.	Im Prozeß, 65 %, Meilensteine 1 – 4 abgeschlossen, im Plan
. .	. .	.	.	.

Prägend für das systemische PPM ist vor allem dessen Steuerungsphilosophie. Im Gegensatz zu anderen Multi-Projektmanagement-Systemen, die zumeist über technisch-formale Systeme gesteuert werden, steht im Falle des PPM das prozeßorientierte Steuerungsverständnis im Vordergrund, also insbesondere die Zusammenarbeit aller Schlüsselpersonen, deren Wirken durch das „Aushandeln" von Interessen charakterisiert ist. Dies geschieht in direkter Kommunikation. Die Steuerung über Systeme – im Sinne objektiver Meßkriterien und technischer Systeme – hat in diesem Kontext eine unterstützende Funktion, die notwendig, aber nicht hinreichend ist. Ihre Koordination erfolgt zentral.

Architektur, Vorgehensweise
Zentrales Element des Managements des Projektportfolios ist der PPM-Steuerkreis. Er setzt sich aus den wesentlichen Schlüsselpersonen der Unternehmensgruppe (Vorstände, Geschäftsführer, Zentralbereichsleiter der Holding mit Steuerungsaufgaben) zusammen. Ziele dieses Gremiums sind der Informationsaustausch und das Treffen von Entscheidungen zu Start, Abbruch, Abschluß, Vernetzungen, Budget- und Ressourcenplanung von Projekten. Der Steuerkreis trifft sich vierteljährlich, um den Fortgang der Projekte zu evaluieren.

Der Steuerkreis war bereits zentrales Architekturelement in der Phase der PPM-Entwicklung. In einer Kick-off-Sitzung dieses Gremiums wurde die grundsätzliche Ausgestaltung von PPM erarbeitet, diskutiert und verabschiedet. Zwischen dieser Kick-off-Sitzung und dem nächsten Treffen des Steuerkreises (drei Monate später) wurde mit den Steuerkreismitgliedern ein Workshop zum Vertiefungsthema „Projekt-Contracting" abgehalten. Dort wurden wesentliche Anforderungen an einen Projektauftrag und die Rahmenbedingungen des Beauftragungsprozesses gemeinsam erarbeitet. In dieser Fortführungslogik werden auch weitere Tools und Spielregeln gemeinsam mit den Steuerkreismitgliedern entwickelt, so daß nach etwa einem Jahr ein funktionierendes systemisches Projektportfolio-Management realisiert ist. Dieses hat dann für alle Beteiligten ein hohes Maß an Verbindlichkeit, die durch ein „Aufpfropfen" von Tools und Spielregeln sicherlich erheblich gelitten hätte.

Es hat sich gezeigt, daß eine Gesamtanzahl von maximal 15 Projekten im Portfolio die notwendige Überschaubarkeit und den angemessenen Umgang gewährleistet. Die Zuordnung der Projekte und deren Leitung im übergreifenden Portfolio der Gruppe kann in unterschiedlicher Weise erfolgen. Das Portfolio kann sowohl zentral gesteuerte, übergreifende Projekte umfassen als auch übergreifende Projekte, deren Federführung bei einer der Tochtergesellschaften liegt. Neben dem übergreifenden Portfolio der Gruppe gibt es dezentral gesteuerte Projekte, die den jeweiligen Portfolios der Töchter zugeordnet sind, sowie Holding-interne Projekte.

Die zentrale Prozeßkoordination wird von einer Person übernommen, die aufgrund ihrer Aufgaben eine übergreifende Perspektive und im Idealfall große Nähe zum Vorstand aufweist. Dies erfüllt in unserem Beispiel die Referentin des Vorstandsvorsitzenden. Die Prozeßkoordination ist verantwortlich für

- die Vor- und Nachbereitung der Sitzungen des Steuerkreises,
- die Organisation der Moderation (intern/extern) beziehungsweise die Co-Moderation,
- die Qualitätssicherung und Evaluation der Prozesse,
- die Sicherstellung der Verknüpfung mit SOPSS,
- die Pflege des Systems (Projektdatenbank, Ansprechpartner in den Bereichen).

Es galt allerdings auch einige Klippen zu umschiffen. Ausschließlich über die Zusammensetzung des Portfolios von Top-Projekten der Holding zu bestimmen wurde den Mitgliedern des Steuerkreises nach einer gewissen Zeit zu wenig. Sie fühlten sich nicht ausreichend in strategische Fragestellungen, geschweige denn in die Strategieabwicklung der Unternehmensgruppe eingebunden. Sie entwickelten den Anspruch, auch an den inhaltlichen Entscheidungen innerhalb der Projekte beteiligt zu sein. So entstand die Idee, im Lenkungskreis nicht nur über die Aufnahme eines Projekts in das Portfolio, dessen Abschluß oder Abbruch zu befinden, sondern diesen Kreis gleichzeitig auch zum jeweiligen Lenkungskreis der einzelnen Projekte zu machen. Alle bestehenden Projektlenkungskreise, die sehr intensiv die inhaltlichen Arbeiten der jeweiligen Projekte begleiten und diesbezüglich auch Entscheidungen treffen, sollten gegen den PPM-Lenkungskreis ausgetauscht werden. Die Entscheidung, die in Abwesenheit des Vorstandes der Unternehmensgruppe getroffen wurde, stieß im Unternehmen, insbesondere bei den Projektleitern, auf Irritation. War es doch schwer vorstellbar, daß dieser mit Geschäftsführern und Zentralbereichsleitern hochkarätig besetzte Kreis in bis zu 15 Top-Projekten für teilweise sehr spezielle inhaltliche Arbeiten und Entscheidungsfindung verantwortlich sein sollte.

Es regte sich Widerstand. Auch der Vorstand hielt diese Entscheidung für nicht praktikabel. Die Reaktion der Projektleiter war ebenso verblüffend wie kurzfristig: Es wurden keine neuen Projektvorschläge mehr in den PPM-Lenkungskreis eingebracht. Vielmehr wurde versucht, Aufgaben und Projekte in der Linie zu erledigen. Für die noch laufenden Top-Projekte fielen die Fortschritte äußerst oberflächlich aus. Schwierigkeiten in den Projekten schien es nicht zu geben. Zumindest wurden sie nicht beschrieben. Laut Statusbericht liefen alle Projekte nach Plan. Dies wiederum führte zur Ernüchterung im PPM-Lenkungskreis. Man entschloß sich, ein optimiertes Modell des Lenkungskreises zu entwickeln, das die Rollen und Selbstverständnisse aller am PPM Beteiligten eingehender berücksichtigen sollte.

In einer anspruchsvollen Diskussion wurde ein gemeinsames Verständnis der Funktion des PPM-Lenkungskreises und dessen Einbindung in die Architektur von Projekten entwickelt. Von der ursprünglich sehr absoluten Sichtweise, den PPM-Lenkungskreis als Lenkungskreis der einzelnen Projekte einzusetzen, rückte man dabei ab. Vielmehr entstand ein differenziertes Bild: Es gibt nun Projekte, deren Lenkungskreis sich ausschließlich aus einer Teilmenge der Mitglieder des PPM-Lenkungskreises zusammensetzt. Ebenso ist es möglich, daß ein Mitglied des PPM-Lenkungskreises in einem Projektlenkungskreis mitarbeitet. Natürlich wird es auch Top-Projekte geben, die keinen eigenen Lenkungskreis haben. Hier fungieren dann ein oder mehrere PPM-Lenkungskreis-Mitglieder als Auftraggeber. Durch diesen und weitere Architekturelemente ist eine enge Verbindung zwischen dem PPM-Lenkungskreis und den einzelnen Projekten gewährleistet, und dem Wunsch nach Einblick und auch Eingriff in die Inhalte der Projekte kann somit Rechnung getragen werden.

Unterstützende Systeme

Im Sinne von technischen Systemen dient im wesentlichen die Projektdatenbank der Unterstützung. Hier fließen maßgeblich die in der Entwicklung befindlichen PPM-Tools und -Standards ein. Beispielsweise bilden die Ergebnisse aus einem Workshop zum Thema Projektcontrolling die Grundlage für die zielgerichtete Entwicklung eines IT-basierten Systems für das Controlling von Projektfortschritten. Ist diese Basis etabliert, kann sie zur spezifischen Weiterentwicklung – zum Beispiel von Leitlinien für spezielle Projektarten – genutzt werden. Als soziales System dient auch das eigens ins Leben gerufene Projektleiter-Qualifizierungsprogramm „PQ" zur Unterstützung von Einzelprojekten. Eine Gruppe von acht bis zehn Projektleitern bildet hierbei jeweils ein Qualifizierungsteam. Innerhalb ihres jeweiligen Teams erhalten die Projektleiter Inputs sowohl zu vorgegebenen als auch zu selbstgewählten Themen und treffen sich über einen längeren Zeitraum hinweg regelmäßig für jeweils etwa einen Tag, um ihre Projekterfahrungen auszutauschen und daraus zu lernen.

2.3 Führen mit Zielvereinbarungen (FmZ)

Ziele

Das Unternehmen entwickelt sich mehr und mehr von einem streng hierarchischen und zentralistisch geführten System hin zu einer flexiblen Netzwerkorganisation mit eigenständigen Teilbereichen und eigenverantwortlich handelnden Mitarbeitern. Die bereits beschriebenen Scorecards stellen ein Instrument dar, um Zielvereinbarungen zwischen Unternehmensleitung und Töchtern oder auch zwischen Geschäftsführung und Geschäftsbereichen inhaltlich auszugestalten, das heißt, es bleibt in den meisten Fällen auf die Führungsebenen des Unternehmens begrenzt. Vor diesem Hintergrund verfolgt FmZ zwei wesentliche Stoßrichtungen:

- die Fortsetzung des Zielvereinbarungsgedankens über alle Ebenen, bis hin zu (im Idealfall) jedem einzelnen Mitarbeiter. Es ist dies ein Aushandlungsprozeß zwischen Führungskraft und Mitarbeiter. Es geht dabei explizit um die grundsätzliche Haltung bezüglich der Frage, wie ein Unternehmen im Hinblick auf die in ihm arbeitenden Menschen geführt werden soll, also um die Definition von individueller Verantwortlichkeit, um deren Annahme und kontinuierliche Verfolgung sowie um deren Sanktionierung, im positiven wie auch im negativen Sinn, mit der hierfür notwendigen Konsequenz (vgl. Horvath & Partner, 2000).
- die Etablierung der Zielvereinbarungen als zentrales „Sammelgefäß" für die potentiell aus unterschiedlichen Quellen kommenden Aufgaben und individuellen Ziele der Mitarbeiter. Klassisches Beispiel hierfür sind die

aus der Zugehörigkeit sowohl zu einer Linien- als auch zu einer Projektorganisation resultierenden Konflikte. In dieser Hinsicht bietet FmZ einen Ansatz zur Komplexitätsreduzierung, wird FmZ zu einem Instrument der besseren Orientierung für den einzelnen Mitarbeiter.

Wesentliche Inhalte
FmZ ist rund um einen im Jahresrhythmus sich wiederholenden Kreislauf mit den drei Elementen

- Zielvereinbarungsgespräch,
- Zielverfolgungsgespräche (mindestens zweimal jährlich) und
- Zielerreichungsgespräch

aufgebaut. Nach erfolgreicher Einführung von FmZ und der Ergänzung um ein Modul der Leistungsbeurteilung liegt die Weiterentwicklung in Richtung einer leistungsorientierten Vergütung auf der Hand. Dabei kann die Langfristigkeit eines solchen Vorgehens gar nicht genügend betont werden – wir rechnen hier immerhin damit, daß es eines Zeitraums von drei bis fünf Jahren bedarf, bis das ganze Unternehmen erfaßt ist.

Architektur, Vorgehensweise
Das Konzept wurde in Form einer interdisziplinär zusammengesetzten Projektarbeit im Unternehmen entwickelt und in Form ausgewählter Pilots in allen wesentlichen Bereichen der Unternehmensgruppe gestartet, sobald die Scorecards für Zentralbereichsleiter, Geschäftsführer und Bereichsleiter der betroffenen Einheiten als Ergebnis des SOPSS-Prozesses vorlagen. Startschuß war ein zweitägiger Workshop mit den beteiligten Mitarbeitern (Geschäftsführer, Bereichsleiter und Mitarbeiter). Inhaltlich geht es in den Workshops grundlegend um das Konzept an sich, seine Einbettung in den aktuell stattfindenden Veränderungsprozeß im Unternehmen und um konkretes Üben von Zielvereinbarungsgesprächen mit den anwesenden Teilnehmern. Im Anschluß daran beginnt die Umsetzung (Zielvereinbarung und Zielverfolgung) in den Pilots, die im Bedarfsfall vom Projektteam als „Clearingstelle", als Unterstützung bei Konflikten und methodischen Unklarheiten, weiterbegleitet werden. Nach etwa einem Dreivierteljahr folgen bedarfsorientiert weitere Workshops in den Pilotabteilungen – mit dem Hauptgewicht auf Zielerreichung und Leistungsbeurteilung –, an die sich wiederum die konkreten Beurteilungsgespräche anschließen. In Zwischenschritten werden die bis dahin gesammelten Erfahrungen in einem Review evaluiert und in das Konzept integriert. An-

schließend ist die schrittweise Ausflächung ins gesamte Unternehmen vorgesehen.

Der gesamte Prozeß wird von einem Lenkungsausschuß geführt, in dem der Vorstand und Schlüsselpersonen der Holding, die Geschäftsführungen der wesentlichen Töchter sowie der Betriebsrat abgebildet sind. Die Prozeßsteuerung und -koordinierung erfolgt in einem Projektteam, das im wesentlichen aus Mitarbeitern der Personalfunktion und den Leitern der ausgewählten Pilots besteht. In den Pilotbereichen vor Ort sind sogenannte Umsetzungsteams eingerichtet, die den Kontakt zwischen Belegschaft und Projektteam aufrechterhalten.

Unterstützende Systeme
Die Implementierung von FmZ setzt bei allen Beteiligten, dem Vorstand, den Geschäftsführungen, den Führungskräften, den Mitarbeitern und dem Betriebsrat, den Willen voraus, eine solche Grundhaltung der Mitarbeiterführung im Unternehmen zu etablieren. Es gilt, das nötige Verständnis mitzubringen und diesen Prozeß mit der erforderlichen Geduld voranzutreiben. Ein ausdrückliches Bekenntnis zu dem damit verbundenen Einsatz an Ressourcen in jeglicher Hinsicht ist unerläßlich. Schließlich bedarf es des Vertrauens zwischen allen Beteiligten, das Unternehmen gemeinsam in diese Richtung entwickeln zu wollen. Eine gelebte Vertrauenskultur innerhalb der Organisation scheint uns überhaupt der Schlüssel für eine solche Investition zu sein, denn als solche sind diese Projekte zu betrachten. Über Grundwerte, welche die Organisation leiten, muß Einvernehmen bestehen, und sie müssen sich in den täglichen Handlungen der beteiligten Personen und Personengruppen wiederfinden. Niemand spricht dabei über „konfliktfreie Zonen", aber über ein bestehendes Grundvertrauen, auf dem aufbauend Konflikte konstruktiv ausgetragen werden können. Der Raum für politisches Taktieren ist möglichst gering zu halten. FmZ in seiner Gesamtheit ist ein mitbestimmungspflichtiges Vorhaben und birgt genügend Ansatzpunkte für „Machtspiele" zwischen Unternehmensleitung und Betriebsrat in sich. Diese werden allerdings in aller Regel auf dem Rücken der betroffenen Mitarbeiter ausgetragen, was sehr schnell zu einem erheblichen Motivationsverlust führt. In unserem Fall waren nicht zu vernachlässigende Interventionen auf seiten der Unternehmensleitung und des Betriebsrats notwendig, um eine erfolgversprechende Ausgangsbasis für FmZ herzustellen. Diese Interventionen gipfelten im ultimativen Aussetzen der Projektarbeit nach den ersten Pilotworkshops und in einem moderierten Konfliktcoaching zwischen den Vorständen und Betriebsratsvorsitzenden, erscheinen aber aus der Rückschau als unabdingbar, um die erforderlichen Rahmenbedingungen sicherzustellen.

Insofern sind an unterstützenden Systemen – neben der bereits angedeuteten Weiterentwicklung in Richtung Leistungsbeurteilung und leistungsorientierter Vergütung – insbesondere regelmäßige Plattformen, Reviews und ähnliches mit allen Beteiligten zu nennen, also Veranstaltungen, in denen Raum gegeben wird, die mit Sicherheit auftretenden Schwierigkeiten, Konflikte, Konkurrenzverhältnisse miteinander auszuhandeln.

3. Zusammenwirken der drei Systeme

Getragen werden alle drei beschriebenen Bausteine der Unternehmensentwicklung von einer gemeinsamen Vision. In unserem Fall ist dies die gezielte Fortentwicklung des Unternehmens hin zu einem integrierten Infrastrukturdienstleister. SOPSS steuert aus einer übergeordneten Perspektive das Zusammenspiel der einzelnen Bestandteile der Unternehmensgruppe. Für jede Tochter oder jeden Geschäftsbereich wird in Abstimmung mit den Betroffenen ein bestimmter Platz oder eine definierte Funktion im Rahmen der Gesamtentwicklung formuliert, die sich in vereinbarten Strategien und Zielen niederschlagen. Auf dieser Ebene wird die Entwicklung der Organisation aus kurz-, mittel- und langfristiger Perspektive betrachtet, das heißt, es werden Strategien und Ziele für einen Zeitraum von bis zu fünf Jahren festgelegt und in der operativen Planung konkretisiert.

Zentrale Schritte der Unternehmensentwicklung werden wiederum (in der Regel) in Form von Projekten initiiert. Diese Projekte im Einklang mit den in SOPSS vereinbarten Zielen und Strategien voranzutreiben ist zentrale Funktion von PPM (vgl. unter 2.2 „Ziele", S. 215 f.). Die 15 Top-Projekte der Holding werden vom Lenkungskreis durch Priorisierung aus einer Gesamtschau möglicher Themen ausgewählt. Diese Gesamtschau setzt sich im wesentlichen aus Maßnahmen der *Balanced Scorecards* zusammen, die von gruppenübergreifender Bedeutung sind und eigenständigen Projektcharakter haben, sowie aus Themen, die kurzfristig außerhalb der strategischen Planung entstehen und bearbeitet werden müssen (zum Beispiel veränderte marktrelevante Gesetzgebungen). FmZ schließlich ist das Instrument, das mittels Dialog zwischen Mitarbeitern und Vorgesetzen die Balance von Linienaufgaben und Projekten zu halten hilft. Es unterstützt übergreifend das grundlegende Verständnis, daß mit eigenverantwortlich handelnden Mitarbeitern Vereinbarungen getroffen werden müssen. Anweisungen *top down* können in einer solchen Kultur nur kontraproduktiv wirken. Darüber hinaus operationalisiert FmZ die auf einer übergeordneten Ebene definierten Entwicklungsziele in individuelle Vereinbarungen mit dem einzelnen Mitarbeiter.

Besonders schwierig ist die Aufgabe der Abstimmung zwischen den drei beschriebenen Bausteinen der Unternehmenssteuerung. Als Basis sind in diesem Zusammenhang in erster Linie technische Systeme zu sehen, die wir unter dem Überbegriff „Berichtswesen" zusammenfassen möchten. Darüber ist an anderer Stelle schon ausreichend und kompetent geschrieben worden (Horvath & Partner, 2000).

Vieles läßt sich mit Hilfe der zahlreichen Berichtsmodule aus SAP R/3 abbilden, in unserem Fall ergänzt um ein Umsetzungscontrolling für SOPSS und einen eigens entwickelten Strauß operativer Kennzahlen. Die Kernaufgabe besteht in der sinnvollen und Doppelarbeit vermeidenden Verknüpfung und entscheidungsorientierten Aufbereitung der Daten aus unterschiedlichen Berichtsquellen (zum Beispiel SAP R/3, SAP HR, Daten aus der Mitarbeiterbefragung, Projektcontrolling PPM).

Das Tagesgeschäft braucht teilweise ergänzende technische Systeme für einzelne Funktionalitäten (zum Beispiel Risikobewertungsstatistik im Vertrieb, Waage in der Abfallentsorgung), die in die übrigen Systeme eingebunden werden können, aber nicht müssen; im Idealfall finden diese dezentralen Systeme Eingang in die BSC oder in bestimmte PPM-Projekte (für Durchgängigkeit/ Transparenz des Gesamtsystems). Im Zweifel muß man aber die Freiräume dezentraler Steuerungssysteme zulassen, weil diese in der Regel eine höhere Einbindung mit sich bringen, die Motivation fördern und der individuellen Situation vor Ort besser angepaßt sind.

Technische Systeme stellen bildlich das Gerippe von Entscheidungsprozessen dar. Sie sind der Versuch, möglichst objektiv den Zustand der Organisation unter *einem* Gesichtspunkt zu *einem* bestimmten Zeitpunkt (in der Vergangenheit, Gegenwart oder Zukunft) zu beschreiben, wobei der Begriff Objektivität hier schon recht problematisch erscheint. (Traue keiner Statistik, die du nicht selbst gefälscht hast!). Ein Gesamtsystem, das versuchen würde, alle denkbaren Perspektiven und Fragestellungen möglichst noch auf unterschiedlichen Detaillierungsebenen abzubilden, wäre sicherlich zu komplex und letztendlich nicht mehr beherrschbar.

Für diesen Zweck greifen wir auf soziale Systeme, also auf ein Netzwerk von Schlüsselpersonen innerhalb der Unternehmensgruppe zurück, die in unserem Bild das Fleisch zwischen den Knochen darstellen. Die Seele des Ganzen lebt in der Interaktion dieser Personen, wenn sie es schaffen, den Weg hin zur miteinander geteilten Vision auch gemeinsam zu entwickeln. Nur Gruppen sind heute noch dauerhaft in der Lage, Entscheidungsprozesse in der ihnen mittlerweile inhärenten Komplexität noch adäquat abzubilden (vgl. Königswieser/Heintel, 1998). Hierfür muß man den notwendigen Rahmen schaffen, also regelmäßig Raum und Zeit für solche Treffen organisieren. Diese Zeit für gemeinsame Reflexion, wie bereits ausführlich beschrieben (vgl. „SIM", „Das

Wasser des Lebens") erleben wir als die mächtigste Intervention in Sachen Unternehmenssteuerung. Reflexion gilt es auf allen Ebenen der Organisation zu realisieren. Wimmer geht so weit zu beschreiben, daß in netzartigen Strukturen die Arbeitsfähigkeit von Teams ein konstitutiver Erfolgsfaktor wird. Die Kooperation in Prozeßteams oder Führungsteams, in denen die Verantwortlichen zusammenwirken, ersetze die Koordinationsfunktion der klassischen Hierarchie (vgl. Wimmer, 1997). Es ist dies die zentrale Herausforderung an Unternehmenssteuerung heute: die Bewältigung der Paradoxie, einerseits die dezentrale unternehmerische Verantwortung glaubwürdig abzusichern und andererseits der Zerstörung des übergeordneten Unternehmenszusammenhangs durch diese zentrifugalen Kräfte entgegenzuwirken. Eine ausgesprochen heikle Gratwanderung, Widerspruchsmanagement pur!

Alle drei beschriebenen Systeme sollen die Unternehmensführung als Prozeß unterstützen. Wichtig ist dabei, daß durch die Einführung von Systemen allein noch keine Veränderung erzielt wird. Sie können auf die eine oder andere Art verwendet werden. Ein PPM oder eine *Balanced Scorecard* können höchstens technokratisch oder zentralistisch verwendet werden, mit wenig Auswirkung auf Entwicklungsprozesse. „Führen mit Zielen" kann zum Scheindialog verkommen. Die Einführung muß also von einem prozeßorientierten Grundverständnis getragen sein. Wie im Beitrag „Das Wasser des Lebens" beschrieben, ist die zentrale Entwicklungsenergie in Gruppen zu finden, die das PPM oder die *Balanced Scorecard* steuern, „Führen mit Zielen" muß dialogorientiert eingeführt werden.

Insgesamt wird damit erreicht, daß die Selbststeuerungskapazität der Gesamtorganisation beziehungsweise deren Elemente, wie zum Beispiel Tochtergesellschaften, erhöht werden. Zentralistische Vorgehensweisen sind zum Scheitern verurteilt, weil sie die geforderte Komplexität nicht mehr abbilden können. Kein PPM-System kann *alle* Konzern-Projekte wirkungsvoll managen, die Struktur muß so aufgebaut sein, daß jedes Subsystem seine eigenen Projekte selbst managt – unter Berücksichtigung des Gesamtbildes. Die Steuerungsprozesse werden so zu Aushandlungsprozessen unter den Beteiligten.

An übergeordneter Stelle haben wir zu diesem Zweck den sogenannten Führungskreis eingerichtet, bestehende Informations- und Rücksprache-Meetings, um eine prozeßbezogene Komponente ergänzt. Seine Ziele wurden wie folgt festgelegt:

- das Abstimmungsprocedere in der Gruppe diskutieren und klären;
- die Umsetzung der strategischen Ausrichtung der einzelnen Unternehmen koordinieren;
- Meinungs- und Erfahrungsaustausch und Gruppenentwicklung.

Primär sind demnach die Entscheidungsprozesse in der Unternehmensgruppe zu optimieren. Sowie dieses Ziel erreicht ist, kann gegebenenfalls in diesem Gremium in einer späteren Phase auch stärker inhaltlich gearbeitet werden (zum Beispiel inhaltliche Diskussionen, Meinungsbildung zu strategischen Themen). Der Führungskreis trifft sich alle zwei Monate (16 Uhr – *open end*, einschließlich eines informellen Abendessens). Teilnehmer sind die Vorstände und Geschäftsführer der Unternehmensgruppe sowie die Leiter der wesentlichen steuernden Einheiten in der Holding.

Als äußerst wertvollen „Nebeneffekt" erleben wir die durch SOPSS und PPM ins Leben gerufenen Auszeiten. Ob im Strategiedialog im Rahmen von SOPSS, in den PPM-Lenkungskreis-Sitzungen oder im Führungskreis: Auszeiten dienen hier der Behandlung strategischer Fragen, der Entschleunigung von Nachdenk- und Entscheidungsprozessen (vgl. Wimmer/ Nagel, 2000).

4. Darstellung der Unternehmenssteuerung im Modell

Betrachten wir die beschriebene Form der Unternehmenssteuerung unter Zugrundelegung des SIM-Modells, so finden wir alle drei Bestandteile wieder: die *Visionsarbeit* als Klammer und Treiber allen Tuns und die gemeinsame *Reflexion* als Ort des Komplexitäts- und Widerspruchsmanagements – in unserem

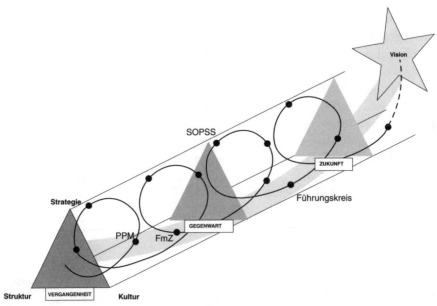

Abb. 18.3 Die Anwendung im SIM-Modell

Fall an exponierter Stelle in Form des Führungskreises, der somit ein zentrales Element in der *Struktur* des Unternehmens darstellt. FmZ als *kulturelle* Basis, mit dem dafür notwendigen, in der Organisation verankerten Vertrauen, und SOPSS als *strategischer* Rahmen vervollständigen das Dreieck der Unternehmensentwicklung. PPM wäre in dieser Betrachtung zwischen den Dimensionen Strategie und Struktur einzuordnen.

5. Resümee

Ein nach wie vor auch mit den drei hier beschriebenen Steuerungsinstrumenten nicht hundertprozentig gelöstes Dilemma ist und bleibt die „ewig gestrige" Verarbeitung von Umfelddynamiken in die Unternehmenssteuerung. Um auf das Beispiel am Anfang des Artikels zurückzukommen: Die konkrete Entscheidung, im Tagesgeschäft eine außerhalb der Zielvereinbarung liegende Aktivität aufzugreifen und damit Prioritäten in der Zielerreichung faktisch zu revidieren, braucht ein Medium. Dieses sind in der Regel Rücksprachen zwischen formell und/oder informell Mächtigen, die dann mit Hilfe dieser Macht innerhalb der entwickelten Steuerungssysteme Ausnahmen „legalisieren". Daraus leiten sich zwei Anforderungen an Steuerungssysteme ab:

- Sie müssen die notwendige Flexibilität (zum Beispiel zur Wahrnehmung unternehmerischer Chancen) zulassen. Grundsätzlich gilt: Je starrer und detailverliebter ein Steuerungssystem entwickelt und gelebt wird, desto stärker sind die Diskrepanzen zwischen Planung und unternehmerischem Handeln.
- Sie müssen die Basis sein, um das gemeinsam entwickelte Vertrauen untereinander und die Entwicklung gemeinsamer Werte und Visionen auf- und auszubauen.

Ein Steuerungssystem ist so gut, wie es die latenten oder offenen Widersprüche im Unternehmen aktiv zu verarbeiten in der Lage ist. Das heißt, es muß auch Platz für das konstruktive Austragen von Konflikten gewährleistet sein – Konflikte, wie sie in jeder Organisation anzutreffen sind und ausgehandelt werden müssen. Ist das nicht der Fall, dann ist etwas „faul", ist das Kräftespiel nicht ausgewogen (zum Beispiel zu dominanter Vorstand oder Geschäftsführer). Schließlich sind Steuerungssysteme immer auch Kunstwerke, Einzelstücke, die für einen ganz bestimmten Rahmen geschaffen wurden und auch nur in diesem Rahmen voll zu Geltung kommen. Man sollte viele dieser Kunstwerke studieren, um – mit möglichst viel Inspiration – dann ein eigenes Kunstwerk zu schaffen.

Literatur

Horváth & Partner (Hrsg.): *Balanced scorecard umsetzen*, Stuttgart: Schaeffer Poeschel 2000.

Roswita Königswieser/Peter Heintel: „Teams als Hyperexperten im Komplexitätsmanagement", in: H. Ahlemeyer/R. Königswieser (Hrsg.): *Komplexität managen*, Wiesbaden: Gabler 1998.

Peter Littmann/Stephan A. Jansen: *Oszillodox. Virtualisierung – die permanente Neuerfindung der Organisation*, Stuttgart: Klett-Cotta 2000.

Dave Ulrich (Hrsg.): *Strategisches Human Resource Management*, München: Carl Hanser 1999.

R. Wimmer: „Von der Hierarchie zum internen Netzwerk", in: *Hernsteiner*, 2/1997, S. 14–20.

R. Wimmer/R. Nagel: „Der strategische Managementprozess – zur Praxis der Überlebenssicherung in Unternehmen"; in: *Organisationsentwicklung*, 1/2000, S. 4 ff.

Teil V

Was ist die Lehre aus der Geschichte?

19 „Sesam, öffne dich!"

Die Erfolgsfaktoren des SIM-Modells

Die Nizza-Connection

Die Graphik auf S. 232 zeigt die zehn wichtigsten Faktoren:

zu 1
Ohne die im Buch beschriebenen Werte, Haltungen, Menschen- und Weltbilder – wie zum Beispiel Respekt vor Menschen, Lern- und Entwicklungsbereitschaft, Konfliktbereitschaft und die Fähigkeit, mit Unsicherheiten umzugehen – bleibt das SIM-Modell „technisch" (vgl. Beitrag „Rapunzel"). Das „Idealprofil" ist auch im Beitrag „Wasser des Lebens" beschrieben. Der gelassene Gestalter ist der SIM-Typ.

zu 2
Die energetisierende Kraft von Visionen wird hier bewußt genutzt und als fester Bestandteil eingeplant, dem genügend Raum und Zeit einzuräumen sind. Denn wer den Sinn hinter Maßnahmen versteht, ist motiviert.

zu 3
Versteht man diese drei Elemente als interdependente Größen, ergeben sich automatisch entwicklungsorientierte Prozesse und Entscheidungen, die sowohl die *„harten"* als auch die *„weichen"* Aspekte berücksichtigen. Der Mobileeffekt ermöglicht es, den Hebelpunkt situationsabhängig zu wählen.

zu 4
Das Entwerfen von Architekturen für Kommunikations-Entwicklungsprozesse, für das Miteinbeziehen der Betroffenen, stellt Weichen für die Zukunft. Dazu gehören Reflexionsplattformen, gemischte Staffs aus Managern und Beratern, Querdenkergruppen und das Schaffen von Voraussetzungen für adäquate Entwicklungsprozesse.

zu 5
Wie bei allen professionellen Veränderungs- und Entwicklungsprojekten gehören klare Auftragsstrukturen, klare Rahmenbedingungen, ebensolche

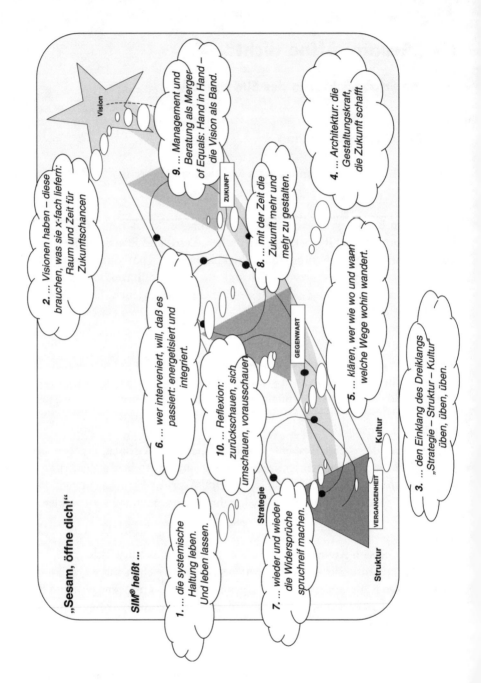

Abb. 19.1 Die Erfolgsfaktoren des SIM-Modells

Zielvereinbarungen und Rollendefinitionen sowie ein qualitatives Projektmanagement zu einem gelungenen Prozeß.

zu 6

Gezielte Interventionen lösen Energieschübe aus, unterstützen die Integration der auftretenden Widersprüche und lösen die Paradoxie auf, daß sie zwar etwas Bestimmtes erreichen wollen, aber zugleich auf dem Prinzip des „Loslassens" basieren.

zu 7

Der bewußte Umgang mit Widersprüchen bringt Differenziertheit und Lebendigkeit mit sich und hilft einem, sich diese zu bewahren. Das bedeutet Reife und ermöglicht Entscheidungen von höherer Qualität, die vor allem auch die Meta-Ebene berücksichtigen. Aus diesem Grund wird es auch möglich, klare Konsequenzen zu ziehen – weil Widerspruchsmanagement eben mehr Eindeutigkeit und Entschiedenheit mit sich bringt.

zu 8

Für Entwicklung braucht man Zeit und Geduld – das betrifft den einzelnen ebenso wie Gruppen und Organisationen. Ohne Zeiten des Innehaltens gibt es im SIM-Verständnis keine qualitative Veränderung.

zu 9

Manager und Berater müssen ihre Rollen gemeinsam und dabei einander ergänzend ausfüllen. Aufgrund ihres spezifischen Verständnisses von Entwicklung ergibt sich eine stark dynamische Komponente mit Überschneidungen und Unterschieden. Das einigende Band ist die gemeinsame Vision: ein sich entwickelndes, erfolgreiches, lebendiges Unternehmen, in dem es Spaß macht zu gestalten. Gemeinsam werden Voraussetzungen geschaffen, die eine Bewegung in Richtung „Verwirklichung der Vision" ermöglichen. Nur wenn das Topmanagement Vorbild ist, kann Entwicklung nachhaltig sein.

zu 10

Reflexion ist der Motor für die Selbststeuerung. Fast wie durch Zauberhand ergeben sich überraschende, oft unvorhergesehene Wendungen, Musterunterbrechungen, Quantensprünge in den Fähigkeiten, Probleme zu lösen, im Erweitern von Möglichkeiten.

20 „SIMsalabim"

Interventionen, die nachhaltige Wirkungen in Gang setzen

Uwe Cichy, Alexander Doujak

Die Top ten der SIM-Interventionen

Welche Intervention in welcher Situation? Es gibt auf diese Frage keine zu verallgemeinernde Antwort. Immer wieder gilt es, die Interventionen neu zu gestalten, die aktuelle Situation zu berücksichtigen, die beteiligten Personen und Gruppen neu zu überdenken. In den von uns begleiteten Veränderungsprozessen kristallisierten sich allerdings im Laufe der Jahre einige Interventionen heraus, die wir immer wieder einsetzten und die somit ein Grundgerüst unserer Prozeßgestaltung darstellen. Viele dieser Interventionen sind bereits anhand unserer Fallbeispiele ausführlich beschrieben worden. Zusammenfassend sind sie in der folgenden Übersicht nochmals aufgeführt. Der rote Faden durch diese Interventionen ist es, Zeit und Raum für Reflexion zu schaffen, in jedem Veränderungsprozeß zu findende Widersprüche aufzuspüren, um sie bearbeitbar zu machen. Das nennen wir Widerspruchsmanagement – oder anders ausgedrückt: die Integration von Widersprüchen in den Prozeß.

Widersprüche manifestieren sich in Symptomträgern: Personen, Personengruppen, Abteilungen und Bereichen.

Entsprechend ist bei der Auswahl der zu beteiligenden Personen mit besonderer Sorgfalt vorzugehen. Es sind die Mächtigen in den Veränderungsprozeß zu integrieren, es gilt, die Schlüsselpersonen zu identifizieren und zu beteiligen und den unmittelbar Betroffenen (in den meisten Fällen dem „normalen" Mitarbeiter) ausreichend Gehör und Einflußmöglichkeit zu verschaffen.

Die folgende Graphik zeigt die Top ten der SIM-Interventionen im Überblick.

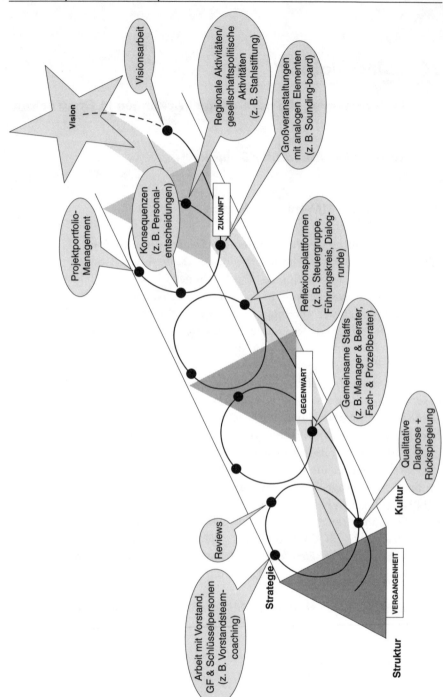

Abb. 20.1 Die Top ten der Interventionen im SIM-Modell

21 Zur Wirkung analoger Interventionen

Roswita Königswieser, Alexander Doujak

Einleitung

Da analoge Interventionen für unsere Arbeit in Entwicklungsprozessen und insbesondere im SIM-Modell einen zentralen Stellenwert haben, wollen wir diesem Thema einige Überlegungen widmen. Die Wirkung analoger Interventionen ist oft rational nicht erklärbar. Man erlebt sie daher, als sei gleichsam Zauberei im Spiel. Wir wollen nun den Fragen nachgehen, wie man die Wirkung erklären kann, was bei der Planung zu beachten ist und welche analoge Intervention zu welcher Rolle (Manager, Berater) paßt.

Was verstehen wir unter „analoger Intervention"?

Unter einer *Intervention* im systemischen Ansatz verstehen wir grundsätzlich eine zielgerichtete Kommunikation (das heißt, man beabsichtigt, eine bestimmte Wirkung zu erzielen) zwischen psychischen und/oder sozialen Systemen, in der die Autonomie des intervenierten Systems respektiert wird. Das heißt, lineare Beeinflussung ist ohnehin nicht möglich (vgl. Königswieser/ Exner, 1998).

Als *analog* bezeichnen wir eine Intervention dann, wenn sie – im Gegensatz zu einer digitalen – analogen Charakter hat. Damit meinen wir alle ganzheitlichen, die Sinne und Gefühle ansprechenden Erlebnisse und Erkenntnisse, die, wie wir immer sagen, „Herzen öffnen", also eine in tiefere mentale Bereiche vordringende Wirkung haben. Von *Intervention* sprechen wir dann, wenn ein Akteur (zum Beispiel Berater, Gestalter) in seiner Rolle in bestimmter Absicht eine Handlung bewußt setzt. Damit grenzen wir Interventionshandlungen von Alltagshandlungen ohne gezielte Absicht ab, selbst wenn diese eine bestimmte Wirkung haben.

Je nach Funktion und Absichtszuschreibung werden Handlungen von Beobachtern als Intervention interpretiert oder nicht. In unserem Selbstverständnis handelt es sich dann um Interventionen, wenn – nach Hypothesenbildung – an den „Druckstellen" eines Systems angesetzt wird, auf die es sensibel reagiert. Der gewünschte Effekt tritt dann ein, wenn sich die Problemlösungskapazität des Systems insgesamt steigert und alternative Selbstentwürfe möglich werden. Analoge Interventionen sind besonders dann angebracht, wenn Bewegung in der mentalen Tiefendimension stattfinden soll, wenn Unbewußtes, Tabus oder archaische Gefühle angesprochen oder bearbeitet werden sollen.

Beispiele analoger Intervention

- Die Analyse eines Unternehmens wird (neben der Zusammenstellung der relevanten Zahlen) von den Beratern in Form einer Geschichte dargeboten. Die wichtigsten Akteure erkennen sich dabei als Tiere wieder. Die Relation zwischen ihnen ist über die Kraft und Gefährlichkeit der Tiere ausgedrückt. Die Zuhörer sind berührt. Jeder weiß, wer mit welchem Tier gemeint ist.
- Eine ähnliche Intervention findet in einer Gruppe von Veränderungsmanagern statt:
  „In welche Tiere würden die Menschen von einem Zauberer verzaubert werden?" Die „phantasierten Tiere" versinnbildlichen in beeindruckender Dramatik die Beziehungen zu den jeweiligen Personen. Man spürt, ob sie als negativ oder gefährlich beziehungsweise als liebevoll oder beschützenswert gesehen werden. Kaum eine rationale Beschreibung brächte das so auf den Punkt. Zugleich liegt auch die Beziehung der Tiere untereinander offen da. Dieser Technik bedient man sich auch in der Kindertherapie, zum Beispiel mit dem Zeichentest „Die verzauberte Familie" (vgl. Kos/Biermann, 1973).
- In einem Raum, in dem ein Restrukturierungsthema behandelt wird, positionieren sich 40 Mitarbeiter entlang einer Bodenmarkierung, die ein Zufriedenheitskontinuum von 0 bis 100 Prozent ausdrückt. So wird für alle rasch transparent, wie der Workshop erlebt wurde. Die körperlich-sinnliche Positionierung wirkt beeindruckend. Das Bild bleibt haften.
- Die Dramatik eines Unternehmens, das sich von einem Monopolunternehmen zu einem Wirtschaftsunternehmen wandeln muß, um zu überleben, wird von einem Veränderungsmanager in eine visionäre Geschichte gebannt: Ein Volk wird aus dem Paradies vertrieben, kämpft sich durch die Wüste und überlebt. Nach dem Vorlesen der Geschichte herrscht in der Gruppe sekundenlang Stille (vgl. Beitrag „Aschenputtel").
- Der Überperfektionismus, der als dysfunktional erkannt wurde, aber nicht wegzubringen ist, wird auf einer Führungskräftetagung in improvisierten Sketches von Mitarbeitern auf dem Podium dargestellt. Danach

sieht man eine kurze Szene, die darstellt wie man sich künftige Problemlösungen vorstellt. Monatelang waren diese Szenen in aller Munde. Perfektionsansprüche waren seither in der alten Form nicht mehr möglich. Das Thema war im Bewußtsein aller verankert.

Warum wirken analoge Interventionen viel stärker als digitale?

Wir Menschen sind anscheinend genetisch so gebaut, daß wir emotional berührende Informationen direkter aufnehmen als rein rationale (vgl. Dunbar, 1998). Kommunikationswissenschaftler behaupten sogar, daß das Handeln von Menschen zu 90 Prozent emotional – oft wird auch abwertend „irrational" gesagt – bestimmt sei und nur zu 10 Prozent rational. Neurologische und anthropologische Theorien erklären das mit der Entwicklung unseres Gehirns: Die rechte Gehirnhälfte, die, vereinfacht ausgedrückt, für Analoges, Bildliches, Ganzheitliches, für Gefühle zuständig ist, ist älter als die linke Gehirnhälfte, die für Analytik, Digitales, Rationales zuständig ist. Dazu kommt, daß unser Sprachzentrum ebenfalls – menschheitsgeschichtlich gesehen – relativ jung ist. Der Ursprung des Denkens liegt in der äußeren Hirnrinde, in den Stirnlappen, während das emotionale Zentrum tiefer liegt. Vorstellungen und Bilder haben deshalb eine so gewaltige Wirkung, weil die bildlichen, symbolischen „Repräsentationen" der Wirklichkeit mit den tatsächlichen Wahrnehmungen verschmelzen. Bild und emotionale Wirklichkeit sind also nahezu identisch (vgl. Bohm, 1998). Daher nehmen wir nonverbale Signale, Körperlich-Sinnliches, Symbole viel direkter auf als Worte, Schrift oder Zahlen (vgl. Molcho, 1996).

David Bohm (1998) unterscheidet zwischen „fragmentarischen" und „generischen" Denkprozessen. Die „fragmentarischen" reißen etwas auseinander, was nicht wirklich voneinander getrennt ist. Die „generischen", oder „partizipativen" verbinden Objekte auf einer „tieferen Ebene", erfassen metaphorisch Sinnzusammenhänge und „Unbegrenztes". Es ist verbunden mit dem „kollektiven Denken", dem impliziten Wissen der Menschheit. Er nennt dieses Denken auch „stillschweigendes Wissen", in dem Bedeutungen intuitiv klar werden.

Das analoge Denken, das Millionen Jahre alt ist, ist ins Verborgene abgewandert. In den letzten fünftausend Jahren hat sich das digitale Denken entwickelt und versucht über Logik und Abstraktion Eindeutigkeit herzustellen, die es aber nicht gibt. Im analogen Denken sind Widersprüche, Psycho-Logik, Ambivalenzen kein Problem (vgl. Pfeifer, 1999).

Diesen Tatsachen tragen verschiedenste Theorien Rechnung. Ich, R. Königswieser, führe seit Jahren Motivations-, Führungs-, Beratungs-, Gruppendynamikseminare in Hernstein und am Gottlieb-Duttweiler-Institut durch. Woran sich die Teilnehmer noch nach Jahren erinnern – beziehungsweise was sie in ihre Praxis integriert haben –, sind nicht Vorträge oder Papers, sondern Erlebnisse, die sie emotional stark berührt haben. Das ist zum Beispiel die T-Gruppe, speziell aber das Soziogramm, ein Instrument zur Einschätzung der Positionen und Relationen in der Gruppe, oder analoge Darstellungen der Gruppenprozesse (vgl. Weyrer, 1993).

Alle Motivationstheorien gehen davon aus, daß Motivation nur über Betroffenheit und Selbstmotivation erreicht wird (vgl. Königswieser, Seminarskriptum Hernstein, Motivation).

Wirksame Kommunikations- und Informationskonzepte bauen ebenfalls auf analoge Kommunikationsformen, auf Sinnlichkeit und Interaktion auf (vgl. Mohr/Fritsch, 1998).

Schriftliche Information, E-Mails, digitale Kontakte lassen die Wärme, die Berührung vermissen.

Auch die PR- und Werbebranche kann ohne die Berücksichtigung stärkster archaischer Gefühlsinhalte – wie Sinnlichkeit, Sex, Prestige oder Angst – keine Aufmerksamkeitswerte erzielen (vgl. Häusel, 2000).

Analoge Interventionen auf verschiedenen Ebenen

Im SIM-Modell geht es ja um die Integration verschiedener Dimensionen beziehungsweise Ebenen (vgl. Beitrag „Dornröschen").

Analoge Interventionen integrieren nun emotionale, oft unbewußte Qualitäten mit rationalen, bewußten Einsichten beziehungsweise Erkenntnissen.

Beides ist wichtig. Die Kombination und Integration erzielt die Breiten- und Tiefenwirkung, die bei allen Entwicklungsprozessen unerläßlich ist.

Wie in vielfacher Weise in diesem Buch ausgeführt, haben wir es in Veränderungs- beziehungsweise Entwicklungsprozessen immer mit stark emotional geladenen Situationen zu tun. Es geht um Unsicherheiten, Ängste, Sehnsüchte, Wünsche, immer um Polaritäten, um Unbewußtes (vgl. Eisenbach-Stangl/Ertl, 1997).

Analoge Interventionen kann man auf allen Ebenen der Intervention setzen: auf der Ebene der Architektur, des Designs, der Technik (vgl. Königswieser/Exner, 1998).

Einige Beispiele für die Architekturebene:

- Statt ewig über Werte zu sprechen, werden vom Management Personalentscheidungen so getroffen, daß deutlich wird: Menschen dieser Art, mit

diesen Haltungen, Profilen sind bei uns erwünscht. Die Glaubwürdigkeit steigt.
- Statt über Gleichheit zu reden, werden von Projektleitern wichtige Projektgruppen auch mit Mitarbeitern der Basis besetzt. Die Norm der Partizipation festigt sich.
- Statt als Vorstand zu beteuern, an der Meinung der Leute interessiert zu sein, sich aber nie in der Produktion sehen zu lassen, geht er im Werk herum, hat einen „Tag der offenen Tür" eingeführt. Die Distanz zum Vorstand reduziert sich. Es heißt, er sei „ein Vorstand zum Anfassen".

Einige Beispiele für die Designebene:

- In einem Workshop, in dem eine Restrukturierung in Prozeßabläufe bearbeitet wird, sieht man die Mitarbeiter zuerst in ihrer alten Arbeitsteilung sitzen, danach gruppieren beziehungsweise bewegen sie sich gemäß den Abläufen der Geschäftsprozesse. Man spürt den Unterschied fast körperlich. Das Gespräch darüber wird direkter.
- In einem New-economy-Unternehmen herrschen Chaos, Unstrukturiertheit, wildes Wachstum. Über Organisationsaufstellungsszenarien werden Vor- und Nachteile von alternativen Struktur- beziehungsweise Führungsmodellen erlebbar, spürbar, besprechbar, rascher entscheidbar. Das neue Modell ist nachvollziehbar, die diesbezügliche Akzeptanz hoch. Die Umsetzung geht engagiert voran.
- In einer Visionswerkstatt werden von den Teilnehmern Bilder von der von ihnen erwünschten Zukunft erstellt. Der „fliegende Teppich", die „Zeltstadt" setzen sich im Bewußtsein fest und transportieren vielschichtige Aussagen über Leichtigkeit und Flexibilität, aber auch bezüglich der gegenseitigen Erwartungen. „Ein Bild sagt mehr als tausend Worte!" (Vgl. Schottenloher, 1994)

Jeder für sich oder die Gruppe gemeinsam kann bildhafte Darstellungen der Gegenwart oder auch der Zukunft aufs Papier bannen. Besonders viel Material für die anschließende verbale Bearbeitung der Situation entsteht dann, wenn der Auftrag zum *Bildermalen* ausdrücklich auf unterschiedliche Zugänge – zum Beispiel auf Horror- und Wunschbilder – ausgerichtet ist. Ein wertvoller Zugang zur Verknüpfung der jeweiligen Bilder mit den Wahrnehmungen der restlichen Gruppe ist die Interpretation des Gemalten durch die anderen Teilnehmer, mit anschließendem Kommentar der „Künstler". So verweben sich Eigen- und Fremdbilder miteinander.

Theater, *Pantomimisches*, *Sketches*, *Videos* – mit und ohne Drehbuch – vertiefen den Aspekt von Berührung und Katharsis durch analoge Interventionen.

Kurze Sketches, in denen die Betroffenen ihre Sicht zur Situation zum Ausdruck bringen, stehen dabei in der Regel den Darbietungen professioneller Akteure des „Business Theaters" in nichts nach (vgl. Schreyögg, 1998).

Bei den *Aktionen* und *Ritualen* ist nicht nur an die Beispiele zu denken, die eingangs angesprochen und im Rahmen der unten angeführten Beispiele noch weiter detailliert werden, sondern hier sind auch verschiedene Formen von Outdoor- (und „Outdoor für Indoor"-) Aktivitäten anzusiedeln, sofern sie nicht als unreflektierte „L'art pour l'art"-Aktionen durchgeführt werden.

Noch einige Beispiele für die Technikebene:

- Die Auseinandersetzung der zehn Mitarbeiter mit ihrem brillanten, aber unerbittlichen Geschäftsführer stagniert. Die Argumente drehen sich im Kreis. Unbewußte Ängste vor wechselseitiger Abwertung blockieren die Energie. Die Intervention, daß in Untergruppen je ein Märchen über die Situation geschrieben und anschließend im Kreis langsam vorgelesen wird, wirkt wie ein Zauber. Der Halbkreis vorm offenen Kamin verstärkt die Stimmung des Sich-Einlassens auf die Tiefendimension der Märchen (vgl. Einleitung 2). Es ist von Eroberern, Rittern, Siegern, Helden, Verwundeten, Hofnarren, von Burgen, Blut und Tränen, von Sehnsucht nach Anerkennung die Rede. Die Berührtheit ist so stark, daß erst am nächsten Tag darüber gesprochen, analysiert werden kann. Die Blockade hat sich gelöst. Die Rollen beginnen sich zu ändern. Unbewußtes wird bewußt (vgl. Obholzer, 1997). Das Erzählen von Märchen und Geschichten stellt für uns nicht zufällig eine besonders intensive Interventionsform dar. Über die Macht des Erzählens von Geschichten in Organisationen berichtet auch J. Herben (1999) in seinem Beitrag für Manager.
- Als weiteres Beispiel für analoge Designelemente möchten wir noch Phantasiereisen nennen:
Die Teilnehmer entspannen sich am Beginn mit leichter Musikunterstützung. Die Berater regen dann an, die bewußten und unbewußten Bilder, die die Teilnehmer mit der aktuellen Situation verbinden, anzuschauen und miteinander zu verknüpfen. Wie auf einer richtigen Reise bewegen sich die Teilnehmer durch die verschiedenen Ebenen ihres Unternehmens. Hier tauchen dann konkrete, typische Situationen ebenso auf wie metaphorische Figuren. Über die Reflexion des Erlebten öffnen sich neue Wahrnehmungs- und Lösungsmöglichkeiten.
- Auch Metaphern erzeugen eine starke Wirkung. Sie sind bildliche Redewendungen, die in einem übertragenen Sinn verwendet werden. Sie erhalten die wesentlichen Elemente analoger Kommunikation, weil sie das gefühlsmäßige Erleben ansprechen und weniger das analytisch-logische

Denken. Die Symbolik, die in Metaphern ausgedrückt wird, fördert die Assoziationsdynamik und wirkt dadurch als Anregung, auch über tabuisierte Inhalte zu sprechen.

Das Wirkungsmodell

Die Wirkung analoger Interventionen ist unbestritten. Allerdings spürt man mit Recht auch große Vorsicht, oft Skepsis, Scham, Abwehr. „Wenn es schiefgeht, ist es peinlich." „Wenn übertrieben wird, geht alles den Bach hinunter." Gerade bei analogen Interventionen muß mit größter Behutsamkeit vorgegangen werden, weil sie zwar größte Chancen mit sich bringen und Erstarrungen auflösen können, aber ebenso groß wie die Chancen sind die Gefahren (vgl. Boos/Königswieser, 2000). Rationale Interventionen können nicht soviel „ausrichten" wie Interventionen, die tiefe Gefühle ansprechen. Deshalb sind vorweg Hypothesen zu bilden, die auch Latentes mit berücksichtigen, die eigene Intuition und Resonanz ernst nehmen und Reflexion zu einem adäquaten Zeitpunkt einplanen.

Es gibt unserer Erfahrung nach eine optimale Wirkungsspanne. Die erzeugte Wirkung sollte nicht zu flach und nicht zu tief sein. Fingerspitzengefühl und Anschlußfähigkeit sind gefragt. Der Wirkungsgrad steht in Beziehung zum Spannungs- beziehungsweise Energieniveau der jeweiligen sozialen Situation. Ist die emotionale Spannung zu gering, ist keine Wirkung vorhanden; bewirkt die Intervention eine zu große Spannung, ruft man Streß, Angst, Abwehr hervor. Die Spannung ist dann unerträglich.

Die folgende Abbildung zeigt das Modell eines optimalen Wirkungsfelds.

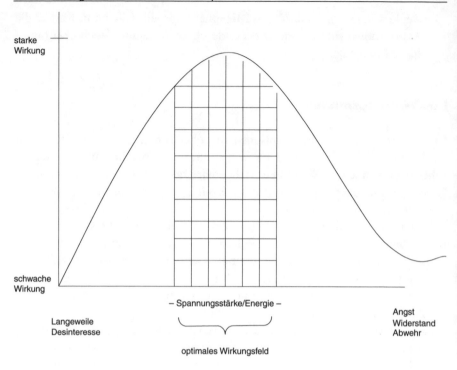

Abb. 21.1 Das Wirkungsfeld analoger Interventionen

Welche Wirkung erzeugt eine optimale analoge Intervention?

Das Modell soll bewußtmachen, daß es auf das subjektive Erleben ankommt, ob eine analoge Intervention als passend, gut, oder unpassend, also als negativ erlebt wird. Es kommt aber nicht nur auf das subjektiv erlebte Spannungsniveau, die subjektive Bewertung an, sondern auch auf den Kontext und die Anschlußfähigkeit derer, die die Intervention planen. Wenn das optimale Niveau gefunden wurde, ist die Wirkung allerdings meist beeindruckend. Sie erfüllt dann viele Funktionen, die für SIM von größter Bedeutung sind.

Analoge Interventionen:

- öffnen Energiebahnen, deblockieren Energien, durchbrechen rigide Schleifen;
- können Vorbewußtes, Unbewußtes bewußt beziehungsweise bearbeitbar machen;
- wirken kathartisch;
- bilden Phänomene ganzheitlich ab und werden daher meist runder erlebt;
- öffnen Widersprüche, bringen so Bewegung, Lebendigkeit und Emotionalität ins System;

- verdichten Polaritäten durch Symbole und mobilisieren somit Identifikationen.

Die Wirkung analoger Interventionen beruht nicht zuletzt darauf, daß jede Interpretation zulässig ist, daß kein Druck ausgeübt wird, in Richtig-falsch-Kategorien zu bewerten, sondern der Blick über die Vielfalt der Meinungen erweitert wird. Wenn man spürt, was die anderen denken, welche Annahmen, Hypothesen, Wahrnehmungskategorien sie haben, wirkt das aufklärend, relativierend, bereichernd. Die Aufarbeitung in unserem Sinne macht nicht Druck, etwas linear zu verändern, sondern hilft, sich der vielleicht unbewußten Dimensionen bewußt zu werden. Schon allein der Austausch bewegt etwas, wirkt selbst-steuernd.

Wenn Menschen über etwas, das ihnen sehr wichtig ist, sprechen, ist ihr ganzer Körper mit einbezogen: Das Herz schlägt schneller aufgrund des Adrenalins, alle neurochemischen Transmitter sind im Einsatz, alle Sinne geschärft. Das wirkt wie ein Band. Es schafft Gemeinsamkeit. Denken und Fühlen sind ein und derselbe Prozeß, nicht zwei verschiedene.

Abgrenzungen zu Situationen mit analogem Charakter

In diesem Buch sind vielfältig analoge Interventionsbeispiele und ihre Wirkung ausgeführt. Die Abgrenzung zu reinen Showeffekten, oberflächlichen Verspieltheiten, trickreichen Manipulationen oder auch kultivierter Ästhetik ist nicht einfach. Letztlich können nur die Betroffenen selbst feststellen, zu welcher Kategorie sie was zählen.

Wir finden auch im alltäglichen Leben intuitiv gesetzte Handlungen, die emotional wirken.

Wenn ein Verkaufsleiter mit einem wichtigen Kunden essen geht und hofft, einen Geschäftsabschluß zu machen, wird er mit Sorgfalt ein gemütliches Lokal auswählen, einen „schönen" Tisch – meist sind das Ecktische, an denen man sich geschützt fühlt – bestellen. Vielleicht gibt es vorher oder nachher noch ein erlebnisintensives Programm.

Wenn darauf geachtet wird, daß immer frische Blumen im Besprechungszimmer stehen, der Raum freundlich-unaufdringlich eingerichtet ist, soll damit ebenfalls eine angenehme Atmosphäre erzeugt werden. Obwohl diese Handlungen mit Absicht gesetzt sind und wirken, bezeichnen wir sie nicht als analoge Interventionen im engeren Sinn. Dennoch wollen wir damit Manager und Gestalter ermuntern, Analoges bewußt zu nutzen.

Aber auch dramatischere, nahezu brutale Inszenierungen beobachten wir immer wieder. Zum Beispiel wurde in einer Phase massiven Personalabbaus in einer Betriebsversammlung ein Sarg auf den Schultern von vier Männern hereingetragen und ein Begräbnis inszeniert. Die Mitglieder der Geschäftsführung wurden als Mörder und Totengräber gebrandmarkt. Es verschlug einem den Atem. Die Diskussion darüber war zwar emotionalisiert, aber letztlich differenziert. Die Inszenierung verfehlt ihre Wirkung nicht.

Fragt man sich nun, wie Gestalter von Entwicklungsprozessen diese analogen Interventionen anwenden können, gibt es von uns aus eine klare Position: Manager sollten in erster Linie auf der Architekturebene analog intervenieren, das heißt über das Schaffen von Rahmenbedingungen und Meta-Entscheidungen. Das bedeutet etwa, die Symbolik von Personalbesetzungen in Veränderungsprojekten bewußt zu nutzen oder durch Konsequenzen sichtbare Signale hinsichtlich erwünschter Werte zu setzen. Eine heterogen zusammengesetzte Steuergruppe etwa vermittelt Wertschätzung: Unterschiede bereichern, werden ernst genommen. Die Fotos in den Betriebszeitungen festigen die neuen Bilder und Erwartungshaltungen.

Feste und Großveranstaltungen in den Unternehmensentwicklungsprozeß einzubauen kann viel Energie beziehungsweise Beziehungsintensivierung und Begegnungsmöglichkeiten schaffen (vgl. Königswieser/Keil, 2000).

Designs zu erstellen wird wahrscheinlich eher und häufiger die Prozeßkompetenz von Beratern sein. Allerdings gilt auch hierfür, daß die Kooperation in der Entwicklungsgemeinschaft zwischen Managern und Beratern dabei eine besondere Qualität darstellt.

Auf der sogenannten Technikebene können – wie oben ausgeführt – authentisch verwendete Metaphern und eine bildliche Sprache einen Anreiz bewirken. Bilder produzieren Imagination (vgl. Morgan, 1998). Bildliche Vorstellungen führen zum Verlassen alter Denkschienen. Die Aussage: „Wir wollen wie Archäologen vorgehen, Schicht für Schicht im Gespräch behutsam freilegen", führt zu einem anderen Verhalten als die Aufforderung: „Wir fragen wie Kriminalbeamte, die einen Sachverhalt feststellen wollen." Die mit Achtsamkeit gestalteten Räume oder eine bewußt gewählte Sitzordnung können kleine Wunder bewirken. Wir alle wissen zum Beispiel, daß es einen Unterschied in der Qualität der Kommunikation macht, ob eine Besprechung an einem langen Tisch mit Präsidium stattfindet oder ob ein Sesselkreis ohne Tische den direkten Blickkontakt zwischen allen Teilnehmern ermöglicht, so daß sich jeder in der Gesprächsrunde als dem anderen gleichwertig empfinden kann.

Auch die mit Selbstvertrauen angewendeten Positionierungen in Entscheidungsprozessen können beeindruckende Effekte erzielen. Die Entscheidung über neue Automodelle fiel viel rascher, als die Anwesenden sich nach der Meinungsbildung zu ihrem favorisierten Modell stellten. Wir kennen Vorstände, die zum Beispiel vor schwierigen Fusionsprozessen mit ihrer Projektgruppe als

Vorbereitung Rollenspiele machten, die dann durchwegs als positive Einstimmung bewertet wurden.

Bei einem Projektabschluß ging es um Konsequenzen zum Thema *Projektmanagement*. Die alternativen Vorschläge waren im Rahmen einer Frühstückseinladung des Vorstands auf einem Tisch aufgebaut. Die 20 Teilnehmer wurden gefragt: „Welche Maßnahmen wollen wir umsetzen? Legen Sie ein Zuckerstück zu dem jeweiligen Symbol!"

Es waren folgende Objekte aufgereiht:

- Eier – für systemische Projektmanagementausbildung,
- ein spiegelnder Platzteller – für Supervisionsangebote,
- ein Obstkorb – für einen Spezialistenpool,
- Kaffee – für Reviews von Projekten.

Nach Einstimmung und Diskussion wurden die Prioritäten anhand der Verteilung der Zuckerstücke rasch klar. Die Benennung der Inhalte über die Symbole blieb dauerhaft im Gedächtnis der Beteiligten.

Diese hier angeführten Beispiele wären in unserem Wirkungsmodell (siehe Abbildung) nicht im optimalen Bereich zu finden. Sie wirken zwar emotional und ankern, berühren aber nicht unbewußte, tiefe Dimensionen.

Wir wollten mit diesem Beitrag eine Sensibilisierung für die verschiedenen Tiefenwirkungen von analogen Interventionen erreichen und dazu ermuntern, sie reflektiert und behutsam zu nutzen.

Unserer Erfahrung nach sind es die weiter vorne angeführten analogen Interventionen, die einen organischen Teil eines Entwicklungsprozesses darstellen, um die es uns in erster Linie im SIM geht. Sie wirken nicht reduktionistisch von Kopf zu Kopf, sondern ganzheitlich von Herz zu Herz. Sie sind ein unverzichtbares Element von Entwicklungsprozessen.

Literatur

David Bohm: *Der Dialog*, Stuttgart: Klett-Cotta 1998.

Frank Boos/Roswita Königswieser: „Unterwegs auf einem schmalen Grat: Großgruppen in Veränderungsprozessen", in: R. Königswieser/M. Keil (Hrsg.): *Das Feuer großer Gruppen*, Stuttgart: Klett-Cotta 2000.

Robin I. M. Dunbar: *Klatsch und Tratsch – Wie der Mensch zur Sprache fand*, München: C. Bertelsmann 1998.

Irmgard Eisenbach-Stangl/Michael Ertl (Hrsg.): *Unbewußtes in Organisationen*, Wien: Facultas-Univ.-Verlag 1997.

Hans-Georg Häusel: „Das Reptilienhirn lenkt unser Handeln", in: *Harvard Business Manager*, 2/2000, S. 9 ff.

John Herben: „Die Macht des Erzählens: Storytelling bei Unternehmensfusionen", in: *GDI-Impuls*, 1/1999, S. 30 ff.

Roswita Königswieser/Alexander Exner: *Systemische Intervention*, Stuttgart: Klett-Cotta 1998.

Roswita Königswieser/Marion Keil: *Das Feuer großer Gruppen*, Stuttgart: Klett-Cotta 2000.

Marta Kos/Gerd Biermann: *Die verzauberte Familie*, München: E. Reinhardt Verlag 1973.

Niko Mohr/Robert Fritsch: „Zielgerichtete Kommunikation – Schlüsselfaktor erfolgreichen Veränderungsmanagements", in: *Organisationsentwicklung*, 3/1998, S. 67 ff.

Sammy Molcho: *Körpersprache*, München: Goldmann Verlag 1996.

Gareth Morgan: *Löwe, Qualle, Pinguin – Imaginieren als Kunst der Veränderung*, Stuttgart: Klett-Cotta 1998.

Anton Obholzer: „Das Unbewußte bei der Arbeit", in: I. Eisenbach-Stangl/M. Ertl (Hrsg.): *Unbewußtes in Organisationen*, Wien: Facultas-Univ.-Verlag 1997.

Rolf Pfeifer: „Nicht alles ist digital", in: *GDI-Impuls*, 4/1999, S. 36 ff.

Gertraud Schottenloher (Hrsg.): *Wenn Worte fehlen, sprechen Bilder*, München: Kösel Verlag 1994.

Georg Schreyögg: „Unternehmenstheater als Intervention"; in: *Organisationsentwicklung*, 1/1998, S. 36 ff.

Matthias Weyrer: „Gruppendynamisches Lernen in der Managementausbildung. Eine Evaluation von Gruppendynamik-Seminaren in Hernstein", in: G. Schwarz/P. Heintel (Hrsg.): *Gruppendynamik*, Wien: WUV 1993.

22 „Die weiße Schlange"

Zehn Gewissensfragen vorm Start

> Die Königstochter konnte ihr stolzes Herz noch nicht bezwingen und sprach: „Hat er auch die beiden Aufgaben gelöst, so soll er doch nicht eher mein Gemahl werden, als bis er mir einen Apfel vom Baum des Lebens gebracht hat."
>
> Zielerreichung ist sehr viel mehr als Technik, mehr auch als nur Aufgabenerledigung in Perfektion. Die Haltung der Beteiligten zu erkennen, sie sorgfältig zu reflektieren – und auch die eigene Einstellung dazu – und dann am Baum des Lebens nicht nur zu rütteln, sondern konsequent zu handeln, das ist das wahre Apfelpflücken.

Die Nizza-Connection

Zum Abschluß finden Sie hier noch einen Fragebogen, mit dessen Hilfe Sie überprüfen können, ob Sie und Ihr Unternehmen „SIM-tauglich" sind.

Beantworten Sie die Fragen jeweils mit ja (1) oder nein (2), beziehungsweise kreuzen Sie 1 oder 2 an.

1. Haltung

	Punkte
• Gehe ich davon aus, daß man nur genügend Informationen braucht, um ein objektives Bild von der Realität zu erhalten? Ja (1), nein (2)	1 | 2
• Denke ich, daß man Unternehmen im Griff haben kann?	1 | 2
• Verbinde ich meine Rolle als Gestalter eher mit dem Bild eines Machers (1) oder mit dem eines Entwicklers oder auch Gärtners (2)?	1 | 2
• Definiere ich auftretende Widersprüche als Zeichen schlechter Organisation (1), oder gehören sie meiner Meinung nach zum Leben dazu (2)?	1 | 2

Die Nizza-Connection

- Kann man harte Fakten und weiche Faktoren total trennen? Ja (1), nein (2) | 1 | 2 |
- Finde ich, daß permanentes Lernen übertrieben ist? Ja (1), nein (2) | 1 | 2 |
- Prozeß heißt Prozeß. Die Unterschiede zwischen einem Prozeß im juristischen Sinne (Gerichtsprozeß) und einem im Sinne einer Produktionsbeschreibung (Geschäftsprozeß) oder einem im Sinne eines Entwicklungsprojekts (Kommunikations-, Reflexionsprozeß) sind zu vernachlässigen. Ja (1), nein (2) | 1 | 2 |

2. Situation des Unternehmens

- In Krisensituationen sind weder Zeit noch Geld noch andere Ressourcen für Beteiligung und Entwicklung da. Ja (1), nein (2) | 1 | 2 |
- Wenn es um Nachhaltigkeit geht, verbinde ich das vor allem mit harter Arbeit auf der operativen Ebene. Ja (1), nein (2) | 1 | 2 |
- Ich finde es sinnvoll, daß Projekte mit den Schwerpunkten Struktur, Strategie oder Kultur klar voneinander abgegrenzt sind. Ja (1), nein (2) | 1 | 2 |
- In meinem Unternehmen werden Auszeiten zum Nachdenken als Zeitverschwendung betrachtet. Ja (1), nein (2) | 1 | 2 |
- Bei uns empfindet man ein klares Projektmanagement oder das Erstellen von Kommunikationsstrukturen als überzogenen Aufwand. Ja (1), nein (2) | 1 | 2 |

3. Beziehung zwischen Gestaltern und Beratern

- Denke ich, daß die Rollen eines Gestalters und eines Beraters nichts miteinander zu tun haben? Eine Entwicklungsgemeinschaft halte ich für ein unzutreffendes Bild. Ja (1), nein (2) | 1 | 2 |
- Betrachte ich einen klaren Kontrakt, das heißt ein klar definiertes Projektziel, das von Anfang bis Ende des Entwicklungsprozesses gilt, als erstrebenswert? Ja (1), nein (2) | 1 | 2 |
- Empfinde ich regelmäßiges wechselseitiges Feedback zwischen Beratern und Gestaltern als Zumutung, weil es ja der Manager ist, der bezahlt und dem Berater seine Zufriedenheit oder Unzufriedenheit kundtun muß? Ja (1), nein (2) | 1 | 2 |

„Die weiße Schlange"

- Wenn ich ehrlich bin: Ich kann mit dem Begriff „Reflexion", mit „Staffarbeit" und mit „Gesprächsplattformen" nichts anfangen. Ja (1), nein (2) | 1 | 2 |

4. Vision

- Empfinde ich eine „Vision" auf einem Blatt Papier als ausreichend? Ja (1), nein (2) | 1 | 2 |
- Den Gedanken, daß an der Visionsarbeit der Prozeß selbst eigentlich wichtiger ist als das Ergebnis, empfinde ich als übertrieben. Ja (1), nein (2) | 1 | 2 |
- Die zeitlichen Dimensionen Zukunft, Gegenwart, Vergangenheit sind nicht zufällig getrennte Begriffe. In der Visionsarbeit sollte man nicht zurück-, sondern nach vorn schauen. Ja (1), nein (2) | 1 | 2 |

5. Integration von Widersprüchen

- Zuerst kommt Planung, danach die entsprechende Umsetzung. Ja (1), nein (2) | 1 | 2 |
- Allzu viele Menschen in Veränderungsprozesse mit einzubeziehen ist übertrieben aufwendig. Ja (1), nein (2) | 1 | 2 |
- Als Unternehmer habe ich entsprechende Verantwortung. Politiker haben sich um die gesellschaftlichen Themen zu kümmern. Das eine hat mit dem anderen nichts zu tun. Ja (1), nein (2) | 1 | 2 |
- In Entwicklungsprozessen geht es in erster Linie um Veränderung. Alles Gestrige gehört überwunden. Ja (1), nein (2) | 1 | 2 |

Sind Sie SIM-tauglich?

A. 23–30: Sie sind sehr SIM-tauglich.

B. 31–38: Sie sind mittelmäßig SIM-tauglich.

C. 39–46: Sie sind derzeit noch nicht SIM-tauglich.

A.: Gratulation! Wenn Sie nicht der einzige mit dieser Punktanzahl sind, hat Ihr Unternehmen die größten Chancen, ein systemisch-integratives Management umzusetzen. Viel Erfolg bei Ihrem Vorhaben!

B.: Sie sehen den Zauber des systemisch-integrativen Managements, aber Sie trauen sich diesen Sprung in neue Dimensionen noch nicht zu. Kein Problem, Ihre Zeit kommt bestimmt.

C.: Sie zeigen zweifellos Interesse für das Thema – sonst hätten Sie diesen Test nicht gemacht –, müssen aber spätestens jetzt einsehen, daß der SIM-Ansatz für Sie noch nicht machbar ist. Wenn Ihnen wirklich daran gelegen ist, so sprechen Sie mit möglichst vielen Personen darüber. Vielleicht hilft Ihnen ja auch die angegebene Literatur weiter. Dann wird der Test beim nächsten Mal sicherlich anders ausfallen.

Teil VI

Schnittstelle Unternehmen – Gesellschaft

23 „Der Wolf und die sieben Geißlein"

Der gesellschaftliche Kontext des SIM-Modells

> *Da mußte das Geißlein nach Hause laufen und Schere, Nadel und Zwirn holen. Dann schnitt die alte Geiß dem Bösewicht den Bauch auf. Kaum hatte sie den ersten Schnitt getan, da streckte auch schon ein Geißlein den Kopf heraus. Und als sie weiterschnitt, sprangen nacheinander alle sechs heraus. Sie waren alle heil und gesund, denn der Wolf hatte sie in seiner Gier ganz hinuntergeschluckt.*
>
> Ist der Wolf nicht Wolf, weil wir ihn Wolf sein lassen? Und wird nicht ebenso manche Entwicklung zur Gefahr? Dominiert, gefressen und verschlungen zu werden ist die Gefahr am Ende manch einer Entwicklung (ob im Märchen oder auch im Alltag) – wenn wir es unterlassen, dagegen anzugehen.
> Hellwach und ganz bewußt gestalten, eigenverantwortlich verändern, die Schere zur Befreiung nutzen und nicht warten – im Märchen wie im Unternehmen – und Unternehmen und Organisationen als Orte gesellschaftlichen Handelns sehen.

Marion Keil

In der Management- und Wirtschaftsliteratur werden bisher vor allem Entwicklungsprozesse in Unternehmen betrachtet. In diesem Artikel wollen wir versuchen, ein Modell, das von uns im Kontext der Unternehmensberatung und des Managements für Unternehmen entwickelt wurde, auf einen gesamtgesellschaftlichen Zusammenhang anzuwenden.

Das Systemische IntegrationsManagement ist ein visionsgetriebener, dynamischer und von gemeinsamer Reflexion getragener Prozeß, der die Entwicklung von Strategie, Struktur und Kultur zum Ziel hat und die Integration von Systemwidersprüchen als gemeinsame Gestaltungsaufgabe von Führung und Beratung sieht.

Schon lange finden wir aus beraterischer Sicht die Situation unbefriedigend, daß im Rahmen der Entwicklung einzelner Unternehmen Dynamiken entstehen, die deutliche Auswirkungen auf die Gesellschaft haben (zum Beispiel Arbeitsplatzabbau), oder gesellschaftliche Dynamiken (zum Beispiel Ausländerfeindlichkeit), die sich auf Unternehmen auswirken. Die Unternehmen haben jedoch – von Lippenbekenntnissen einmal abgesehen – ein auf die Unternehmensgrenzen beschränktes Problembewußtsein. Viele in den Unternehmen tätige Personen erkennen und bedauern dies, sehen sich aber ihrerseits höheren Zwängen (der sogenannten Wirtschaftslogik) ausgeliefert. Probleme, die nicht vorrangig mit der wirtschaftlichen Dimension zu tun haben, werden externalisiert. Auch wir als Berater verfügen bis dato über augenscheinlich ausgesprochen begrenzte Möglichkeiten der Intervention auf diesem Feld. Wenn es – so wie beim SIM-Modell – um Integrationsanliegen geht, liegt es auf der Hand, auf die Schnittstelle Unternehmen–Gesellschaft zu achten.

Wenn wir von Systemischem IntegrationsManagement sprechen, dann meinen wir die ganzheitliche Gestaltung von sozialen Systemen *und* ihren Umwelten in einer miteinander vernetzten Form. Wir stellen fest, wie viele Veränderungsprozesse und -projekte in Unternehmen parallel und unvernetzt verlaufen, wie „harte" und „weiche" Faktoren eher nacheinander behandelt werden und daß wir es oft schon mit einem Vertrauensverlust in bezug auf die Sinnhaftigkeit von Veränderungsprozessen von seiten der Mitarbeiter zu tun haben, weil sich Prozesse gegenseitig aufzuheben scheinen (und es auch oft tatsächlich tun). Bezieht man das gesellschaftliche Umfeld der Unternehmen in die Betrachtung mit ein, so scheinen sich diese Widersprüche auf den ersten Blick noch weiter zu verschärfen. Unterschiedliche Logiken der Teilsysteme, die die Gesellschaft prägen (Politik, Wirtschaft, Wissenschaft, Familie), prallen aufeinander, ohne daß es Einrichtungen gibt, die für eine Integration der Widersprüche zuständig wären. Hier einige Beispiele:

- Der lang ersehnte wirtschaftliche Aufschwung findet gerade statt, hat aber nur magere Auswirkungen auf die Arbeitslosenzahlen, die für Deutschland weiter bei knapp 4 Millionen pendeln (Wirtschaft versus Arbeitsmarkt).
- Die Ankündigung von Restrukturierungen und die damit verbundenen massiven Verluste von Arbeitsplätzen führen regelmäßig zu Kurssprüngen an der Börse (Kapitalmarkt versus Arbeitsmarkt).
- Vielfach werden Personalreduzierungen über Vorruhestands- und Altersteilzeitmodelle realisiert, auf der anderen Seite wird eine Anhebung des Rentenalters gefordert (Arbeitsmarkt versus Arbeitsmarkt).
- Unternehmen entlassen Mitarbeiter und suchen gleichzeitig händeringend nach Personal mit anderem Ausbildungs- und Kompetenzprofil, auch aus dem nichteuropäischen Ausland (Wirtschaft versus Ausbildung).
- Der Euro wird bald eingeführt und sorgt für eine symbolische ökonomi-

sche Einheit Europas; eine Vision für dieses Europa ist gleichzeitig nicht in Sicht und zieht die Menschen dementsprechend nicht mit (Wirtschaft versus Politik).
- Deutschland beschließt den Ausstieg aus der Atomenergie, hat aber offensichtlich kein Problem, billigen Atomstrom aus dem Ausland zu importieren (Wirtschaft versus Politik).
- Die Wirtschaft operiert global, Auslandserfahrungen sind hoch marktfähig, diverse Sprachen soll der Mitarbeiter von heute beherrschen – die Gesellschaften Europas sind dagegen von latenter bis manifester Ausländerfeindlichkeit geprägt. Die Ressourcen ausländischer Mitbürger werden nicht gesehen (Wirtschaft versus Gesellschaft).
- Ein deutsches Unternehmen unterliegt in einem *unfriendly takeover*, und der Vorstandsvorsitzende des unterlegenen Unternehmens kassiert eine astronomisch hohe Abfindung (Wirtschaft versus Wirtschaft).

Diese Liste ließe sich beliebig verlängern. Dabei sind die meisten der oben genannten Widersprüche sicherlich solche, mit denen umzugehen und die im Sinne unseres SIM-Modells auszubalancieren wir lernen werden. Es geht nicht darum, sie aufzulösen. Festzustellen bleibt jedoch eine Tendenz, nach der immer öfter Einzelinteressen verfolgt werden und Gesamtzusammenhänge zunehmend in den Hintergrund geraten. Individuen und Interessengruppen arrangieren sich. Mangels Vision, Austauschplattformen und Leadership gestalten sie ihr Leben ausschließlich entsprechend ihren Eigeninteressen, zunehmend ohne Rücksicht auf das Ganze. Prominentestes Opfer scheint uns in der jüngsten Zeit die Politik als Ganzes geworden zu sein. Durchdachte, Orientierung gebende politische Programme haben inzwischen Seltenheitswert. Statt dessen entwickelt sich Politik mehr und mehr zu einem Personenkult. Es geht darum, gewählt zu werden. Einzelinteressen, Egoismen gewinnen Oberhand – trotz der immer wieder hervorgezogenen moralischen Aufforderung: „Wir müssen das Allgemeinwohl, die Gemeinschaft in den Mittelpunkt rücken."

Dabei ist dies durchaus auch ein ernstzunehmender Ansatz von Amitai Etzioni, einem amerikanischen Soziologen, der mit einer moralischen Bewegung des „Communitarism" in den USA an Familien-, Nachbarschafts- und kommunale Hilfe appellierte. Welchen Effekt heute solch ein Appell haben kann, läßt sich nur mutmaßen – wahrscheinlich aber einen geringen, wenn wir der soziologischen Theorie von Gesellschaft folgen, wonach in ihr die funktionale Differenzierung vorherrscht. „Die moderne Gesellschaft ist ein Ensemble ungleichartiger und gleichartiger Teilsysteme. Wirtschaft, Politik, Recht, Militär, Wissenschaft, Bildung, Kunst, Massenmedien, Sport, Gesundheit, Familie: Jedes dieser Teilsysteme hat sich früher oder später im Zuge der Herausbildung der modernen Gesellschaft auf eine jeweils sehr spezielle und exklusive, von keinem der anderen geteilte Leitorientierung seiner Operationen festgelegt und liefert einen entsprechenden Beitrag zur gesellschaftlichen Realität." (vgl. Schimank, 1998, S. 286) Damit geht ein prinzipielles gegenseitiges Unverständnis einher. Jedes dieser Teilsysteme operiert nach einem eigenen Code, sozusagen in einer eigenen Sprache. Jede Information, die ein Teilsystem erhält, wird für das System in den eigenen Code übersetzt und auf seine Relevanz hin überprüft. So würde wahrscheinlich der klägliche Zustand eines nationalen Bildungssystems die Wirtschaft bis zu dem Zeitpunkt nicht interessieren, in dem sie selbst nicht mehr genügend ausgebildete Fachkräfte bekommt und diese teuer aus dem Ausland einkaufen oder selbst ausbilden muß. Im binären Code der Wirtschaft – „haben/nicht haben" – würde dies eine Reduktion auf der Habenseite bedeuten. Damit steigt die Wahrscheinlichkeit, daß die Wirtschaft aktiv wird. Die SIM-Übersetzung lautet hier: Der gesellschaftliche Faktor „Bildung" ist in der Wahrnehmung von Unternehmen so lange ein „weicher" (und damit vermeintlich von untergeordneter Bedeutung), bis er auf der Zeitachse zum „harten" Fakt „Mangel an Fachkräften" wird. Dieser ist über Kosten spürbar, und nun werden Unternehmen aktiv und bei der Politik vorstellig. Eine Quintessenz für SIM im Kontext von Gesellschaft lautet also:

Jedes gesellschaftliche Subsystem entwickelt sein eigenes Entwicklungsdreieck (Strategie, Struktur, Kultur) und seine eigene Logik, nach der die weichen Faktoren sich auf der Zeitachse in harte Fakten verwandeln. Die vorherrschende Differenzierung führt jedoch zu einer drastischen Einschränkung des eigenen Aktionsradius, der sich wiederum in hohen „Reaktionskosten" in Form von Symptombekämpfung ausdrückt. In dieser Hinsicht ist SIM das Potential, tatsächlich „proaktiv" gestalten zu können, um nicht reaktiv kurieren zu müssen.

Komplexität, Steuerbarkeit und Akteure

Wir sprechen heute von Polykontextualität, was heißt, daß jedes gesellschaftliche Faktum eine Vielzahl gesellschaftlich relevanter, sinnhafter Bedeutungen in sich trägt, je nachdem, in welchem Kontext – also in welchem Teilsystem mit dessen jeweiliger Leitdifferenz – es gedeutet wird. Wir können heute nicht mehr von einer gemeinsamen gesellschaftlichen Konstruktion der Wirklichkeit ausgehen. Dauernd müssen Übersetzungsleistungen in die verschiedenen Systemsprachen geleistet werden, und dennoch werden die Teilsysteme die Übersetzungen nach wie vor in ihrer eigenen systemimmanenten Weise weiterverarbeiten. Das hat natürlich Auswirkungen auf die Identität einer Gesellschaft insgesamt.

Heute findet das Thema Kultur vor dem Hintergrund der Globalisierung viel Resonanz. Die Komplexität multipler, sich überlappender Identitäten, die zeitlich begrenzt und auch durchaus widersprüchlich sein können, fordert die nationale Identität heraus. *Eine* kollektive Wir-Identität – hier einmal definiert als „das Bild, das eine Gruppe von sich aufbaut und mit dem sich deren Mitglieder identifizieren ... Es gibt sie nicht an sich, sondern immer nur in dem Maße, wie sich bestimmte Individuen zu ihr bekennen... Die Imagination nationaler Gemeinschaft ist angewiesen auf die Imagination einer in die Tiefe der Zeit zurückreichenden Kontinuität" (vgl. Assmann, 1999, S. 132 f.) – scheint immer schwerer zu definieren zu sein. Schon immer ein Konstrukt, fällt heute aber sogar das Konstruieren schwer. Und wer könnte heute federführend diese Imagination einer Gemeinschaft anführen?

Trotzdem sind alle Teilsysteme für das Ganze, nämlich die Gesellschaft, funktional und damit relativ gleichrangig. Sie sind nicht in einer Hierarchie zu sehen. Die Ausnahme ist das Wirtschaftssystem. Der Primat der Ökonomie frißt sich gierig in alle anderen Bereiche hinein. Im jeweiligen Umfeld kann man aber etwas dagegen tun. Da kann die Politik nicht für andere Teilsysteme definieren, was die gesellschaftliche Vision von morgen ist. Sie wird sich nach ihrem eigenen Code richten, und der heißt: die nächsten Wahlen gewinnen. Daraus läßt sich auch schließen, daß sich das soziale System Gesellschaft nicht mehr linear steuern läßt, weil die Teilsysteme sich nicht mehr automatisch auf Steuerangebote einlassen. Das nimmt der Omnipotenzphantasie von Regierbarkeit alter Prägung den Wind aus den Segeln, hinterläßt aber gleichzeitig ein Vakuum der Nichtsteuerbarkeit, das noch nicht gefüllt wurde. Wie kann man sich Selbststeuerung auf der Ebene des Gesamtsystems Gesellschaft vorstellen?

Unsere Antwort ist: reflexive Dialoge, Handeln.

Wenn wir nicht bei einer pauschalen Schuldzuweisung an „die Gesellschaft" oder „die Politik" stehenbleiben wollen, ist es für unseren Zweck sinnvoll, sich den kleineren sozialen Systemen zuzuwenden. Damit kommen wir zum Begriff des „Akteurs". Nicht jedes Mitglied der Gesellschaft ist ein gesellschaftlicher Akteur. Gesellschaftliche Akteure, so Renate Mayntz, haben eine Art Verfassung, welche ihren legitimen Wirkungsbereich festlegt, dazu ihre potentielle Mitgliedschaft und die Regeln ihres Vorgehens; sie identifizieren sich mit ihrer Gruppe und haben daher ein Interesse an ihrem Fortbestand, Wachstum und der Ausdehnung ihrer Domäne. Gehen wir weiter davon aus, daß es eine zunehmende Anzahl gesellschaftlicher Teilsysteme in funktional weit entwickelten Gesellschaften gibt, dann ist klar, daß eine immer größere Anzahl von gesellschaftlichen Akteuren potentielle Anreger sein oder aber in den virulenten gesellschaftlichen Entwicklungsprozeß einbezogen werden könnten oder sogar sollten, wenn wir von einer gewissen Gleichrangigkeit der funktionalen Bedeutung für Gesellschaft ausgehen. Die Kommunikation dieser korporativen Akteure wird ihren Teilsystemen zugeschrieben, sie werden also als Repräsentanten dieses Systems gesehen (vgl. Etzioni, 1968). Daraus ergibt sich eine weitere Quintessenz für die gesellschaftliche Entwicklung:

Im Prinzip können alle gesellschaftliche Akteure Anreger für Changeprozesse werden. Die Wahrscheinlichkeit der Anregung steigt, wenn das eigene gesellschaftliche Teilsystem dahintersteht, möglichst gute Übersetzungsleistungen in andere gesellschaftliche Teilsysteme erbracht werden, so daß deren Code einbezogen und für alle Beteiligten ein Nutzen erkennbar wird.

In diesem Buch haben wir einige Beispiele dafür gesammelt.

Eine Phantastie – eine Vision: Das SIM-Modell auf die gesellschaftliche Ebene angewandt

Ein Unternehmen in einer mittelgroßen Stadt muß mehrere hundert Arbeitsplätze abbauen. Man weiß dies bereits seit längerer Zeit. Das Unternehmen hat aus seiner Tradition heraus eine starke soziale Wertebasis und setzt sich deshalb frühzeitig mit seinem Betriebsrat zusammen. Man arbeitet gemeinsam an einem Konzept für einen fairen Ausstieg oder Umstieg der wahrscheinlich betroffenen Mitarbeiter. Das Unternehmen richtet eine Projektgruppe von Mitarbeitern ein. Frühzeitig setzen diese sich mit dem Arbeitsamt in Verbindung, um dort alle Möglichkeiten für die Arbeitnehmer auszuloten. Es werden Weiterbildungsmaßnahmen, Arbeitsvermittlung und bestimmte Beratungselemente verabredet. Die Projektgruppe spricht darüber hinaus andere Unternehmen der Stadt an und entwickelt mit diesen eine gemeinsame „interne" Stellenbörse und einen Austausch von Arbeitskräften. Schnell werden Synergieeffekte erzielt. Das Unternehmen ermuntert das Projektteam, Neues auszuprobieren. Es werden lokale Selbsthilfeinitiativen kontaktiert, die Tauschbörsen („Ich schneide dir die Haare, und du streichst meine Hauswand") unterhalten, und die Ressourcen der Mitarbeiter eingespeist.

Im Unternehmen wird eine interne Koordinationsstelle geschaffen, die Orientierungsworkshops für betroffene Mitarbeiter organisiert und hilft, Teilzeitstellen einzurichten, die Orientierungs- und Existenzgründungsworkshops durchführt und Coaching anbietet. Es wird ins Unternehmen hinein kommuniziert: Die Kollegen, die aussteigen müssen, sind keine Ausgestoßenen. Sie nehmen die Arbeitskultur von morgen vorweg. Ihre Chancen sind Beispiel für das ganze Unternehmen. Mitarbeiter beginnen, ihre eigenen Kompetenzen ganz neu zu bewerten. Sie haben die allen Mitarbeitern offenstehenden Potentialanalysen genutzt. Spezialisierte Berater arbeiten mit den von Entlassung betroffenen Mitarbeitern an Möglichkeiten, sich ganz neu zu orientieren – am Markt, aber auch ganz persönlich. Einige Mitarbeiter haben Interesse an einem herausfordernden Projekt: Sie wollen eine vom Unternehmen zur Verfügung gestellte zukünftige Industriebrache revitalisieren, einen Nutzungsplan erstellen, kleine Unternehmen gründen. Sie fragen gleich bei anderen Unternehmen der Stadt an, ob dort einige Personen Interesse hätten mitzumachen.

Führende Persönlichkeiten der Stadt werden dafür gewonnen, an der Initiative teilzunehmen. Sie sind daran interessiert, daß die Arbeitslosenzahlen in der Stadt nicht steigen. Schnell entscheidet die aktuelle politische Partei, dieser interessierten Truppe noch eine Industriebrache aus städtischem Eigentum zur Verfügung zu stellen. Einzige Auflage: Schafft Arbeitsplätze ohne Subventionierung! Das Arbeitsamt ist sehr angetan und entwickelt nun seinerseits ein ganz neues Beratungs-, Vermittlungs- und Weiterbildungskonzept, das darauf abzielt, daß kein Arbeitsloser länger als einen Monat ohne Anstellung bleibt. Jeder erstellt eine Potentialanalyse, konzipiert auf dieser Basis eine Weiterbildung, wird dann vermittelt oder schafft sich seinen neuen Arbeitsplatz selbst. Ideenbörsen und Start-up-Beratungen werden angeboten, Startkredite lokaler Banken verhandelt, und Job-Börsen veröffentlichen ihre Angebote an mehreren zentralen Stellen der Stadt und natürlich im Internet.

Nachdem das Management des Unternehmens, der Betriebsrat, andere Unternehmen, das Arbeitsamt, Parteien und schließlich auch die Banken bereits regelmäßige professionelle Reflexionsrunden etabliert haben, kommen soziale Initiativen dazu, die sich mit den Auswirkungen der Arbeitslosigkeit befassen. Universitäten und Weiterbildungseinrichtungen werden dazugebeten. Man kommt überein, ein regionales Pilotprojekt einzurichten – mit dem Ziel, für diese Stadt neue Formen von bezahlter Arbeit zu schaffen und zu einer permanenten Arbeitsfähigkeit (employability) der Menschen beizutragen. Die Zahl der neugeschaffenen Arbeitsplätze soll Jahr für Jahr um 10 Prozent steigen. Jeder gesellschaftliche Akteur informiert in seinen Netzwerken so viele Bekannte wie möglich. Es werden klare, meßbare Ziele definiert. Von den obengenannten Partnern wird eine gemeinsame Anschubfinanzierung auf die Beine gestellt.

Jetzt werden auch viele lokale Projekte, Unternehmen und Initiativen ins Leben gerufen. Ein hervorragendes Kommunikationskonzept führt dazu, daß Bürger von fast jeder Stelle in der Stadt aus Gelegenheit haben, sich in die kommunalen Websites einzuwählen und sich über alle Initiativen zu informieren oder auch selbst Neues hineinzustellen, zum Beispiel Arbeits-, Tausch-, Weiterbildungs- und Vernetzungsangebote. Doch das ist nur *ein* Ergebnis der mehrfach durchgeführten Großgruppenveranstaltungen, in die noch weit mehr gesellschaftliche Akteure (Bürger!) einbezogen sind. Auf diesen Veranstaltungen wird über die Initiative informiert, es werden Anregungen aufgenommen und die Menschen miteinander in Kontakt gebracht. Ansässige Künstler widmen sich der Idee des Austauschs in Ausstellungen. In dem Unternehmen, das den Stein losgetreten hatte, haben sich wunderliche Dinge ereignet. Mitarbeiter werden von der Dynamik angesteckt und wollen sich ebenfalls selbständig machen, andere reduzieren ihre Arbeitszeit und beginnen sozial relevante Projekte zu betreiben. All das gehört mit in den Prozeß des Projekts. Wenn man mit den Beteiligten spricht, sagen sie: „Wir haben Vertrauen zueinander. Unsere Stadt ist ein atmender Organismus, wir entwickeln selbst, was wir brauchen." Die Dienstleistungsbranche boomt seit kurzem in der Stadt. Neue Unternehmen siedeln sich an, seit bekannt wurde, daß in dieser Stadt eine ungeheuer kreative Atmosphäre herrscht und daß man gute Mitarbeiter bekommt. Es gibt aus allen gesellschaftlichen Bereichen Ansprechpartner, die gern Kontakte organisieren. Offenbar sind alle Menschen und Organisationen auf der Suche nach Geschäftsideen, Innovationskonzepten und Synergiemöglichkeiten. Das nationale Arbeitsministerium hat jüngst das Konzept der lokalen Arbeitsamtsinitiative zur Umsetzung auf nationaler Ebene dem Parlament zur Entscheidung vorgelegt.

Was hat diese Phantasie mit SIM zu tun?

So könnte im SIM-Verständnis ein Thema angegangen werden. Einige Punkte möchte ich herausheben:

- Zunächst übernimmt ein Akteur (ein Unternehmen) die Initiative. Er hat eine klare *Vision* (weicher Faktor).
- Er findet sich mit anderen Akteuren seines Teilsystems zusammen, definiert gemeinsame Interessen und eventuell Prozeßarchitekturen, Strukturen. Er wird zum *gesellschaftlichen Akteur* (hartes Faktum).
- So werden die eigenen Teilsystemgrenzen überschritten und *die Vision in die Logik, die Rationalität anderer Teilsysteme übersetzt,* hier: Kommune, Arbeitsamt, Parteien, Kunst, Non-Profit-Sektor (weicher Faktor).
- Es wird im Rahmen eines Netzwerkes ein gemeinsames *Grundverständnis* entwickelt (weicher Faktor).
- Es werden weitere gesellschaftliche *Akteure* begeistert und deren Eigeninteresse geweckt (weicher Faktor).
- Es wird eine erste *gemeinsame Strategie* von den unterschiedlichen Akteuren entwickelt, also eine *win-win*-Situation geschaffen (hartes Faktum).
- Es werden *gemeinsame Strukturen* aufgebaut: Kommunikationsinfrastruktur bereitgestellt, Geld einbezahlt, Personal abgestellt, Abläufe geklärt (hartes Faktum).
- Es wird ein ständiges *Reflexionsforum* eingerichtet, wo die Akteure gemeinsam Hypothesen über die aktuelle Situation bilden, mögliche neue

Wege diskutieren, Konsequenzen für weitere Schritte definieren, ihre Beziehung untereinander reflektieren und vor allem auch Widerspruchsmanagment betreiben, das heißt auch Aushandlungsprozesse organisieren (weiche Faktoren).

- *Interventionen werden bewußt gemeinsam gestaltet:* Kommunikationszugang, Ideenbörsen, Großgruppenveranstaltungen, Coaching des Reflexionsteams (weicher Faktor).

An unserem Versuch einer Hart-Weich-Verteilung wird deutlich, daß hier die weichen Faktoren überwiegen. Es geht um das Wie des Zusammenspiels heterogener Interessengruppen, die dies nur tun, weil alle sich etwas davon versprechen (harte Ergebnisse). Das Ergebnis wäre für die Kommune und die Region sogar knallhart: Arbeitsplätze, erhöhtes Gewerbesteuervolumen, geringere Arbeitslosenzahlen. Für die Unternehmen könnte sich alles in einem erhöhten Unternehmensmehrwert, sinkenden Individualunternehmenskosten bei Arbeitsplatzabbau und in Imagesteigerung niederschlagen. Parteien können in ihren Wahlkämpfen diese Erfolge vorzeigen und gewinnen. Die graphische Einordnung unseres Phantasiebeispiels in das SIM-Modell würde aussehen, wie in Abbildung 23.1 (S. 264) dargestellt.

Die Erfolgsfaktoren im SIM-Modell – bei Anwendung im gesellschaftlichen Kontext

Die Erfolgsfaktoren des SIM-Modells im gesellschaftlichen Kontext möchten wir folgendermaßen beschreiben:

- Die gesellschaftlichen Akteure haben und vermitteln einander eine Arbeitshaltung, die gegenseitigen Respekt, Verständnis für die unterschiedlichen Logiken und eine grundsätzliche Gleichwertigkeit der Akteure widerspiegelt. Unterschiede werden in erster Linie als Ressourcen wahrgenommen. Es entsteht Vertrauen. In allen Netzwerkbeziehungen ist diese Grundhaltung von zentraler Bedeutung, weil es zunächst keinen Zwang zur Zusammenarbeit gibt, wie dies zum Beispiel innerhalb einer Organisation der Fall ist. Wichtigstes Kriterium zur Netzwerkbildung ist der Zweck der Zusammenarbeit. Erfolgreiche langfristige Netzwerke sind besonders solche, die gelernt haben, zwischen dem Vertrauen ihrer Mitglieder untereinander und einer gewissen Institutionalisierung auszutarieren (vgl. Keil, 1992).
- Diese Freiwilligkeit der Zusammenarbeit gesellschaftlicher Akteure braucht jenseits der Haltung eine visionäre Klammer: das Bild eines größeren gemeinsamen Ganzen. Die Vision muß dabei nicht von allen ge-

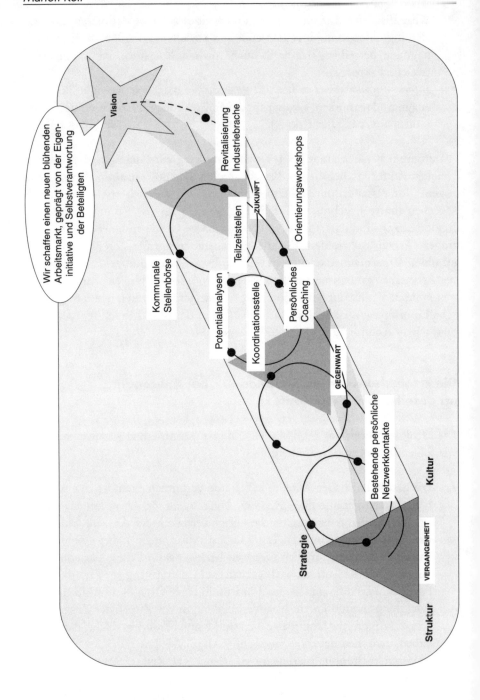

Abb. 23.1 Die Phantasiegeschichte im SIM-Modell

meinsam entwickelt worden sein, aber alle Akteure müssen sich darauf einigen können, sonst wird sie nicht umgesetzt. Je mehr Akteure aus verschiedenen Teilsystemen aber dabei sind, desto tragfähiger ist die entstandene Vision. Sie verführt zur Zusammenarbeit.
- Ein gesellschaftlicher Veränderungsprozeß wird um so erfolgreicher sein, je besser es gelingt, Strategie, Kultur und Struktur bewußt zu integrieren. Oft gibt es Vorstellungen über Visionen, aber die Strukturen werden gerade in gesellschaftlichen Kontexten so unprofessionell etabliert (unklare Funktionen und Rollen, nicht ausreichende Ausstattung, inadäquates Projektmanagement), daß die Vision nicht mehr erreichbar ist. Auch die behutsam, aber schnell entstehende und sich verfestigende Kultur eines Netzwerkes wird aus falsch verstandener „Effizienz" oft nicht genug beachtet und nicht bewußt genug gepflegt. Die Investition einer zu Beginn durchgeführten Teamentwicklung kann nach einiger Zeit Wunder wirken, die permanente Reflexion der bestehenden Beziehungen vermag die Vertrauensbasis zu stärken, die für Netzwerke so wichtig ist. Genauso häufig gilt das Umgekehrte: Die Strukturen existieren, sind aber ohne Energie, ohne „Geist", weil die Vision fehlt.
- Für ein SIM-gemäßes Veränderungsmanagement auf gesellschaftlicher Ebene bedarf es adäquater Architekturen (vgl. Königswieser/Exner, 1998), welche die enorme Komplexität solcher Prozesse gestaltbar machen, das Wissen aller Ressourcenträger einbringen, Reflexion erlauben. Häufig wird dies im gesellschaftlichen Kontext mit bloßem Projektmanagement gleichgesetzt. Das ist es ausdrücklich *nicht*. Denn das wäre so, als wollte man die Bauleitplanung und -betreuung mit dem Hausplan gleichsetzen. Professionelle Beratung ist auch hier sinnvoll.
- Das heißt natürlich nicht, daß professionelles Projektmanagement nicht gerade bei der externen Komplexität gesellschaftlicher Entwicklung besonders wichtig ist.
- Die Interventionspalette im Rahmen gesellschaftlicher Prozesse bedarf unseren Erfahrungen nach einiger Spezifikationen. Sie reicht vom Einzelpersonenfokus (zum Beispiel Politikercoaching) über Konfliktmoderationen zwischen gesellschaftlichen Gruppen (vgl. Königswieser u.a., 1996), themenzentrierte Zukunftskonferenzen, über Round-table-Moderationen, „Spinner Workshops" bis hin zu Großgruppenveranstaltungen mit verschiedenen Interessengruppen, wo informiert, inspiriert und integriert und wo eine hohe symbolische Wirkung erzielt wird (vgl. Königswieser/Keil, 2000). Es ist aber gesellschaftlichen Akteuren oft nicht bekannt, welche Integrationsmöglichkeiten es gibt, um Prozesse voranzubringen.
- Widerspruchsmanagement ist ein klarer Erfolgsfaktor – besonders im ge-

sellschaftlichen Kontext, wo teilsystemübergreifende Widersprüche normal sind (andere Logiken). Sie werden auf gesellschaftlicher Ebene oft mit Interessen-Aushandlungsprozessen institutioneller Akteure – etwa von Arbeitgebern und Gewerkschaften – verwechselt. Wir meinen hier Foren und Plattformen, wo nach neuen, gemeinsamen Sinnfindungen gestrebt wird, Unterschiede transparent gemacht und Widersprüche besprech- und bearbeitbar werden.
- Die Rolle von Managern und Beratern verändert sich in solchen komplexen Kontexten. Keiner ist hier der Experte – speziell bei gesellschaftlichen Entwicklungsprozessen. Doch jeder hat in seiner Rolle einen großen Erfahrungsschatz, den man kombinieren, komplettieren und revidieren muß, um neue Prozesse bewußt gemeinsam zu gestalten. Die Rollendifferenz wird beim Geld besonders klar: Die Auftraggeber entscheiden, ob sie mit oder ohne Berater arbeiten wollen. Wir sprechen nicht leichtfertig von Entwicklungsgemeinschaften, die sich hier bilden. Reibungspunkte sind vorprogrammiert, Widersprüche eingebaut. Und doch: Im Verständnis der Entwicklungsgemeinschaft läßt sich Komplexität bearbeiten.

Quo vadis, Gesellschaft?

Es gehört heute nicht mehr allzuviel Spekulation dazu, sich auszumalen, in welche Richtung sich unsere von der Wirtschaft dominierte Welt weiter bewegen wird. Man spricht von einer neue „Klassen"-Einteilung von Arbeitskräften auf dem Arbeitsmarkt: eine Elite der Wissensarbeiter, die Kernbelegschaften von Unternehmen, Arbeitsnomaden und ein relativ fester Sockel von Arbeitslosen. Abzusehen ist die Überalterung mitteleuropäischer Gesellschaften – mit all den unterschiedlichen Konsequenzen für verschiedene Solidargemeinschaften, etwa die Rentenversicherungen, wie auch hinsichtlich der Konsumentenpräferenzen. Abzusehen ist außerdem die zunehmende Globalisierung mit damit einhergehenden Strömen von Kapital, aber auch Arbeit(-suchenden), die vor Grenzen nicht haltmachen. Abzusehen ist weiter, daß es immer weniger zentralsteuernde gesellschaftliche Akteure geben wird, sondern neue, ungewöhnliche Akteurskonstellationen. Management im gesellschaftlichen Kontext hat die Herausforderung, „einerseits die weitgehend autonomen Subsysteme in ihrer eigensinnigen Funktionsweise zu fördern – denn ihr Erfolg trägt zum Erfolg des Gesamtsystems bei –, sie aber gleichzeitig in ihrer Autonomie im Interesse der Überlebensfähigkeit des Ganzen zu begrenzen" (vgl. Wimmer, 2000). Dazu braucht es viele Widerspruchsmanager in der Gesellschaft, ganz gleich ob in der Non-Profit-Organisation, im Unternehmen, in der Gewerkschaft, der Kirche, der Politik oder in der Verwaltung – solche, die den Sprung über die eigenen Organisations- und nationalen Grenzen hinweg wagen und in ungewöhnlichen Akteurskonstellationen ganzheitliche Veränderungsprozesse gestalten und dafür Mitstreiter finden –, aus welchem gesellschaftlichen Teilsystem auch immer. Es gibt natürlich bereits zahlreiche interessante Ansätze von gesellschaftlichen Akteuren zur gesellschaftlichen Entwicklung, wo mehrere Teilsysteme zusammenarbeiten und gegen die Gefräßigkeit der Wirtschaft gekämpft wird. Diese sind aber oft den Akteuren der Wirtschaft nicht bekannt. So hat beispielsweise das Konzept „Neue Arbeit" von Fridjoff Bergmann versucht, Arbeit für die Zukunft neu zu definieren und praktisch lebbar zu machen. Das Institut für Neue Arbeit in Köln hat zum Beispiel altes Militärgelände revitalisiert und mit Obdachlosen *start-ups* organisiert. Die Deutsche Bank hat mit einem Mosaik von Maßnahmen („Neue Zeiten erfordern neue Wege") ein attraktives Angebot für Mitarbeiter geschaffen, so daß sich diese aus der Organisation herausbewegen und dabei gewinnen können. Die Grameen Bank hat das Wirtschaftsleben in Bangladesh revolutioniert und armen Frauen Kleinstkredite gegeben. Millionen von *start-ups* sind entstanden, die Rückzahlungsquote liegt bei 95 Prozent! Und bp (ehemals British Petrol, BP) fragt in einer großen Anzeigenkampagne im August 2000: „Kann die Wirtschaft mehr machen als nur Gewinne? Kann sie für eine bessere Welt arbeiten? Wir denken schon." Wir auch!

Literatur

Jan Assmann: *Das kulturelle Gedächtnis*, München: C. H. Beck 1999.
Amitai Etzioni: *The active society*, London: Collier-Macmillan 1968.
Institut für Neue Arbeit: ina@link-lev.de (Juli 2000).
Marion Keil: „Die Vernetzung von Voluntary Organizations in Indien am Beispiel Andhra Pradesh", Saarbrücken/Fort Lauderdale 1992.
Roswita Königswieser/Matthias Haller/Peter Maas/Heinz Jarmai (Hrsg.): *Risiko-Dialog. Zukunft ohne Harmonieformel*, Köln: Deutscher Instituts-Verlag 1996.
Roswita Königswieser/Alexander Exner (Hrsg.): *Systemische Interventionen*, Stuttgart: Klett-Cotta 1998.
Roswita Königswieser/Marion Keil (Hrsg.): *Das Feuer großer Gruppen*, Stuttgart: Klett-Cotta 2000.
Uwe Schimank: „Die Komplexität der polykontexturalen Gesellschaft", in: H. Ahlemeyer/R. Königswieser (Hrsg.): *Komplexität Managen*, Wiesbaden: Gabler 1998.
Rudi Wimmer: „Die Zukunft von Organisation und Beschäftigung", in: *Zeitschrift für Organisationsentwicklung*, Sommer 2000.

24 „Himmel und Hölle"

**Statt ohne Perspektiven in die Arbeitslosigkeit –
mit neuen Fähigkeiten in den Wettbewerb:
Ein Mitarbeiter(re)integrationsmodell**

> *„Sieh doch!" Er zerrte den Weisen von seinem Stein und wies mit der Hand in Richtung des Topfes. „Keiner stört sie dabei, wenn sie sich Nahrung holen wollen. Da – schau! Der eine kann seinen langen Löffel in aller Ruhe in den Topf tauchen. Und jetzt, jetzt hält er den gefüllten Löffel, um den anderen davon essen zu lassen. Das ist ... richtig ... die Menschen hier haben gelernt, sich gegenseitig zu füttern. Das ist das Geheimnis des Himmels!*
> *Ist das wirklich das Geheimnis?" –*
> *Der Weise schaute den Ratsuchenden ernst an. Dann lächelte er, wandte sich ab und ging den Weg zurück, den sie beide gekommen waren, ohne sich noch einmal nach dem Ratsuchenden umzusehen.*
>
> Der vermeintlich unüberwindbare Widerspruch zwischen „weicher" Menschlichkeit und „harter" Wirtschaftslogik scheint wie der Unterschied zwischen Himmel und Hölle zu sein. In der Hölle kämpfen die Menschen um den großen Suppentopf, aus dem keiner aus eigener Kraft schöpfen kann. Sie kämpfen rücksichtslos und mit brutaler Gewalt gegeneinander, bis sie geschlagen oder verhungert sind. Hingegen führt im Himmel – der Stahlstiftung – ein produktives Miteinander dazu, daß auch die „Schwachen" versorgt sind, weil sie von den „Starken" tatkräftig unterstützt werden. Es handelt sich dabei aber nicht um Almosen, sondern um Hilfe zur Selbsthilfe, damit eines Tages auch die „Schwachen" dieses Beistands nicht mehr bedürfen.

Eva-Maria Preier

Einleitung

Im Kontext unserer Beratungsprojekte, bei denen es um Entwicklung und Rationalisierung gleichzeitig ging, sahen wir uns gezwungen, sowohl unseren Ansatz als auch unsere Werte neu zu definieren (vgl. Beitrag „Es war einmal"). Wir kamen zu der Überzeugung, daß Organisationen, auch Wirtschaftsunternehmen, ihre Verantwortung nicht nur auf ihren kurzfristigen wirtschaftlichen Erfolg reduzieren können. Unternehmen sind für uns auch Orte des gesellschaftspolitischen Handelns. Da die Politik ihre Steuerungsfunktion fürs Ganze nicht mehr im tradierten Sinn wahrnehmen kann, die Deregulierung, Privatisierung und Neuorientierung des Kapitalismus und alle damit in Zusammenhang stehenden Umbrüche aber einen großen Handlungsbedarf erzeugen, müssen Organisationen selbst entscheiden, was in ihrem Verantwortungsradius gesellschaftlich möglich oder unmöglich ist.

Organisationen sind für uns nicht Systeme, in denen Politik umgesetzt wird, sondern Orte des Ausprobierens, des Gestaltens von Gesellschaft, des gesellschaftspolitischen Handelns.

Natürlich müssen sich Globalisierung, die generellen Umbrüche, wie zum Beispiel die Aufkündigung des sozialen Grundkonsenses, auf die Unternehmen auswirken. Der Druck steigt, der Markt kommt in die Unternehmen. Das gilt selbst für die Non-Profit-Organisationen. Ohne Kostensenkungs- oder auch Rationalisierungsprogramme, ohne Personalabbau, Outsourcingprozesse, Veränderungsprozesse kann man sich die Wirtschaft heute gar nicht mehr vorstellen. Die gesamte Struktur der Arbeit ändert sich, und dieser Wandel hält an. Es wird in Zukunft immer weniger Kernbelegschaften, weniger Sicherheit geben. Es wird mehr „outgesourcte" Einheiten, mehr kleine Selbständige, mehr befristete Verträge, mehr Patchworkarbeit geben.

Die Zukunft der Arbeit ist ebenfalls einem massiven Wandel unterworfen.

Vielleicht wird es ein Basiseinkommen geben, vielleicht entwickeln sich völlig neue Dienstleistungen, vielleicht ist der sogenannte „Dritte Sektor" eine Lösung.

Die Unternehmensführer aber sind aktuell in einem massiven Dilemma zwischen betriebswirtschaftlicher Notwendigkeit und volkswirtschaftlicher Verantwortung.

Uns interessierte die Frage, wie Unternehmen aktuell mit diesem Widerspruch umgehen. Wir entschieden uns für ein qualitatives Forschungsprojekt.

Im Rahmen der qualitativen Interviews zu dieser Frage haben wir mit vielen Unternehmen gesprochen, die Rationalisierungsprojekte und gleichzeitig Veränderungsprojekte laufen oder abgeschlossen hatten (vgl. Beitrag „Es war einmal ..."). Wir waren auf der Suche nach kreativen Modellen, mit dem fast nicht zu bewältigenden Widerspruch umzugehen. Die Gespräche mit etwa 100

„Himmel und Hölle"

Unternehmensvertretern – das waren Geschäftsleiter, Personalleiter, Manager und Betriebsräte – haben uns emotional sehr berührt. Aber die Ergebnisse waren erschreckend und enttäuschend zugleich. Kaum ein Unternehmen hat sich im Vorfeld der Rationalisierungsprojekte, die fast immer mit Mitarbeiterabbau einhergingen, Gedanken gemacht, wie es das Problem – sozial und inhaltlich – in seinen Auswirkungen bewältigen könnte. Analysiert man die Worte, Begriffe, die Sprache der Interviewten, fällt auf: Sie ist nüchtern, technisch beschreibend, nur die ökonomische Dimension denkend und zum Teil menschenverachtend und derb. („170 habe ich so entsorgt.")

Das Überbringen der schlechten Nachrichten an die betroffenen Mitarbeiter und die Kündigungsgespräche werden in den meisten Fällen an die Personalleiter delegiert, weil sich die Manager nur zu oft davor drücken. Einige unserer Gesprächspartner waren Personalleiter, die von den Entlassungswellen oft noch nach Jahren schwer geprägt sind („Persönlich war es für mich eine Katastrophe!") und von jahrelangen Alpträumen berichteten („Ich hatte im Traum die einzelnen Schicksale vor Augen!"). Die meisten waren auf sich allein gestellt und versuchten oft verzweifelt, individuell für jeden Betroffenen die beste Lösung zu suchen. Die soziale Verantwortung gegenüber den Mitarbeitern kommt vor allem in Form von Geld zum Ausdruck.

Es sind uns wenige Ansätze oder Modelle von Unternehmen bekannt, die die Probleme, die durch Entlassungen für den einzelnen Betroffenen, aber auch für die Gesellschaft entstehen, nicht externalisieren, sondern über die – gedankliche – Unternehmensgrenze hinausgehen und damit gesellschaftliche/soziale Verantwortung übernehmen. Auf Gestalter, die zwar wissen, daß sie keine Sicherheit geben können, aber die Arbeitsmarktfähigkeit (*employability*) ihrer Mitarbeiter erhalten und fördern können, sind wir auch nicht häufig getroffen – obwohl wir sie gezielt gesucht hatten.

Ohne ein wirkliches Gesamtkonzept zu erkennen, begegneten wir unterschiedlichen Bemühungen, das Problem des Stellenabbaus zu lösen. Wir hörten in unterschiedlichster Differenziertheit von:

- Zeitarbeitsfirmen
- Interner und externer Arbeitsvermittlung
- Personalleasingfirmen
- Unterstützung auf dem Weg in die Selbständigkeit, beruflicher Neuorientierung
- Förderung von Unternehmensgründungen
- Qualifizierungsoffensiven
- Outplacement
- Outsourcing
- Frühpensionierungsangeboten

- Gleitpensionsangeboten
- Altersteilzeit
- Solidaritätsmodellen
- Arbeitsstiftungen
- Stiftungsähnlichen Maßnahmen
- Sozialplänen
- Großen Abfindungen
- Lohn-/Gehaltskürzungen, -anpassungen
- Freiwilligenaktionen, zum Beispiel das Unternehmen mit Prämien zu verlassen
- Bildungskarenz
- Freistellung auf bestimmte Zeit
- Mitarbeitertransfer zum Zulieferer
- Gründung von Beschäftigungsgesellschaften

Insgesamt hatten wir den Eindruck: Das Thema ist unangenehm, tabuisiert. Es gibt eine starke Tendenz der Verdrängung.

Nicht nur ist zwischen Unternehmen und Gesellschaft eine Grenze zu erkennen, sondern sogar ein breiter Streifen Niemandsland, denn bis die Menschen wieder einen Arbeitsplatz haben, kann noch viel Zeit vergehen. Arbeitslosengeld bekommt man relativ rasch, staatliche Maßnahmen zu Umschulung oder Weiterqualifizierung greifen erst nach längerer Arbeitslosigkeit, wenn die Phase, die die Betroffenen am stärksten und negativsten prägt, vorbei ist.

Ins Niemandsland werden die Betroffenen abgeschoben, zwar mit Proviant (vom ehemaligen Arbeitgeber) und einer Notration (vom Staat) ausgestattet, aber wie sie das Niemandsland überwinden, wovon sie sich dort ernähren oder wie sie sich organisieren könnten, damit werden sie alleingelassen.

Eine zentrale Frage, mit der man sich jedoch auf eine ethisch-moralische Ebene begibt, lautet: Hat ein Unternehmen Verantwortung für die Mitarbeiter und dafür, sie arbeitsfähig zu erhalten, oder nicht. Jahrelang wurden Mitarbeiter in Organisationen trainiert, Anweisungen entgegenzunehmen, nicht über den Tellerrand zu schauen, und gerade in den Unternehmen, die in den letzten Jahren massiv Personal abbauen mußten, wurden Arbeitsplatzgarantie und Versorgung auf Lebenszeit zugesichert. Sollten nicht gerade diese Unternehmen auch jetzt dazu beitragen, die Menschen auch in einem anderen Umfeld wieder arbeitsfähig (*employable*) zu machen?

Ein Modell allerdings, das exemplarisch für eine qualitativ andere Art des Herangehens an dieses Thema steht, ist das Linzer Modell der Stahlstiftung beziehungsweise der VAPS (VOEST-Alpine Personalservice GmbH). Man übernimmt Verantwortung auch für die Mitarbeiter, die gekündigt wurden, und unterstützt sie mit vielfältigen Maßnahmen, den Schock der Kündigung zu überwinden, sich neu zu orientieren und sich wieder in den Arbeitsprozeß zu integrieren.

Die Stahlstiftung wurde nachträglich vielfach als ein Anwendungsfall vorausschauender Planung der zentralen Arbeitsmarktverwaltung dargestellt. Von der EU wurde das österreichische Arbeitsstiftungsmodell (Vorbild ist die Stahlstiftung) unter dem Aspekt „best practice" zur Nachahmung empfohlen. Inzwischen reisen Vertreter verschiedenster Institutionen, Berater und andere Interessierte nach Linz, um sich das Wissen anzueignen und Anregungen zu holen. Wir wollen in diesem Beitrag das Modell und wollen seine Entstehungsgeschichte beschreiben, da es sehr gut zum Paradigma unseres SIM-Modells paßt.

Es würde ein falsches Bild abgeben, als Motiv der Stiftung ausschließlich humanitäre Beweggründe anzunehmen, denn mit dem Linzer Ansatz gelingt es, „harte" wirtschaftliche Fakten und „weiche", humane Elemente in Einklang zu bringen.

Zur Gründungsgeschichte der Stahlstiftung oder VAPS (VOEST-Alpine Personalservice GmbH)

Ende der achtziger Jahre, als die verstaatlichte Industrie in Österreich saniert wurde, war es unausweichlich, daß im Zuge des Umbaus der VOEST von einem Versorgungsbetrieb (das Unternehmen galt lange Zeit als „unsinkbares Schiff") zu einem gewinnbringenden privatwirtschaftlichen Unternehmen (Aktiengesellschaft) Mitarbeiter entlassen werden mußten. Es ist sicher kein Zufall, daß sich gerade dieses Unternehmen trotzdem noch für die Mitarbeiter verantwortlich fühlte und sich Gedanken über die Zukunft der Gekündigten machte. Arbeitssicherheit und regionale Entwicklung waren damals für das ehemals verstaatlichte Unternehmen festgeschriebene Ziele. Ein Leitsatz lautete: „Der Mensch soll Mittelpunkt des Geschehens sein." Die Arbeitsplatzsicherung war vorrangiges Ziel, wodurch ein trügerisches Gefühl von sozialer Sicherheit vermittelt wurde.

Bis zu diesem Zeitpunkt waren weder die Gesetzeslage in Österreich noch die Maßnahmen der VOEST für den betroffenen Personenkreis besonders kreativ oder nützlich. Die Stiftung selbst machte verschiedene Entwicklungsphasen durch, bis sie zu dem wurde, was sie heute ist. Dr. Dipplinger, der Aufbauer der Einrichtung, vermittelt glaubhaft, daß die ständige Weiterentwicklung einer der Erfolgsfaktoren ist und daher der Prozeß der Entwicklung nie abgeschlossen sein kann.

Im Zusammenhang mit dem bevorstehenden Personalabbau in der VOEST also war damals schnell klar geworden, daß herkömmliche Sozialpläne – ein Auffangen der Folgen, vor allem durch finanzielle Unterstützung – unzureichend waren: „Die einzige wirkliche Hilfe für die Betroffenen war und ist die Wiedereingliederung der Leute ins Erwerbsleben." Dr. Dipplinger, der damalige Personalleiter, wurde vom Management aufgefordert: „Laßt euch etwas einfallen!" Das war der Auslöser für erste Ideen und erste Konzepte, aus denen sich später die Stahlstiftung entwickeln sollte.

Anfangs wurde dem pragmatischen Ansatz von Arbeitgeber- wie Arbeitnehmerseite (Gewerkschaften) vorgeworfen, sie hätten wenig konkrete Vorstellungen über Einsatzmöglichkeiten der Gekündigten. Für die visionären, engagierten Personen (aus Management, Betriebsrat, Gewerkschaft) war jedoch das Aktivwerden vor Ort zentral. Es ging um ein permanentes Ausprobieren und Ausloten von Möglichkeiten, ohne Erfolgsgarantie. Am Anfang gab es von allen Seiten großen Widerstand. Mit Arbeitslosigkeit wollte niemand etwas zu tun haben. Man würde ja daran erinnert werden, daß es einen selbst einmal treffen könnte. Man verdrängt lieber. Mit mühsamen Verhandlungen zwischen Management und Betriebsrat, mit Diplomatie und unter Zurückstellung persönlicher Eitelkeiten gelang schließlich der Aufbau der Institution Stahlstiftung. Sie hatte eine eigenständige Struktur im Unternehmensverbund und war für gekündigte Mitarbeiter ein Ort ihrer Weggabelung.

Ein Erfolgsfaktor für das Gelingen war aus der Sicht von Dr. Dipplinger die breite Akzeptanz, die die in der Stiftung agierenden Personen innerhalb und außerhalb des Unternehmens genossen. Ihre nicht missionarische, sondern rationale Argumentation in den Verhandlungen sowie die Reflexion der gewonnenen Erfahrungen – und damit des eigenen Lernprozesses – waren weitere Erfolgsfaktoren. In den ersten Jahren kam es den Stiftungsbetreibern zugute, daß die Anzahl der Stiftungsmitglieder nur langsam stieg und dadurch Zeit und Möglichkeit gegeben waren, vieles auszuprobieren und die Erfahrungen wieder auszuwerten und in die Praxis umzusetzen.

Natürlich wurden parallel dazu auch die rechtlichen und die wirtschaftlichen Voraussetzungen für die Verwirklichung der Idee geschaffen: Für die Zeit der Umschulung wurde Arbeitslosengeld gewährt, und die anderen, die ungekündigten, Mitarbeiter der VOEST leisten einen Solidaritätsbeitrag.

Die Finanzierung setzt sich folgendermaßen zusammen: Solidaritätsbeiträge der VOEST-Alpine-Mitarbeiter von monatlich 0,25 Prozent des Bruttoeinkommens; das Unternehmen selbst zahlte bei der Gründung 1987 einen Stammbeitrag von 10 Millionen Schilling ein, gibt einen jährlichen Zuschuß von 50 Prozent der Summe des Solidaritätsbeitrags und stellt die räumliche, personelle und administrative Infrastruktur zur Verfügung; die Stiftungsangehörigen stellen die Zinsen von 50 Prozent der gesetzlichen Abfertigung (von maximal 100 000 Schilling) zur Verfügung, und dazu kommt das Geld aus der Arbeitslosenversicherung.

Wäre die VOEST damals nicht in einer Krise gewesen, hätte man den Solidaritätsbeitrag nicht durchsetzen können. Die kollektive Angst („Wer ist der nächste?"), erinnert sich Dr. Dipplinger, mobilisierte diesen Solidaritätsakt.

Ziel war schon damals der Wiedereinstieg der betrieblich Gekündigten ins Erwerbsleben.

Das Stiftungsmodell

Es geht um die Idee, ein Modell zu realisieren, in dem die Betroffenen „erst gar nicht ins Bodenlose fallen, das Rad erst gar nicht zum Stillstand kommt, wenn sie gekündigt sind", sondern sie, wenn die Stiftungszugehörigkeit spätestens nach drei Jahren Stahlstiftung wirklich beendet ist, eine neue Arbeit haben.

Es wird also auch versucht, die Folgen des Arbeitsplatzverlusts zu lindern. Auch wenn die rationale Einsicht der eigenen Schuldlosigkeit besteht, weil im symbolischen Sinne zu wenig Brot für alle da ist, erlebt man die Kündigung emotional als ein Versagen und Ausgestoßenwerden und dadurch als Existenzbedrohung. Es geht darum, die eigenen Stärken, die Interessen und Fähigkeiten wiederzuentdecken und sich auf einem neuen Gebiet zu qualifizieren, und zwar unabhängig von den unmittelbaren Erfordernissen des Arbeitsmarkts.

Es wird an der Steigerung der persönlichen und fachlichen Qualifikation, an der Verwirklichung von Unternehmensgründungen und an der Suche nach neuen Arbeitsplätzen gearbeitet.

Es geht dabei nicht um Aufbewahrung und um Betreuung, sondern um Mobilisierung der Eigeninitiativen. Das Coaching unterstützt dabei.

Bereits vor der Lösung des Dienstverhältnisses besteht die Möglichkeit für alle Mitarbeiter, die Leistungen der Stiftung/VAPS in Anspruch zu nehmen. Das sind zum Beispiel die Job-Börse oder VAPS-Coaching. Nach Lösung des Dienstverhältnisses treten die Personen in die Stiftung ein und absolvieren ein Berufsorientierungsseminar von sechs Wochen, das mittlerweile ausschließlich von ehemaligen VOEST-Mitarbeitern durchgeführt wird. Danach gibt es drei Möglichkeiten:

- konkrete Arbeitsplatzsuche (bis zu vier Monaten),
- Ausbildungen (bis zu vier Jahren) mit anschließender Arbeitsplatzsuche,
- Unternehmensgründung (bis zu drei Jahre) und Selbständigkeit.

Das Besondere an diesem Ansatz ist es, daß er zum Ziel hat, den Menschen die eigenen Fähigkeiten und Stärken bewußtzumachen und somit ihre Autonomiepotentiale zu mobilisieren. Das Motto lautet: „Das Schicksal selbst in die Hand nehmen!"

Manche „Befehlsempfänger", erzählt Dr. Dipplinger, konnten sich eigenständig entwickeln, denn in der Stahlstiftung müssen sie die Verantwortung für sich selbst übernehmen. Dies zeigte sich auch bei den Unternehmensgründungen, die erst dann erfolgreich waren, als die Stiftung die Unterstützung nur noch auf das Notwendigste beschränkte.

Faszinierend sind die vielen Beispiele von ehemaligen Stiftungsmitgliedern, die sich am Arbeitsmarkt in einem komplett anderen Berufsumfeld neu etablieren konnten. Die größte Herausforderung in der Umorientierungsphase besteht darin, die subjektiv erlebte Niederlage (eine Entlassung) in eine Chance umzuwandeln.

Sehr gute Voraussetzungen bedeuten freiwillige Stiftungseintritte – wenn also Angestellte mit uns Kontakt aufnehmen, bevor sie ihre Arbeit verlieren, denn dann können wir präventiv arbeiten. Vor allem jüngere Mitarbeiter wollen die Chance wahrnehmen, sich anders zu orientieren oder sich weiterzuqualifizieren. Dadurch wird ein positiver Nebeneffekt erzielt. Die Stigmatisierung durch die Stiftungsmitgliedschaft wird stark reduziert.

In der Entwicklungsgeschichte der Stiftung gab es noch zwei kritische Phasen. Zu dem Zeitpunkt, als klar wurde, daß die Stahlstiftung keine Übergangslösung ist, sondern Dauereinrichtung bleibt, mußte viel Enttäuschung überwunden werden.

Ein besonderer Erfolg zeichnete sich ab, als die erste große Gruppe von Teilnehmern in die Arbeitswelt wiedereingegliedert werden konnte. Insgesamt schafften es zwischen 1987 und 2000 (auf Basis von 2500 ausgetretenen Stiftungsteilnehmern) 74 Prozent, wieder ins Erwerbsleben einzusteigen, 22 Prozent traten aus verschiedenen Gründen aus der Stiftung aus (längere Ausbildungsdauer), nur für 4 Prozent war die Arbeitsplatzsuche erfolglos.

Ein weiterer bedeutender Schritt gelang 1998 mit der Gründung der VAPS. Auslöser für den Entschluß, eine Personalservicefirma zu gründen, waren die bisherigen schwierigen Erfahrungen mit Personalleasingfirmen und das bevorstehende Ende der Frühverrentung. Damit wurde eine zusätzliche Geldquelle aufgetan, mit der die finanzielle Unabhängigkeit der Institution ausgebaut werden konnte, was auch die Akzeptanz von seiten der Gesellschaft erhöhte.

Die VAPS, deren Kernteam aus ehemaligen Stiftungsmitgliedern und -teilnehmern besteht, war von Anfang an ein Erfolg. Innerhalb von zwei Jahren konnten 450 Mitarbeiter „verleast" werden.

Eine große Herausforderung stellt naturgemäß die „Vermittlung" von älteren kranken Mitarbeitern dar, für die es zynisch klingt, von lebenslangem Lernen zu sprechen. Für diese Personen werden – äußerst erfolgreich – Tätigkeiten (maßgeschneiderte Jobs) gesucht, die sie trotz ihrer Beschwerden noch gut ausüben können.

Eine kuriose Konkurrenzsituation ergibt sich zwischen dem Personalleasing der VAPS und den konzerninternen Abläufen der Personalversetzung: Wenn eine Abteilung dringenden Bedarf an einer Arbeitskraft mit speziellem Knowhow hat, dauert es Wochen, ja Monate, bis eine Versetzung über die Bühne geht. Die VAPS jedoch kann meist von einem Tag auf den anderen den notwendigen Spezialisten vermitteln.

Ein interessanter Nebeneffekt ist es auch, daß die Börsenanalysten Unternehmen um so besser bewerten, je mehr Leasingpersonal im Einsatz ist. Neben dem Personalleasing wird das vielfältige Know-how der Spezialisten nach außen verkauft (der Großteil der Kunden stammt aus dem Konzernverbund, immerhin 10 Prozent sind bereits „Fremdkunden"), zum Beispiel in Form von Schulungen, Arbeitsablaufuntersuchungen und ähnlichem. Auch in der VAPS geht es um pragmatisches Ausprobieren; man versucht, mehrere Feuer anzuzünden, aus manchen wird etwas, manche gehen wieder aus. Ein aktuelles Beispiel ist die Übernahme der firmeninternen Bastelwerkstätte, in der jetzt „Schmiedekurse für gestreßte Manager" angeboten werden.

Was sind heute die Herausforderungen beziehungsweise die zu bewahrenden Erfolgsfaktoren, damit diese Institution erfolgreich weiterarbeiten kann? Im Gespräch mit Dr. Dipplinger hielten wir folgende Punkte fest:

- der Know-how-Transfer von den Gründern an die Nachfolger – das heißt, ein Generationenwechsel steht bevor;
- das Bewahren der Stabilität, die von den Schlüsselpersonen abhängt und deshalb labil ist;
- die Zusammenarbeit und Vernetzung mit diversen Institutionen bei gleichzeitiger Bewahrung der Unabhängigkeit;
- die Erkenntnis, daß nichts selbstverständlich ist;
- keine Illusion zu vermitteln;
- das Bewußtsein, daß morgen alles anders sein kann;
- die Haltung, sich mit nichts abzufinden, nicht bequem zu werden;
- die Suche nach neuen Mitspielern (Manager, Betriebsräte), die die schwierigen Anfänge im Unternehmen nicht erlebt haben und Neues hineinbringen;
- das Bewahren der Kreativität aus der Pionierphase, die auch in der Etablierungsphase nötig ist;
- zu verhindern, daß die VOEST eine Cash-Cow aus VAPS macht.

Die Bezüge zum SIM-Modell

- Die Integration des Dreiecks Strategie – Struktur – Kultur:
Zur Strategie: Nur ein Bündel von Maßnahmen ist geeignet, die Ressourcen der Menschen zu heben, zum Beispiel die Vernetzung mit Institutionen und anderen Betrieben; ein stark pragmatisches Vorgehen; die Betonung der Eigenverantwortlichkeit der Betroffenen und die Verbindlichkeit von Vereinbarungen über Ausbildungsziele.
Zur Struktur: die Struktur der Stiftung und der VAPS (Aufbau, Einbindung in die VOEST, Infrastruktur, finanzielle Basis) – die Betroffenen sind Angehörige der Stiftung.
Zur Kultur: wertschätzender Umgang, Raum für Emotionalität, Hilfe zur Selbsthilfe, Prinzip der Selbstverantwortung.
- Die Vision als Triebkraft:
Die Vision der Stahlstiftung lautet, daß Menschlichkeit und Verantwortung auch für den einzelnen in Wirtschaftunternehmen möglich sind. Es kann bereits der Beweis erbracht werden, daß dies – sogar sehr gut – funktioniert.
Die Stahlstiftung selbst würde es ohne Visionen nicht geben. Es hat in der VOEST aus historischen Gründen immer eine gesamtgesellschaftliche Verantwortung gegeben. Die Mitarbeiter sollten nicht ausgestoßen werden, sondern auch nach ihrer Kündigung Unterstützung finden. Die treibende Kraft der Vision war die der Gründer, der Vorstände, aber vor allem Dr. Dipplingers. Nicht selten sind es die individuellen Visionen der Stiftungsbetreiber und der Gekündigten, die in vielen Fällen erst wieder entwickelt werden mußten.
- Die Reflexionsschleife:
Die Organisation hat sich prozeßartig mit permanenter Reflexion und Lernerfahrung „SIM-artig" weiterentwickelt. Sie war und ist noch immer in einem Lernprozeß, in dem die Perspektiven aller relevanten Umwelten (Konzern selbst, Unternehmen in der Region, regionale Politik, Gewerkschaft, Arbeitsmarktverwaltung, Gesetzgeber u. a.) eingebracht und reflektiert werden. Auf dieser Basis steuert die Organisation sich selbst.

Im folgenden sind die zentralen Widersprüche, die im Stiftungsmodell integriert werden, angeführt:

- Vergangenheit – Gegenwart – Zukunft
Ausbalancieren und Integrieren der zeitlichen Dimension sind vermutlich die stärksten Herausforderungen. Die Zugehörigkeit der Mitarbeiter zur VOEST ist Vergangenheit. Die aktuelle Gegenwart ist der Status des

Gekündigtseins. Die Zukunft ist unsicher und macht angst. Ein positives Zukunftsbild, eine persönliche Vision zu entwickeln, aber auch Zeit und Raum zu haben, sich von alten Vorstellungen zu verabschieden und dabei Trauerarbeit zu leisten, das ist harte Arbeit.

- Verändern – bewahren
  Daß die Kündigung für die Betroffenen als eine negative Veränderung erlebt wird und mit Angst, Aggressionen und Leid einhergeht, ist natürlich. Jetzt gilt es, langsam das Positive der Veränderung zu sehen, die Wahrnehmung, das Denken zu verändern, das Gute im Schlechten zu sehen. Es geht um die Wiederentdeckung der persönlichen Potentiale, die Herausforderung, sich zu getrauen, einen neuen Weg einzuschlagen. Er kann sogar mehr Erfüllung bringen als der alte. Und was wird bewahrt? Auf jeden Fall bewahrenswert ist für die Stiftungsangehörigen die Tatsache, daß sie noch in einem weiteren Sinn zur VOEST gehören, wenn auch nicht mehr als Angestellte.

- Person – Organisation
  Besonders stark tritt in diesem Kontext der Widerspruch zwischen der Logik der Wirtschaft und der Logik individueller Bedürfnisse des Menschen auf. Die Organisation, wie auch der einzelne, kämpft ums Überleben. Die Kündigung von Mitarbeitern kann aus Sicht der Organisation nicht schnell genug gehen, für die Mitarbeiter passiert es auf jeden Fall zu rasch; sie klammern sich an die Firma und wollen lange nicht wahrhaben, daß das Unternehmen keinen Platz, „kein Brot" mehr für sie hat. Dieser harte Widerspruch kann nicht aufgelöst werden. Die Stiftung versucht, ihn zu mildern. Mit den angebotenen Maßnahmen wird dieser Widerspruch angesprochen und sorgfältig bearbeitet.
  Durch das Auffangen der Gekündigten in der Stiftung wird die Stigmatisierung der Betroffenen relativiert, da sie ja noch im weitesten Sinn zur VOEST gehören.

- Organisation – gesellschaftliches/politisches Umfeld
  Mit der Stiftung hat die VOEST als Wirtschaftsunternehmen das Problem des Personalabbaus nicht externalisiert, sondern gesellschaftspolitische Verantwortung übernommen. So sieht sich das Unternehmen als Teil der Gesellschaft. Es gestaltet in diesem speziellen Kontext die Beziehungen zu anderen Teilsystemen, wie regionalen und staatlichen Einrichtungen, sowie zu anderen Unternehmen, um ihre Vision zu realisieren.

Resümee

Die Stahlstiftung/VAPS ist ein besonderes Entwicklungs- und Integrationsbeispiel. An der **Schnitt**stelle Unternehmen – Gesellschaft versucht es in pionierhafter Weise, einen der – aus humanitärer Sicht – härtesten Widersprüche, mit denen man im Wirtschaftsleben konfrontiert werden kann, nämlich Existenzangst gegen Unternehmensinteressen, zu integrieren. Der Leitspruch der Stahlstiftung und der VAPS – „Wenn der Wind weht, kann man Mauern bauen oder Windmühlen aufstellen!" – spiegelt die Einstellung der Akteure wider.

Mit dem hier skizzierten Ansatz gelingt es, zwischen „weicher" Menschlichkeit und „harter" Wirtschaftslogik zu vermitteln. Es wird auch gezeigt, daß sich Menschlichkeit „rechnet" und einen gesellschaftlichen Gesamtnutzen bringen kann.

Mit dem Stiftungsmodell werden die Grenzen zwischen Individuum, Organisation und Gesellschaft durchlässiger. Das Modell bringt allen drei sozialen Systemen Nutzen und setzt damit wesentliche Entwicklungsimpulse in den gesellschaftspolitischen Dialog über Arbeit und Verantwortung.

Daß man das SIM-Modell auf die Stiftung übertragen kann, zeigt, daß man damit komplexe, scheinbar unlösbare Probleme konstruktiv und für viele Beteiligte nutzbringend bewältigen kann – und das nicht nur auf Unternehmensebene.

Literatur

K. Steininger: „Die praktische Relevanz der Stahlstiftung beim Personalabbau in der verstaatlichten Industrie", Diplomarbeit am Institut für Soziologie an der Universität Linz, 1993.

E. Dipplinger: "4th International Gary S. Becker Prize for the Best Essays on 'Unemployment in Europe: Causes and Cures'", in: *Die Presse*, 17. 5. 1999.

–: „Wenn der Wind weht, kann ...", unveröffentlichte Präsentation, Broschüren der Stahlstiftung und VAPS 2000.

Anhang

Herausgeber

Dr. Roswita Königswieser
geb. 1943 in Wien

Geschäftsführende Gesellschafterin der Beratergruppe Neuwaldegg, Wien.
Mitglied der Forschergruppe Neuwaldegg, Wien.
Tätigkeitsschwerpunkte: systemische Organisationsberatung, Begleitung komplexer Veränderungsprozesse, Beraterweiterbildung, systemische Gruppendynamik, Konfliktmoderation, Großgruppen-Interventionen.
Homepage: www.neuwaldegg.at

Dipl.-Betriebswirt Uwe Cichy
geb. 1962 in Frankfurt

Freier Unternehmensberater.
Kooperationspartner der Beratergruppe Neuwaldegg, Wien.
Mitglied der Forschergruppe Neuwaldegg, Wien.
Tätigkeitsschwerpunkte: systemische Organisationsberatung, Begleitung komplexer Veränderungsprozesse, Unternehmensstrategie, Controlling und die Begleitung von Familien in Nachfolgefragen.

Gerhard Jochum
geb. 1953 in Illingen/Saar

1995 bis Anfang 2001 Vorsitzender des Vorstandes der swb^{AG}, Bremen; nunmehr Mitglied des Vorstands der EnBWAG.
Tätigkeitsschwerpunkte: 1975–85: Strategieentwicklung und Marketing in der Energiewirtschaft; seit 1985: Wachstum, Kooperationsstrategien, Effizienzsteigerung, Unternehmensentwicklung.

Autoren

Diplomsoziologe Klaus Briegel
geb. 1957 in Mannheim

Seniorberater bei DaimlerChrysler, Geschäftsbereich LKW.
Freier Unternehmensberater.
Lehrauftrag am Institut für Betriebswirtschaftslehre an der Universität Karlsruhe.
Tätigkeitsschwerpunkte: systemische Personal- und Organisationsberatung, Strategieentwicklung, Begleitung komplexer Veränderungsprozesse und Projekte, Supervision von Beratungsprojekten, Coaching.

Dr. Alexander Doujak
geb. 1965 in Klagenfurt

Geschäftsführender Gesellschafter der Beratergruppe Neuwaldegg, Wien.
Vorstand der Forschergruppe Neuwaldegg, Wien.
Tätigkeitsschwerpunkte: Begleitung komplexer Veränderungsprozesse, Projektmanagement, Management von unternehmensweiten Projekt-Portfolios, Leitbildentwicklung & strategische Unternehmensplanung, Internationale Projekte; analoge Kommunikation und Neue Medien.
Homepage: www.neuwaldegg.at

Autoren

Dipl.-Ing. Alexander Exner
geb. 1947 in Wien

Geschäftsführender Gesellschafter der Beratergruppe Neuwaldegg, Wien.
Mitglied der Forschergruppe Neuwaldegg, Wien.
Stellvertretender Aufsichtsratsvorsitzender und Mitglied des Strategieteams der Palfinger AG.
Tätigkeitsschwerpunkte: Begleitung von komplexen Veränderungsprozessen, Unternehmensführung und systemische Organisationsentwicklung.
Homepage: www.neuwaldegg.at

Elisabeth Ferrari
geb. 1955 in Raumland

Geschäftsführerin des Beratungsunternehmens Ferrari Organisation, Aachen.
Tätigkeitsschwerpunkte: Organisationsdiagnosen, Diagnosen der Unternehmenskultur, strategische Steuerung, Balanced Scorecard Entwicklung, systemische Organisationslehre.

Diplomingenieur ETH Rolf H. Kehlhofer
geboren 1951 in Sierre/Schweiz

Verwaltungsratspräsident und Partner der Beratungsgruppe The Energy Consulting Group Ltd. (ECG), Zürich.
Tätigkeitsschwerpunkte: Beratung von Unternehmen, Investoren und Zulieferbetrieben der Energiebranche und Anlagenbauer auf den Gebieten Strategie, Merger & Acquisition, Effizienzsteigerung und Umsetzung.

Dr. Marion Keil
geb. 1960 in Essen

Gesellschafterin der Beratungsfirma synetz, Rösrath. Homepage: www.synetz.de
Mitglied der Forschergruppe Neuwaldegg, Wien.
Tätigkeitsschwerpunkte: systemische Organisationsberatung, Großgruppeninterventionen im Rahmen komplexer Veränderungsprozesse, interkulturelle Kommunikation und Beratung, Beraterweiterbildung.

Manfred Keller
geb. 1956 in Überlingen/Bodensee

Hotel-Betriebswirt.
Leiter des Gastronomie-Service-Center seit 1995.
Tätigkeitsschwerpunkte: Tätigkeiten und Leitungsfunktionen in unterschiedlichen deutschen und internationalen Hotels.

Mag. Ulrich Königswieser
geb. 1966 in Wien

Mitglied der Berater- und Forschergruppe Neuwaldegg, Wien.
Tätigkeitsschwerpunkte: Begleitung von komplexen Veränderungsprozessen und Organisationsentwicklung, Pre- und Post-Merger-Integration, systemisch-integratives Management von harten Fakten und weichen Faktoren in der Unternehmensentwicklung.
Homepage: www.neuwaldegg.at

Dr. Sabine Löbbe
geb. 1964 in Köln

Leiterin Unternehmensentwicklung der swb-Gruppe.
Tätigkeitsschwerpunkte: Erschließen von Wachstum und Synergien mit externen und internen Partnern, Strategie-, Organisations- und Personalentwicklung, Synergiemanagement, Koordination des Marktauftritts und IT-Strategie der Unternehmensgruppe, Integration dieser wesentlichen Entwicklungsfunktionen.

Mag. Eva-Maria Preier
geb. 1960 in Mistelbach

Mitglied der Berater- und Forschergruppe Neuwaldegg, Wien.
Tätigkeitsschwerpunkte: Management- und Personalentwicklung, Potential- und Bildungsbedarfsanalysen, Bewerberhearings, Coaching, Gestaltung und Begleitung von Unternehmensentwicklungs- und Veränderungsprozessen, Organisationsdiagnosen.
Homepage: www.neuwaldegg.at

Ebru Sonuç
geb. 1961 in Istanbul

Mitglied der Berater- und Forschergruppe Neuwaldegg, Wien.
Lebt seit 1981 in Wien; Mitarbeit als Beraterin bei diversen AusländerInnenberatungseinrichtungen in Wien; Arbeit für freie Theatergruppen in Wien; Übersetzung von Theaterstücken (dt.–türk./türk.–dt.).
Projektleitung beim *öks* (Österreichischer Kultur-Service); Aufbau und Leitung des Geschäftsfeldes *öks* international.
Mitglied der ExpertInnengruppe *Culture, Creativity and the Young* beim Europarat; Mitglied des österreichischen UNESCO-Kulturkomitees; Aufbau und Koordination des internationalen **arts**and**education** Netzwerks.
Homepage: www.neuwaldegg.at

Alexandra Wendorff
geb. 1968 in Stade/Elbe

Referentin des Vorsitzenden des Vorstands der swb^{AG}, Bremen.
Tätigkeitsschwerpunkte: 1993–1998: Vertriebs- und Marketingtätigkeiten in der Erdgaswirtschaft im Bereich großer Industrie- und Gewerbekunden in unterschiedlichen Positionen. 1995–1996: Ergründung und Analysierung des liberalisierten Energiemarkts in Großbritannien, Ableitung von möglichen Entwicklungen für den deutschen Energiemarkt. 1998–1999: strategische Ausrichtung des Gashandels und notwendige strukturelle Veränderungen im Unternehmen.

Register

ABB 49, 153–166
Achleitner, P. (Allianz) 181
Akquisition(sprozesse) 177, 187, 194, 204, 207; s.a. *Merger: Mergers & Acquisitions*
– Akquisitionsstrategie 180
Amoco 49
Analog; s. *Interventionen: analoge*
Andersen, H. C. 18
Angst, Ängste 15, 72 f., 80 f., 89 f., 97, 114, 116 f., 130, 137, 139, 164, 231, 240, 242 f., 275, 279 f.
Arbeitsmarktfähigkeit (employability) 261, 271 f.
Arbeitsplatzverluste 58, 107, 118, 130, 134, 256, 260, 263, 271, 273, 276, 279; s.a. *Personalabbau*
Aristoteles 96
Assmann, J. 259
Aufstellungen (Organisations-A.) 16, 62, 241

Baecker, D. 58
Balanced Scorecard (BSC) 32 f., 57, 99 f., 208, 211 f., 214 f., 220 f., 223 ff.
Bateson, G. 26 (Abb.), 68
Beer, M. 26 (Abb.), 49
Benchmarks 68, 71, 117
Benis, W. 69
Berater-Klienten-System 89, 111

Beratersystem 19, 97, 101, 107, 111, 126 f., 171 f., 203, 205; s.a. *Integrationsdimensionen: Klientensystem – Beratersystem*
Bereichsstrategie; s. *Strategie (d. Unternehmens)*
Berger, J. 16
Bergmann, F. 267
Bertalanffy, L. v. 26 (Abb.)
Bestandsaufnahme 131 (Abb.), 132, 143
Bettelheim, B. 16 f.
BGN; s. *Neuwaldegg (Beratergruppe)*
Biermann, G. 238
Bohm, D. 239
Boos, F. 55 f., 243
Bottom-up-Prozesse 51
BP (bp) 49, 267
Brecht, B. 76

Capra, F. 26 (Abb.)
Catering 135, 144, 145 (Abb.)
Champy, J. 32 f., 36, 42
Change-Management, -Manager 103, 151
Changeprozeß 110, 147, 154, 165, 260
Cichy, U. 20, 90, 211
Clark, T. 73
Coaching 57, 60, 75, 91, 93, 98, 114, 121, 125, 136 f., 161, 169, 222, 236 (Abb.), 260, 263, 264 (Abb.), 265, 275

Controlling 56 f., 110, 158, 195 (Tab.), 210, 215, 220
Csikszentmihalyi, M. 75
Cultural due diligence 56, 177, 182–192, 194, 196 f., 200, 203
- 10 Prozeßschritte 184–192, 200, 202
Customer-Focus-Programm 32

Deutsche Bank 181, 267
Diagnose; s. *Unternehmensanalyse: u. Diagnose*
Dialogrunde, -plattform 91, 93 f., 105, 236 (Abb.)
Dipplinger, E. 273–278
Dormy 199, 205
Doujak, A. 20, 211
Downsizing 32, 42
Dresdner Bank 181
Dreieck der Unternehmensentwicklung (Strategie – Struktur – Kultur) 48 f., 52, 104 f., 108, 115, 126 f., 130, 138, 147 ff., 151 f., 170 f., 177, 193, 202, 205, 227, 232 (Abb.), 250, 255, 258, 265, 278; s.a. *Fit; Strategie; Struktur; Unternehmenskultur*
Drucker, P. 52
Due diligence 180, 182 f.; s.a. *Unternehmensanalyse: u. Diagnose*
- Teilprüfungen der *due diligence* 177, 183
Dunbar, R. I. M. 239

E-Commerce 56, 217 (Tab.)
Economies of scale 178 f.
Eisenbach-Stangl, I. 240

Energie, Energetisierung 17, 54, 232 (Abb.), 233, 242
Entwicklungsdreieck; s. *Dreieck der Unternehmensentwicklung*
Entwicklungsprozesse 11 f., 15 ff., 50, 104, 110, 129, 240, 247, 259
Erfolgsfaktor(en) 33, 82 f., 190, 205, 263–266, 274, 277
- Mitarbeiter als E. 33
- d. Projekts mit Trodat u. Dormy 203 ff.
Ernst & Young 199 f., 203
Ertl, M. 240
Essent N. V. 197
Etzioni, A. 257, 260
Evaluation 92, 104, 183, 193, 213 f., 217
Exner, A. 51, 59, 182, 237, 240

Fakten, harte 19, 38–42, 52 f., 67, 72, 79, 81, 99, 102 f., 110 f., 115, 117 f., 141, 149, 163, 188, 204, 209, 250, 258, 262, 273; s.a. *Faktoren, weiche; Hart(es); Weich(es)*
Faktoren, weiche 19, 38–42, 52 f., 63, 72, 79, 81, 102 f., 110, 115, 117 f., 149, 163, 165, 177, 181, 188, 204, 250, 256, 258, 262 f.; s.a. *Fakten, harte; Hart(es); Weich(es)*
Feedback 124 f., 139, 157, 160 f., 163, 169, 171 f., 187, 189, 191 f., 201, 208, 236 (Abb.), 250; s.a. *Reflexion: Reflexionsschleifen*
FGN; s. *Neuwaldegg (Forschergruppe)*
Fit
- kultureller 102, 181, 187, 194

- Portfolio-Fit 194
- strategischer 102
- struktureller 102
Foerster, H. v. 26 (Abb.)
Fritsch, R. 240
Fromm, E. 16
Froschauer, U. 92, 182 f.
Führen mit Zielvereinbarungen (FmZ) 92, 105, 220–224
Führungskräfteentwicklung 41, 98
Fusionen 19, 57, 167, 178–181, 199, 201–205; s.a. *Merger*

Gastronomie Service Center (GSC) 141–152
Glaubwürdigkeit(sverlust) 35, 82, 98, 113, 115, 131, 240 f.
Glazer, R. 73
Goleman, D. 74
Gottlieb-Duttweiler-Institut 240
GPO(-Prozeß) 144 f., 147
Grameen Bank 267
Grimm, J. u. W. 18
Großveranstaltungen, Großgruppenveranstaltungen 56, 62, 67, 91, 93 f., 98, 102, 104, 113 f., 117 ff., 134–137, 141, 143 f., 147 f., 203, 236 (Abb.), 261, 263, 265
Gruppendynamik 66, 147, 240

Häusel, H.-G. 240
Hamel, G. 50
Hammer, M. 32
Hart(es) 11, 31, 33, 36 f., 47, 52, 99, 102, 105, 108, 127, 141, 147, 152, 165, 172, 177 f., 180 f., 192, 205, 216, 256, 263, 269, 280; s.a. *Fakten, harte; Faktoren, weiche; Weich(es)*
Hauff, W. 18
Heifetz, R. 32
Heintel, P. 59 f., 65, 67, 191, 224
Heitger, B. 19
Herben, J. 242
Hernstein 240
Horvath & Partner 212, 220, 224

IIDL (integrierter Infrastrukturdienstleister) 99, 101 ff.
Insourcing 32
Institut für Neue Arbeit, Köln 267
Integration 52, 55 f., 102, 128, 138, 140, 148, 171, 197, 205, 235, 255, 265, 278, 280; s.a. *SIM-Modell; Widerspruchsmanagement*
- als Leitprinzip 177, 203
- von Strategie, Struktur, Kultur; s. *Dreieck d. Unternehmensentwicklung*
- d. Unternehmenskulturen 180
Integrationsdimensionen 150 (Abb.)
- Klientensystem – Beratersystem 54, 59 ff., 151, 171 f., 203, 205; s.a. *Beratersystem; Klientensystem*
- Organisation – gesellschaftl./polit. Umfeld 54, 57 ff., 279
- Person – Organisation 54, 57, 149, 279
- Planung – Umsetzung 54 ff., 149, 151, 166
- Projekt – Linie 54, 59, 140, 165 f., 172
- technische – soziale Systeme 54, 56 f.

- Verändern – Bewahren 54 f., 92, 127, 149, 172, 279
- Vergangenheit – Gegenwart – Zukunft 54, 140, 149, 151, 278 f.

Interventionen 19 f., 22, 51, 93, 104, 118, 122, 125, 132, 140, 156, 159 f., 191, 203, 232 (Abb.), 233, 235, 263; s.a. *Interviews: als Intervention*
- analoge 15 f., 62, 237–247
- analoge: Beispiele für d. Architekturebene 240 f.
- analoge: Beispiele für d. Designebene 241
- analoge: Beispiele für d. Technikebene 242
- analoge: Wirkungsfeld 243 ff.
- digitale 237, 239 f.
- „Fit für den Wandel" 136 f.
- kreative 118
- paradoxe 55
- Top ten 236 (Abb.)
- als zielgerichtete Kommunikation 237

Interviews
- Einzelinterviews 147
- Gruppeninterviews 112 ff., 116, 168 f., 185, 196, 200 f.
- als Intervention 132, 160, 191
- Interviewergebnisse 123, 125
- Interviewphase 122 f.
- qualitative 20, 22, 133, 136 ff., 190, 270

Jansen, S. A. 63, 178 f., 209
Jochum, G. 20

Kapitalien d. Unternehmens
- human capital 63
- intellectual capital 63
- social capital 63

Kay, J. 50
Keil, M. 20, 62, 90, 246, 263, 265
Klientensystem 19, 97, 101, 107, 111, 126 ff., 169, 171 f., 184; s.a. *Beratersystem*; *Integrationsdimensionen: Klientensystem – Beratersystem*
Kommunikation 82, 156, 159 f., 186, 259, 263; s.a. *Dialogrunde, -plattform*
- Kommunikationsarchitektur 161 f.
- Kommunikationsdefizite 180
- Kommunikationskonzept 261
- Kommunikationszentrum 143
- Meta-Kommunikation 69
- offene 151
- symbolunterstützte 61

Kompetenz, soziale 61 f., 74, 105, 123
Komplementaritätstheorie 49
Komplexitätsbewältigung, -management 11, 15, 67, 70, 74, 76, 79, 82 f., 164, 226 f., 266
Königswieser, R. 20, 51, 55, 59–62, 66 f., 76, 122, 182, 224, 237, 240, 243, 246, 265
Königswieser, U. 20
Konkurrenz(verhältnis) 10, 34 f., 102
Konstruktivismus 26
Kos, M. 238
Kotter, J. P. 35, 156
Krainz, E. E. 59
Kreativität 17, 71 ff., 97

Kultur; s. *Unternehmenskultur;*
  s.a. *Dreieck*
  d. Unternehmensentwicklung
Kulturanalyse; s. *cultural due*
  diligence

Laurie, D. 32
Lernen 111, 193, 195 (Tab.), 250
– aus Erfahrungen 131 (Abb.),
  132
– kollektives, gemeinsames 10,
  139
– lebenslanges 277
– Lernfähigkeit 61 f., 65
– Lernschleifen 147
– „on the job" 101
Lernende Organisation 91, 106 f.
Life-Event-Forschung 55
Littmann, P. 209
Löbbe, S. 211
Loop; s. *Reflexion:*
  Reflexionsschleifen
Lueger, M. 182
Luhmann, N. 25, 26 (Abb.), 58, 65

Märchen 15–18
Management;
  s. *Change-Management;*
  Komplexitätsmanagement;
  Operatives Management;
  Projektportfolio-Management;
  Risikomanagement; Supply
  Chain Management;
  Systemisches Integrations-
  Management; Veränderungs-
  management;
  Widerspruchsmanagement
Management-Informations-Systeme
  56

Maturana, H. 26 (Abb.)
Mayntz, R. 259
McKinsey 32, 36 f.
Mechanistisches Denken 27 f.
Mehrwert 12, 51, 107 f., 203, 263
Merger, Merger-Prozesse 19, 56,
  167–173, 177–182, 186, 188
  (Abb.), 199, 204 f.
– Mergers & Acquisitions
  (M & A) 179 f., 190
– Post-Merger-Integration 168,
  180, 184, 197 f.
– Post-Merger-Phase, -Prozeß 168,
  180, 184 (Abb.), 188 (Abb.),
  190 ff., 197
– Pre-Merger-Phase, -Prozeß 56,
  102, 177, 184, 190, 205
Mitarbeiterbefragungen 68;
  s.a. *Interviews*
Mohr, N. 240
Molcho, S. 239
Morgan, G. 246

Nachhaltigkeit 10 f., 15, 36, 61,
  71, 108, 118, 143 f., 167, 204,
  210, 233, 235, 250
Nagel, R. 209 f., 226
Nahmer, A. 183
Neuwaldegg (Beratergruppe [BGN],
  Forschergruppe [FGN]) 19, 26,
  90, 93, 97 f., 102 f., 106, 110,
  122, 130, 153, 156, 172, 200,
  203
New economy 10, 241
Nohria, N. 49
Non-Profit-Organisationen (NPO)
  53, 58, 262, 266, 270
Nothnagel, A. 36

Obholzer, A. 242
Operatives Management 28
Organigramm 123
Organisation(en); s.a. *Unternehmen*
- schlanke (lean organizations) 19
Organisationsanalyse;
　s. *Unternehmensanalyse*
Organisationsdiagnose;
　s. *Unternehmensanalyse:*
　u. Diagnose
Organisationsentwicklung (OE),
　-entwickler 19, 42, 47, 56, 79,
　81, 98, 106, 108, 110, 141,
　144 ff., 153
- OE-Programm 143
- OE-Prozeß bei ABB 153–166
- u. Rationalisierung 19 f., 79 ff.,
　97, 103, 105, 109, 115, 147 f.
Organisationskultur;
　s. *Unternehmenskultur*
Outplacement 71, 271
Outsourcing 32, 42, 90, 101, 109,
　112, 142, 146, 270 f.

Panse, W. 72
Pelikan, J. 66
Personalabbau 90, 270;
　s.a. *Arbeitsplatzverluste*
Personalentwicklung (PE),
　-entwickler 59, 61, 92, 98,
　100, 105, 110, 132, 137, 146,
　157
Peters, T. J. 36
Pfeifer, R. 239
Picot, G. 180
Polykontextualität 258
Polzer, M. 20
Porter, M. 180
Post-Merger-Phase, -Prozeß;
　s. *Merger*

Prahalad, C. K. 60
Pre-Merger-Phase, -Prozeß;
　s. *Merger*
Preier, E.-M. 20
Pridge, W. M. 73
Prigogine, I. 26 (Abb.)
Profitcenter 92
Projekt-Reporting 154
Projekte, strategische; s.a. *Supply*
　Chain Management
- Projekt SAP-R3 159, 224
- Standardisierungsprojekt 159,
　162
Projektgruppen 28, 260
Projektleiter-
　Qualifizierungsprogramm (PQ)
　220
Projektportfolio-Management
　(PPM) 56, 215–220, 223–227,
　236 (Abb.)
Prosumer-Konzept 10, 60, 115
Prozeß-Know-how 60 f., 93, 106,
　133, 159
Prozeßanalyse 145, 148
Prozeßschleifen (dynamische) 51 ff.,
　115

Qualitativ; s. *Interviews, qualitative*

Ramaswamy, V. 60
Rappaport, A. 32 f.
Rationalisierung 20, 26, 32, 36,
　40 f., 47, 58, 72, 79 ff., 103,
　107, 109 f., 112, 130, 132, 134,
　144, 147 f., 159, 270 f.; s.a.
　Organisationsentwicklung:
　u. Rationalisierung
Reengineering 36, 42, 49, 129 f.,
　133 f., 138 f.

Reflexion 80 f., 103, 106, 117, 125, 133 f., 138, 140, 148, 163, 173, 181, 191, 203 ff., 224, 231, 232 (Abb.), 233, 235, 242 f., 251, 255, 265
- Gruppenreflexion 185
- Reflexionsarbeit 60, 76, 105, 118, 128, 138
- Reflexionsfunktion: fördert Kreativität u. Mut 71 ff.
- Reflexionsfunktion: Orientierung u. Entlastung 70 f.
- Reflexionsfunktion: für Selbstbewußtsein u. implizites Wissen 73
- Reflexionsfunktion: überwindet Hürden 75 f.
- Reflexionsfunktion: als Weiterbildung 74
- Reflexions- u. Resonanzgruppe 156, 158
- Reflexionsrunden, -teams 261 ff.
- Reflexionsschleifen (Feedbackschleifen) 28, 66, 68, 74, 80 f., 100, 103, 105, 157, 169, 278
- Selbstreflexion 66, 69, 75, 136
- u. Selbststeuerung 52, 65 ff., 70
- Voraussetzungen für R. 67–70
Restrukturierung(sprojekte) 71, 145, 147, 161, 238, 241, 256
Reviews 54, 68, 100 f., 139, 198, 221, 223, 236 (Abb.), 247
Risikomanagement 82, 155, 159
Roll, R. 180
Rückspiegelung; s. *Feedback; Reflexion: Reflexionsschleifen*
Ruigrok, W. 49

Schattenhofer, K. 65
Scheutz, U. 90
Schimank, U. 258
Schottenloher, G. 241
Schreyögg, G. 242
Selbstorganisation 65, 111
Selbstreflexion; s. *Reflexion*
Selbststeuerung 11, 68, 91, 105, 191, 233, 259; s.a. *Reflexion: u. Selbststeuerung*
Selvini Palazzoli, M. 26 (Abb.)
Sennett, R. 58, 97
Shareholder Value 19, 32 f., 49, 107
7-S-Modell 37
SIM-Modell 9 f., 12, 15 f., 19–22, 42, 47–63, 107, 116, 126, 138, 140, 147, 150 (Abb.), 153, 168, 177, 191, 197 f., 237, 240, 252, 255 ff., 260–266, 273, 278, 280
- Unternehmenssteuerung im SIM-Modell 207–227
Simon, H. 21
Sketches 62, 238, 241
Snyder, W. 67
Sounding-boards 51, 56, 91, 131 (Abb.), 137, 236 (Abb.)
Soziologisches Institut Wien 92
Spektrum (München) 20 f.
Sprenger („Motivations-Guru") 21
Stadtwerke Bremen; s. *swb^AG*
Staffs
Staffarbeit 92, 251
Staffgruppe 114, 116 f., 119
- gemeinsame/gemischte 60, 105, 112, 231, 236 (Abb.)
Stahlstiftung; s. *VOEST*
Stegemann, W. 72
Stellenabbau; s. *Arbeitsplatzverluste*
Strategie (d. Unternehmens) 35, 37, 138, 141, 143, 156–159, 171,

195 (Tab.), 205, 213, 218, 223, 262; s.a. *Dreieck d. Unternehmensentwicklung; Projekte, strategische*
- strategische Projekte; s. *Projekte, strategische*
- Strategiearbeit 68, 139, 203
- Strategieentwicklung 210 ff.
- Strategiegruppen 67

Strategisches u. operatives Planungs- u. Steuerungssystem (SOPSS) 208; 211–215, 218, 221, 223 f., 226 f.

Struktur (d. Unternehmens) 123 f., 127, 138, 141, 157, 170 f., 182, 205, 227, 262; s.a. *Dreieck d. Unternehmensentwicklung*

Supply Chain Management (SCM) 32, 159

Survivor-Syndrom 72, 132

swb[AG] (vormals Stadtwerke Bremen) 9 f., 12 f., 87–108, 109–119, 207–227; s.a. *Unternehmensanalyse: u. Diagnose, Fallbeispiel swb[AG]*
- Projekt „Kultureller Wandel" 90–95, 98 f., 193

Symbolik/Symbole (und ihre Wirkkraft) 17, 61 ff., 135, 140, 151, 202, 239, 242 f., 247, 265

Synergien 57, 103 f., 178, 181, 190, 195 (Tab.), 197, 260 f.

Systemische Berater 103, 107
- Systemische Beraterausbildung (SBL) 105

Systemisches Denken/Paradigma 25–29, 55, 62 f., 94, 111, 147, 164, 232 (Abb.), 237; s.a. *SIM-Modell; Systemisches IntegrationsManagement*
- vs. „Experten-Paradigma" 111

Systemisches Integrations- Management 66, 75, 79, 177, 252, 255 f.; s.a. *SIM-Modell; Widerspruchsmanagement*

Tabu(themen) 72, 201
Teal, T. 35
Team(s)
- gemischte 60
- Teamarbeit 92
- Teamentwicklung 105, 157, 203, 205

Top-down-Prozesse 51, 103, 132, 142, 223
Trodat 199 f., 205

Ulrich, D. 209
Umstrukturierung 41, 98, 170; s.a. *Struktur (d. Unternehmens)*
Umwelten; s. *Unternehmensumwelten*
Unbewußtes, kollektives 15, 17, 191
Unfriendly takeover 257
Unilever 49
Unsicherheit; s. *Angst, Ängste*
Unternehmen
- Selbstentwicklung 28
Unternehmensanalyse 122, 179
- u. Diagnose 122–125, 127, 133, 148, 168–171, 182 f., 186, 189, 191 f.; s.a. *due diligence*
- u. Diagnose, Fallbeispiel swb[AG] 192–198
- Kulturanalyse; s. *cultural due diligence*
Unternehmensdiagnose; s. *Unternehmensanalyse: u. Diagnose*

Unternehmensentwicklung,
-entwickler 19, 26, 36, 59, 98, 101, 104, 106, 108, 110, 210, 246; s.a. *Dreieck d. Unternehmensentwicklung*
- integrierte, ganzheitliche 35, 42

Unternehmenskultur 32 f., 36, 42, 89, 123, 127, 139, 143, 157, 163 ff., 169, 171 f., 177, 180–183, 188 ff., 196 f., 202, 205, 210, 227, 259; s.a. *cultural due diligence; Dreieck d. Unternehmensentwicklung; swb^{AG}: Projekt „Kultureller Wandel"*
- Diagnose/Bestandsaufnahme d. Unternehmenskultur; s. *cultural due diligence*

Unternehmenssteuerung 207–227
- drei Bausteine 211–226; s. *Führen mit Zielvereinbarungen (FmZ); Projektportfolio-Management (PPM); Strategisches u. operatives Planungs- u. Steuerungssystem (SOPSS)*
- Steuerungsinstrumente 209, 227
- Steuerungs-Subkulturen 209

Unternehmensumwelten 80, 101, 182, 256

Varadarajan, P. R. 73
Varela, F. J. 26 (Abb.)
Veränderungsmanager, -management 21, 238, 265
Veränderungsprojekt(e) 35, 49, 59, 130, 156–161
Veränderungsprozeß 89, 107, 141 f., 156, 160 f., 195 (Tab.); s.a. *Veränderungsprojekt(e)*

Vertrauen(skultur) 69 f., 72, 118, 127, 149, 152, 160 f., 227, 262 f., 265
Virtualisierung 209
Vision(en) 9, 50 f., 101 f., 113 ff., 143 f., 148 f., 151 f., 154, 156, 160 f., 163, 165, 169 f., 172, 185, 191 f., 194, 195 (Tab.), 204, 210, 224, 227, 231, 232 (Abb.), 233, 238, 241, 251, 255, 257, 259, 260, 263, 265, 274, 278 f.; s.a. *Integrationsdimensionen: Vergangenheit – Gegenwart – Zukunft*
- Visionsarbeit 50 f., 71, 80, 144, 146, 170, 205, 226 f., 236 (Abb.), 251
- Visionsgruppen 67
- Visionsprojekt 169 f.

VOEST (Voest Alpine Stahl Linz) 129–140, 272–280
Vorstandscoaching; s. *Coaching*

Waterman, R. H. 36
Watzlawick, P. 26 (Abb.)
Weich(es) 11, 31, 36 f., 47, 52, 67, 99, 102, 105, 108, 127, 141, 147, 152, 172, 178, 192, 205, 209, 216, 231, 263, 269, 280; s.a. *Fakten, harte; Faktoren, weiche; Hart(es)*
Wendorff, A. 211
Wenger, E. 67
Werte, Werthaltung 37, 62, 136, 156 f., 160 f., 210, 227, 231, 240, 260
Weyrer, M. 240
Widerspruchsmanagement 29, 48, 54–62, 66, 76, 80, 82 f., 96 f., 100, 118 f., 137, 140,

147, 152, 225 ff., 232 (Abb.), 233, 235, 251, 255 f., 263, 265 ff., 279; s.a. *Integrationsdimensionen*
Willipinski, J. 90, 101
Willke, H. 58
Wimmer, R. 65, 209 f., 225 f., 266
Wirth, H. 16
Wissen, implizites 73
Wohlfühlbereich 142 f.
Workshops 67, 112, 117, 147, 149, 203, 221, 238, 241
- Auswertungs-Workshop 133
- Existengründungsworkshop 260
- Führungskräfte-Workshops 70 f., 124
- Konfliktlösungs-Workshop 122 f.
- Kreativ-Workshops 71
- Mitarbeiter-Workshop 125
- Orientierungsworkshop 260, 264 (Abb.)
- „Plattform"-Workshops 101
- Review-Workshops 101
- Rückspiegelungs-Workshop 133, 138
- Themen-Workshops 143

Zukunftskonferenzen 51

Roswita Königswieser / Alexander Exner:
Systemische Intervention
Architekturen und Designs für Berater und Veränderungsmanager
Beratergruppe Neuwaldegg/synetz
350 Seiten, gebunden, ISBN 3-608-91938-4

Berater und Manager, die sich für den systemischen Ansatz interessieren, finden hier Antworten auf die Fragen: Wie gestalten systemische Berater ihre Beratungsprojekte? Wie setzen sie Prinzipien um, z.B. »relevante Umwelten« miteinzubeziehen? Gibt es ein systemisches Projektmanagement?
Das Buch soll zu selbständigem Denken anregen. Die präsentierten Designs verstehen sich als Entwürfe und bedürfen der individuellen Adaption. Die Autoren leisten in verschiedenen Kontexten immer wieder Pionierarbeit, variieren und entwickeln Veränderungsprozesse in Systemen weiter. Insofern eröffnet das Buch Einblicke in einen Schatz von Erfahrungen darüber, wie man solche Prozesse angeht bzw. baut, und man findet viele Beispiele für unterschiedliche Interventionen, die als Designs und Architekturen konzipiert sind.
Die konkreten Beispiele machen die Theorie auch für Praktiker reinsten Wassers nachvollziehbar.

Otmar Donnenberg (Hrsg.):
Action Learning
Ein Handbuch
Aus dem Englischen und aus dem Niederländischen von
Maren Klostermann und Bärbel Krömer
268 Seiten, gebunden, ISBN 3-608-91945-7

Was Action Learning bedeutet, wie dieses Konzept eingesetzt werden kann, welche Erfahrungen man damit macht und was es für die Zukunft des Lernens verspricht. Ein Buch für Berater, Personalentwickler und Manager, die sich der strategischen Bedeutung des Lernens bewußt sind.

Roswita Königswieser / Marion Keil (Hrsg.):
Das Feuer großer Gruppen
Konzepte, Designs, Praxisbeispiele für Großveranstaltungen
Beratergruppe Neuwaldegg/synetz
439 Seiten, gebunden, ISBN 3-608-91026-3

Wie können Großveranstaltungen in Veränderungsprozessen sinnvoll als Intervention eingesetzt werden? Wie können sie den notwendigen Wandel abstützen und sogar beschleunigen helfen? Berater und Manager finden hier erstmals im deutschsprachigen Raum fundierte Theorien, praktische Konzepte, konkrete Beispiele und vielfältige Anregungen.
Dieses Buch gibt einen Überblick über die bekannteren Großgruppendesigns wie Future Conference oder Open Space. Es verschafft dem Leser darüber hinaus einen Einblick in den Erfahrungsschatz mit maßgeschneiderten Großveranstaltungen, die aus verschiedenen internationalen Kontexten von den Autoren ausgewählt wurden. Im Blickpunkt stehen dabei vor allem die Organisationsentwicklung von kommerziellen Unternehmen, die Beratung von Kommunen und Gemeinden, der Politik und der Kirchen. Die den Konzepten zugrundeliegenden Theorien über Großgruppendynamik und Großgruppenphänomene bilden den roten Faden quer durch die internationalen Praxisbeispiele.
Die Erfahrungen der Autoren, die sie quasi als Pioniere gemacht haben, beleuchten sowohl die energiegeladenen Chancen als auch die gefährlichen Stolpersteine von Großgruppenveranstaltungen.
Ein unverzichtbares Buch für theorieinteressierte Praktiker.